西北民族大学中央高校基金项目《西北地区中小企业融资困境破解途径研究——基于产业集群发展视角》资助

经济管理学术文库·经济类

中小企业融资问题研究
——基于西部地区产业集群发展视角

Studies on the Financing Problems of Small and
Medium-sized Enterprises
– From the Perspective of Industrial Cluster
Development in Western China

谷蕾 郑贺娟 张晓芳 / 著

经济管理出版社
ECONOMY & MANAGEMENT PUBLISHING HOUSE

图书在版编目(CIP)数据

中小企业融资问题研究——基于西部地区产业集群发展视角/谷蕾,郑贺娟,张晓芳著. —北京:经济管理出版社,2014.4

ISBN 978—7—5096—3046—4

Ⅰ.①中… Ⅱ.①谷… ②郑… ③张… Ⅲ.①中小企业－企业融资－研究－中国 Ⅳ.①F279.243

中国版本图书馆 CIP 数据核字(2014)第 068031 号

组稿编辑:王光艳
责任编辑:魏晨红
责任印制:黄章平
责任校对:超　凡

出版发行:经济管理出版社
（北京市海淀区北蜂窝 8 号中雅大厦 A 座 11 层　100038）
网　　址:www.E—mp.com.cn
电　　话:(010)51915602
印　　刷:三河市延风印装厂
经　　销:新华书店
开　　本:720mm×1000mm/16
印　　张:14.25
字　　数:256 千字
版　　次:2014 年 4 月第 1 版　2014 年 4 月第 1 次印刷
书　　号:ISBN 978—7—5096—3046—4
定　　价:48.00 元

·版权所有　翻印必究·
凡购本社图书,如有印装错误,由本社读者服务部负责调换。
联系地址:北京阜外月坛北小街 2 号
电话:(010)68022974　邮编:100836

前　言

从世界经济发展历程来看,中小企业是各国经济活动中推动经济持续发展、维护市场稳定繁荣的最活跃因素。同样,在我国中小企业也是国民经济的重要组成部分。改革开放以来,我国中小企业发展迅猛,根据统计,全国登记在册的中小企业已超过1000万家,同时中小企业在生产总值、纳税等指标中都占有很大的比重,已经名副其实地成为了经济增长的主要推动力量。在此基础上,伴随西部大开发战略的实施,西部地区中小企业在确保西部地区国民经济稳定增长、缓解就业压力、拉动民间投资、优化经济结构、促进市场繁荣等方面的作用更加明显。在实现西部从"输血型"经济向"造血型"经济转变中起着决定性的作用。同时政府出台了一系列支持中小企业发展的倾斜政策,使西部中小企业获得了前所未有的发展机遇。但与此同时,我国中小企业的发展也面临着非常严重的问题。据统计,近70%的中小企业已被淘汰,形成这一问题的原因有很多,其中融资问题是中小企业生存周期短的主要原因之一。资金是企业的血脉,血液如果不足势必影响企业的生存发展。企业主要有内源融资和外源融资两种融资方式,从目前来看,我国中小企业内源融资比率过低,只占企业融资总额的30%左右,外源融资中债券股票融资市场发展缓慢,这就造成了我国中小企业融资主要依靠银行等金融机构提供的贷款为主,可是又由于多种因素导致中小企业获得的银行贷款十分有限,因此融资困境是我国中小企业发展面临的首要问题。

20世纪70年代末80年代初,在"产业集群研究的热潮"下,人们发现,集群方式可以有效地消除内部成员间的信息不对称性,进而可以提高企业的经济效益,增加内部资金积累,这为改善中小企业融资现状带来了新的思路。在我国,产业集群已成为一种日益壮大的产业发展模式,如在东部地区,温州的皮革与制鞋业、佛山的纺织业等。随着西部大开发步伐的加快,产业集群在西部也从初现端倪进入了迅速发展的阶段,如成都的制鞋产业集群、以兰州为中心的化工产业集群等,并且产业集群主要是以中小企业为主,也叫中小企业产业集群。产业集群在西部的日益成熟,增强了西部中小企业的经济实力,同时也为其通过集群方式解决融资问题奠定了坚实的基础。西部欠发达地区要实现经济的跨越式发展,必须解决好中小企业发展中存在的融资"瓶颈"问题。因此,本书以西部地区中小企业的融资为研究对象,从产业集群发展视角出发,结合我国目前的经济特点及发展状况,探索西部地区中小企业融资困境,对解决其融资难问题具有一定的理论意义和现实意义。

本书分为八部分。第一部分从历史发展的角度,重点介绍我国及西部地区中小企业的发展历程,在其发展中重点关注其融资发展。第二部分首先对中小企业融资理论进行了一般性论述。然后通过引用相关数据,着重评价西北地区中小企业融资的现状。该部分主要从内源融资与外源融资两个方面阐述了西北地区中小企业融资渠道及其特点,并与东部地区中小企业融资进行了比较,从而在整体上对目前西北地区中小企业融资的总体特征进行进一步的把握。第三部分首先阐述了中小企业融资环境的相关研究理论,其次分别从外部和内部介绍了西部地区中小企业的融资环境,最后提出了西部地区中小企业融资环境建设的相关建议。第四部分首先对中小企业产业集群理论进行了一般性论述,在此基础上对发达国家及我国中小企业集群发展的现状及特征进行了介绍。第五部分在前一部分的基础上,引入产业集群的视角,首先把集群内外的中小企业进行比较,分析集群内中小企业联合融资的优势。其次分析产业集群对西北地区中小企业融资的效应,分别从三个方面进行分析:产业集群对西北地区中小企业内部融资的影响;产业集群对西北地区中小企业外部融资的影响;产业集群对西北地区中小企业融资结构的影响。再次分析了产业集群对西部地区中小企业融资机制的影响。最后,对集群内中小企业联合融资进行了博弈分析。这是本课题的重点部分。第六部分首先分析了西部地区中小企业产业集群发展现状及存在的问题,其次分析了西部地区产业集群融资的现状及存在的问题,最后分析了产业集群视角下西部地区中小企业融资风险及其防范。第七部分探讨了产业集群视角下西部地区中小企业联合融资的具体模式有哪些,并探讨了运用这些模式的可行性。第八部分在上述分析的基础上,结合西北地区中小企业发展的具体形势,从金融环境、政府和社会以及企业集群建设三个方面提出了加快多层次资本市场建设、培育区域金融市场、金融深化、政府规划、财税支持、完善金融法律体系等促进中小企业集群融资的政策建议。通过各方面的努力,西北地区中小企业融资难的问题一定可以解决。这也是本书的研究目标。

本书力求从产业集群的角度来分析西北地区中小企业融资的独特性及优势,并在此基础上提出相应的集群联合融资途径构想,而不是孤立地分析产业集群或者中小企业融资问题。在具体分析方法上,综合运用以下几种分析方法:①实证分析与规范分析相结合的方法。实证分析与规范分析都是科学研究中被广泛应用的方法。相比较,实证分析偏重于对研究对象的客观描述,规范分析偏重于对研究对象的理性判断。本书对西北地区中小企业融资现状分析以及产业集群视角下西北地区中小企业融资情况分析都运用了实证分析。在对中小企业融资难的成因做出理性判断时用到了规范分析,两种方法结合使用,从而使得出的结论可信、提出的政策建议具有科学性和实用性。②动态分析方法。作为产业集群中的中小企业的发展是一个动态的过程,同时中小企业的融资也是一个动态的过程。因此,本书无论使用何种分析方法,都必须在动态过程中考察问题,从该问题的动态演变过程及其趋势做出理性判断。这样才能科学地把握西北地区产业集群与中小企业融资之间的关系。③博弈分析方法。博弈分析表示在多个决策主体之间其行为具有相互作用时,各主体根据所掌握信息及对自身能力的认知,做出有利于自己的决策的一种行为理论。本书对产业集群内中小企业联合融资进行了博弈分析。

在本书的写作过程中,借鉴、吸收了国内外许多专家、学者相关领域的研究成果,在此表示感谢。由于作者水平有限,书中难免有不妥和错误之处,敬请广大专家、学者批评指正。

目 录

第一章 中国及西部地区中小企业的发展历程 …………………… 1
- 第一节 中小企业概念的界定 ………………………………… 1
- 第二节 中国中小企业的发展历程 …………………………… 7
- 第三节 西部地区中小企业的发展与现状 …………………… 21
- 第四节 中小企业在我国西部地区经济发展中的地位和作用 …… 25
- 第五节 西部地区中小企业发展中存在的问题 ……………… 29

第二章 企业融资结构理论、融资方式及西部地区中小企业融资现状 …………………………………………………………… 37
- 第一节 企业融资结构理论 …………………………………… 37
- 第二节 企业主要融资方式 …………………………………… 45
- 第三节 西部地区中小企业融资现状 ………………………… 55

第三章 西部地区中小企业融资环境分析 ……………………… 59
- 第一节 企业融资环境的界定及中小企业融资环境相关研究 …… 59
- 第二节 西部地区中小企业外部融资环境分析 ……………… 66
- 第三节 西部地区中小企业内部融资环境分析 ……………… 78
- 第四节 西部地区中小企业融资环境的建设 ………………… 80

第四章 产业集群理论及国内外中小企业集群发展概况 ……… 96
- 第一节 产业集群理论综述 …………………………………… 96
- 第二节 产业集群的特性 ……………………………………… 108
- 第三节 发达国家中小企业集群发展概况 …………………… 117

第四节 中国中小企业集群发展概况 …………………………… 121

第五章 产业集群视角下西部地区中小企业融资理论分析 ………… 132

第一节 产业集群视角下西部地区中小企业融资优势分析 …… 132
第二节 产业集群对西部地区中小企业融资的效应分析 ……… 135
第三节 产业集群不同发展阶段对西部地区中小企业融资机制的影响 …… 147
第四节 中小企业集群式融资的博弈分析 ……………………… 150

第六章 西部地区中小企业集群融资存在的问题及风险防范 ………… 158

第一节 西部地区中小企业产业集群现状及存在的问题 ……… 158
第二节 西部地区中小企业集群融资的现状及存在的问题 …… 167
第三节 产业集群风险影响集群内企业融资及其防范 ………… 173

第七章 中小企业集群融资模式选择分析 ……………………………… 178

第一节 互助担保融资模式 ……………………………………… 178
第二节 区域主办银行模式 ……………………………………… 184
第三节 集群整体联合融资模式 ………………………………… 187
第四节 政府引导基金融资模式 ………………………………… 191
第五节 "蛛网"融资模式 ……………………………………… 197

第八章 西部地区推进中小企业集群融资的政策建议 ………………… 202

第一节 从政府层面 ……………………………………………… 202
第二节 从金融环境层面 ………………………………………… 205
第三节 从集群内中小企业层面 ………………………………… 208

参考文献 …………………………………………………………………… 211

后　记 ……………………………………………………………………… 220

第一章
中国及西部地区中小企业的发展历程

无论是从其他国家还是从中国来看,中小企业都是最富活力的经济群体,是创造经济奇迹的重要因素。本章主要从历史发展的角度介绍中国及西部地区中小企业的发展历程。

第一节 中小企业概念的界定

从人类社会的发展来看,在资本主义社会才诞生了企业,怎么去理解企业,企业中的哪一类属于中小企业,各个国家有不同的界定标准,本节主要介绍企业的概念及中小企业在不同国家的界定。

一、企业

早期的人类社会并没有企业的存在,研究显示,从现代企业的出现至今大概有150多年的历史。可以说,企业是社会生产力发展到一定水平的成果,在资本主义社会诞生了企业这种现代形式。从企业的演进过程来看,主要经历了三个阶段:工场手工业时期。在这一时期,资本主义制度开始形成,使得封建社会的家庭手工业急剧瓦解,形成了现在企业的雏形——工场手工业。工厂制时期。18世纪,西方资本主义国家相继开展了工业革命,建立了工厂制度,其特征表现为采用大机器实行大规模集中劳动,实行工人雇佣制度。这些都使得生产走向社会化,标志着企业的真正建立。现代企业时期。19世纪末20世纪初，随着资本主义社会的发展，工厂发生着巨大的变化：生产规模不断扩大，竞争加剧，经营权与所有权分离，普遍建立了科学的管理制度，形成了一系列科学管理理论，从而使企业走向成熟，成为现代企业。目前来看，大部分国家存在的企业形式大致有六类：独资企业、合伙企业、无限责任公司、有限责任公司、两合公司和股份公司。

在传统的微观经济学当中，关于企业及其性质是什么是一个被忽略的问题，我们可以回忆，我们在研究市场交易理论时，企业作为微观主体是预先存在的，即企业被抽象成一个由投入到产出的追求利润最大化的"黑匣子"。1937年，美国经济学家科斯(R. H. Coase)发表的《企业的性质》一文，被认为是对这一问题进行探讨的开端。在这篇论文中，科斯想说明两个问题：一是企业产生的原因；二是企业的边界问题。科斯指出，市场的运行是有成本的，通过形成一个组织，并允许某个权威(一个"企业家")来支配资源，就能节约某些市场运行成本。当存在企业时，某一生产要素(或它的所有者)与企业内部同他合作的其他一些生产要素签订一系列的契约的数目大大减少了，一系列的契约被一个契约替代了。同时他认为，企业的扩大必须达到这一点，即在企业内部组织一笔额外交易的成本等于在公开市场上完成这笔交易所需的成本，或者等于由另一个企业家来组织这笔交易的成本。我们把科斯的观点称为交易成本论。

科斯之后，围绕企业展开的理论研究多种多样。威廉姆森(Williamson)在科斯交易成本理论的基础上，提出了交易费用理论，更精确地定义了企业交易费用的来源，在交易费用中区分了环境因素和行为主体的特征。威廉姆森解释了交易成本产生的原因，认为市场和企业之间还存在着中间组织形式，对企业边界问题的解释比科斯更深一层，强调了科斯所忽视的生产成本。格罗斯曼(Grossman)和哈特(Hart)提出了不完全契约理论，此理论一方面找到了企业的本质——不完全契约，即企业是一组不完全契约的集合；另一方面分析了企业内部权力的特征，强调由不完全契约所产生的剩余控制权的重要性，将剩余控制权作为理解企业的关键。不完全契约模型还给出了一体化的成本和收益的清晰说明，从而说明企业的最优规模问题。此外，在这一时期还出现了代理理论、产权理论等。科斯及其追随者的交易费用理论、不完全契约理论、代理理论、产权理论等统称为现代企业契约理论。现代企业契约理论是第一个被理论界称为"企业理论"的理论，但是，这种理论只是从交易和契约的角度解释企业内部问题，完全忽略了企业的生产功能。20世纪90年代以来，现代企业理论有了一定的发展，其主要是对现代企业契约理论的争论或补充。其中主要有来自阿尔钦和德姆塞茨(Alchian和Demsetz,1972)的"团队生产"理论,他们在 20 世纪 70 年代对企业性质问题的讨论已经开始超越交易费用理论的理论范围,更关注企业内部生产组织的特性,进而深入探讨了企业的产生、功能和边界问题,提出了团队成员之间的专业化协作可以比各自单独生产时获得更多的产出;熊彼特(Schumpeter)的"创造性毁灭"论,其认为以企业为主体的创新是经济进化的发动机,企业具有超越外部经济条件的自主能力,而且能够塑造市场条件,创造市场;彭罗斯(Penrose)的"资源—能力"二分法,其认为企业的生产机会主要来自企业内部的未利用服务,而这种服务能够为企业带来扩张。因此,企业成长是内生性的,企业成长的源泉就是企业内部资源所形成的服务(能力)。在现代企业理论发展的过程中,经济学家钱德勒(Chandler)在其著作《看得见的手》中给出了一个学术界普遍认可的企业概念,他认为"企业是由一组高薪的中、高层经理人员所管理的多单位大企业"。

从上述分析我们可以看到,经济学中企业理论的发展,从关注企业的生产属性,进而关注企业的交易属性,再发展到关注企业的内生成长属性,人们不断对传统经济学和企业理论进行反思,而把对"有形"资源和"无形"资源相结合的分析看作企业理论的发展大趋势。从国内学者的研究来看,虽然存在不同的观点,如张春霖认为,企业既是个人之间一组契约关系的连接点,又是一个层级组织。盛则洪的要素组合论认为,企业就是将一定数量的一组要素集中到一起的组织形式,这种组织形式受到集中生产要素的操作费用和产品市场上交易费用的比较的影响。但这些观点都明显受到了国外相关企业理论的影响。总的来看,国内学者一般认为企业是指以盈利为目的,运用各种生产要素(土地、劳动力、资本、技术和企业家才能等)向市场提供商品或服务,实行自主经营、自负盈亏、独立核算的、具有法人资格的社会经济组织。

二、中小企业

关于中小企业的界定,由于不同国家和地区的经济发展水平不同,不同的国家有不同的标准。从世界各国对中小企业的定义来看,主要是从定性和定量两方面予以规定。

(一)世界主要国家和地区对中小企业的界定

1. 美国对中小企业的界定

美国经济发展委员会主要对中小企业做出了质的规定,其规定如下:中小企业应至少具备下列四个特征中的两个:①独自经营,即经理通常就是企业主。②资本由一个人或少数几个人所有。③产品的销售范围主要在当地。④企业规模在本行业内相对比较小。在此基础上,美国中小企业管理局(SBA)主要从定量上对中小企业进行了界定。表1-1列出了美国部分企业类型的划分标准。

表1-1 美国中小企业管理局定量划分标准

企业类型	最大销售收入或员工数量	企业类型	最大销售收入或员工数量
制造业	500人	批发业	500万美元
零售或服务业	100万美元、50人	建筑业	500万美元
普通承包商	1700万美元	收音机和电视修理店	350万美元
五金批发商	100人	广播台	350万美元

资料来源:[美]杰斯汀·G.隆内克.小企业管理[M].大连:东北财经出版社,2003.

2. 欧盟对中小企业的界定

1996年,欧盟委员会在欧盟内部制定了一个关于中小企业界定的文件。在该文件中,主要是从定量角度定义中小企业的,定义如下:250名雇员以下,年营业额不超过5000万欧元或者年资产总额不超过4300万欧元的企业,同时必须是独立不依附于大型企业的。定义中的营业额和年资产总额可以根据经济形势的变化每四年调整一次。

3. 英国对中小企业的界定

1967年,英国成立了中小企业委员会,主要对中小企业定义进行了量的规定:凡制造业雇员不超过200人,建筑业雇员不超过25人,零售业年营业额在5万英镑以下的可以认定为中小企业。在此规定的基础上,1978年增加了中小企业质的认定:凡所有者依靠个人的判断进行独立经营且市场占有率很低的企业均为中小企业。

4. 日本对中小企业的界定

日本在1963年制定了《中小企业基本法》(以下简称《基本法》),《基本法》中从雇员人数和资本金额两个方面定义了中小企业。其规定:雇员人数在300人以下或资本金在1亿日元以下的制造、采矿、运输和建筑业中的企业;雇员人数在50人以下或资本金在1000万日元以下的零售、服务业;雇员人数在100人以下或资本金不超过3000万日元的从事批发业务的企业为中小企业。此后对于这个规定中额度雇员人数和资本金额又有几次修订。比如,2000年修订的《中小企业基本法》规定:制造业:从业人员300人以下或资本金3亿日元以下;批发业:从业人员100人以下或资本金1亿日元以下;零售服务业:从业人员50人以下或资本金5000万日元以下。

从不同国家对中小企业的界定来看,对中小企业定性定义多是欧美国家,其论据很多,但最核心的是独立拥有产权和经营权、其产品对市场份额不产生决定性影响、自主决策程度等方面。该标准可以反映企业内部具有生命力的特征,但实际操作起来比较困难,采用定性标准的国家一般都同时兼用定量标准。定量标准的使用跟空间和时间都有关系,不同国家和地区偏爱的定量标准往往不一样,对于同一国家或地区在不同的经济发展阶段,使用的定量标准也有所区别。最常用的指标有:雇用员工人数,这里所指的雇用员工是企业全职工作者,往往为劳工部门所偏好;资产总量,企业总资产是企业规模的重要表现,尤其受金融行业的重视,但较难统计;营业额标准,该指标从企业经营水平角度反映了一个企业的规模大小,往往为财政税务部门所偏好。

(二)我国对中小企业的界定

我国对中小企业的界定标准随着改革开放和经济体制改革进行了多次调整。20世纪50年代,为了便于统筹管理,按企业职工人数划分——500人以下为小企业。1962年,界定标准改为按固定资产价值划分,在这一时期发展大中型企业成为国家的工作重心。1978年,国家颁布了《关于基本建设项目的大中型企业划分标准的规定》,对企业规模的界定首次改为以综合生产能力为标准。1984年,国务院颁布《国营企业第二步利改税试行办法》,对非工业企业的规模按照企业的固定资产原值和生产经营能力作为划分标准。1988年,国家重新发布了《关于基本建设项目的大中型企业划分标准的规定》,企业规模被划分为特大型、大型(一、二大类)、中型(一、二大类)和小型四类六档。中小企业一般指中二类和小型企业。1992年,国家经贸委对原划分标准进行了补充,对于生产单一产品的行业主要以生产能力为依据进行划分。其他类型的企业仍以固定资产原值作为划分标准。1999年再次修改,将销售收入和资产总额作为主要考察指标,类型为特大、大、中、小四类,年销售收入和资产总额在5亿元以下、5000万元以上的为中型企业,年销售收入和资产总额在5000万元以下的为小型企业。

2003年,我国正式实施《中华人民共和国中小企业促进法》(以下简称《中小企业促进法》)及其配套的《中小企业标准暂行规定》。《中小企业促进法》规定:"中小企业,是指在中华人民共和国境内依法设立的有利于满足社会需要,增加就业,符合国家产业政策,生产经营规模属于中小型的各种所有制和各种形式的企业。"并且对中小企业的划分标准进行了调整,将企业职工人数、销售额、资产总额等指标,结合行业特点制定行业标准,适用于工业、建筑业、交通运输和邮政业、批发和零售业、住宿和餐饮业。其中,工业包括采矿业、制造业、电力、燃气及水的生产和供应业。具体标准如下:工业:中小企业标准为职工人数 2000 人以下,或销售额 3 亿元以下,或资产总额为 4 亿元以下。其中,中型企业须同时满足职工人数 300 人及以上,销售额 3000 万元及以上,资产总额 4000 万元及以上;其余为小型企业。零售业:中型企业的具体标准是:职工人数 100~500 人,年营业收入 1000 万~1.5 亿元;小型企业的具体标准是:职工人数少于 100 人,年营业收入少于 1000 万元。批发业:中型企业的具体标准是:职工人数 100~200 人,年营业收入 3000 万~3 亿元;小型企业的具体标准是:职工人数少于 100 人,年营业收入少于 3000 万元。建筑业:中小企业标准为:职工人数 3000 人以下,或销售额 3 亿元以下,或资产总额 4 亿元以下。其中,中型企业须同时满足职工人数 600 人及以上,销售额 3000 万元及以上,资产总额 4000 万元及以上;其余为小型企业。交通运输和邮政业:中小企业标准为:职工人数 3000 人以下,或销售额 3 亿元以下,或资产总额 4 亿元以下。其中,中型企业须同时满足职工人数 600 人及以上,销售额 3000 万元及以上,资产总额 4000 万元及以上;其余为小型企业。住宿餐饮业:中小企业标准为:职工人数 800 人以下,或销售额 1.5 亿元以下。其中,中型企业须同时满足职工人数 400 人及以上,销售额 3000 万元及以上;其余为小型企业。

从目前我国对中小企业的界定标准来看,首先,在选取的标准上,主要用到的是雇用人数、销售额和资产总额,相对于之前的划分标准,更加接近国际惯例。其次,认定标准的主体角色转变,不再沿用原来的企业申请、政府审核的方式,而是依据统计数据来确定,行政色彩相应消减。但是新标准仍存在一定的不足:首先跟其他国家的划分标准相比,缺乏必要的定性标准。产权的独立性和业主的直接管理是中小企业的两个重要特点,也是中小企业区别于大型企业的一个主要依据,但在我国的划分标准中没有明确提出,这可能会造成中小企业的优惠政策被大型企业所占用的局面。其次在制定中小企业的划分标准时,对不同地域的中小企业界定标准一视同仁,但我国目前的现实情况是,东西部地区中小企业的发展一直处于不同的阶段和水平上,因此这样的界定标准势必会影响西部地区中小企业的发展,需要做一定的调整。

第二节 中国中小企业的发展历程

新中国成立以来,中小企业的发展伴随着我国解放思想、改革开放的深入而不断发展壮大起来,尤其是改革开放以后,中国的中小企业无论从数量上还是质量上都有了显著的提高,成为国民经济发展中的一支重要的力量。中国中小企业在新中国成立以来的发展过程,大体可划分为三个阶段:

一、新中国成立后的计划经济时期[①]

(一)1949~1953 年

新中国成立之初,从国民经济构成来看,个体经济产值占国内工农业总产值的 90%,现代工业只占 10%,实际上,无论是个体经济还是现代工业都是以小企业为主,如在现代工业中,民族资本占了 20%,从统计上看,全国的民族资本工业企业 12.3 万家,职工 164 万人,资本 20 多亿元,平均每个企业有职工 13 人,资本 1.6 万元。

1950 年 6 月,中共七届三中全会确定的调整工商业的具体措施:第一,适当收缩部分国营商业企业,把其经营范围主要限制在经营粮食、食用油等几种居民主要生活必需品,给私营企业较大的发展空间;第二,政府在适当放宽对私营企业经营范围限制的同时扩大对私营企业的加工订货和产品收购,帮助其恢复和维持生产;第三,财政部门给予私营企业一定的税收优惠,同时银行进一步改进和扩大对私营企业的贷款额度;第四,调整劳资关系,降低人工费用,以保证私营企业生产和经营的成本控制在较为合理的范围之内。这四条措施实质上都是为了保证中小企业的优先发展。

1953 年左右,这些措施初见成效,据对上海、北京、天津等 10 个大、中城市的统计表明,1952 年与 1949 年比较,私营企业增加了 26 万家,增幅达 21.6%;工业

[①] 胡伟伟.20 世纪 50~90 年代意大利与中国中小企业发展历程及比较[D].吉林大学硕士学位论文,2006.

总产值增加36.98亿元,增幅达54.2%。这些私营企业基本上都是中小企业。

(二)1954~1975年

在这一阶段,中央政府主要提出了私营中小企业实行公私合营、手工业实行合作化、发展国有中小企业的措施。从实施效果来看,到1956年上半年,全国实行公私合营的工业企业占原来私营工业企业的97.3%,与此同时,各地、各行业陆续成立了一些专业公司,这些专业公司把同行业系统的中小企业串联起来,形成相对紧密的联合体。经过上述工商业的改造,中小企业的国有化程度达到了73%以上,公私合营占26%左右,中国中小工业企业的所有制结构发生了深刻的变化。同时,在这一时期国家对中小企业的投资达到了200亿元,使其产值迅速增长。

到了"大跃进"时期,全民大办企业,中小企业也不例外,数量迅速增加,如1959年底全国工业企业达到31.8万家,比1957年增加了14.85万家。但从质量上来看,这些中小企业都是不经济的,直接导致1958~1960年的工业劳动生产率下降了7.8%。对此现象,中央对中小企业实行了一系列的"关、停、并、转"方针,主要措施是:第一,关掉一批省辖市、专区所属和大部分县办的中小企业;第二,原则上停办农村和城市公社的中小企业;第三,清理城市手工业企业。这些措施实施之后,到1964年,工业企业总数由1960年的25.4万家减少到16.1万家,集体所有制企业由15.8万家减少到11.6万家。1970年以后,为了解决就业问题,兴办了一些街道集体企业,全国的小企业数量有所增加。

二、十一届三中全会后有计划的商品经济时期

(一)1978年前后到1983年

1976年,"四人帮"被粉碎。1977年,邓小平深刻批判了"两个凡是"观点,指出要用实事求是的、变化的、与时俱进的观点来看待实际问题。1978年是彻底进行"拨乱反正"的一年,在这一年中,全国人民经历了第一次思想大解放。1978年底召开了中共十一届三中全会,把全党的工作重心转移到了经济建设上来,确立了"解放思想,实事求是,团结一致向前看"的思想路线,做出了实行改革开放的重大决策。对中小企业的发展产生了深远的影响。十一届三中全会做出了农村经济改革开放的联产承包责任制新决策,提出社员自留地、家庭副业和集市贸易是社会主义经济的必要补充部分,任何人不得乱加干涉。使广大农民将富余的农产品拿到

了市场交易,农村经济和市场快速活跃起来,有力地促进了农村个体经济的发展。通过"放权让利"式的改革,十一届三中全会以后,推行了有利于个体户、乡镇企业以及国企发展的种种举措,极大地推动了个体经济的发展。1979年4月,国务院在批转工商行政管理总局关于全国工商行政管理局长会议的报告中,首次明确提出恢复和发展个体经济。报告指出:可以根据当地市场的需要,在征得有关业务主管部门同意后,批准一些有正式户口的闲散劳动力从事修理、服务和手工业的个体劳动,但不准雇工。7月,国务院颁布了《关于扩大国营工业企业经营管理自主权的若干规定》,对全国企业的改革试点做出了规定。1980年8月,在全国劳动就业会议上指出,必须逐步做到允许城镇劳动力在一定范围内流动,鼓励和扶持个体经济适当发展,一切守法的个体劳动者应当受到社会的尊重。9月,中央印发了《关于经济体制改革的初步意见》,指出我国现阶段的社会主义经济,是生产资料公有制占优势、多种经济成分并存的商品经济。1981年7月,国务院下发了《关于城镇非农业个体经济若干政策性规定》,这是第一个有关个体经济的行政法规性文件,对个体经济的方针政策进行了明确的阐述。10月,国务院发布《关于广开门路,搞活经济,解决城镇就业问题的若干决定》,重申了发展个体经济的有关政策,指出要着重开辟在集体经济和个体经济中寻找就业渠道。1982年12月,在五届人大第五次会议上,通过了《中华人民共和国宪法》,从法律的高度指出城乡劳动者个体经济是社会主义经济的补充,国家保护个体经济的合法权益和利益。1983年4月,国务院发布了《关于城镇非农业个体经济若干政策性规定的补充规定》,对城镇个体经济政策进一步细化。

从表1-2中来看,中国的个体经济从1980年至1983年,各个方面都获得了跳跃式的大发展。从户数上来看,1983年相比1980年,增长了约12.5倍;从从业人员来看,1983年相比1980年增长了约9.22倍;从注册资金来看,1983年相比1980年,增长了约57.9倍;从纳税总额来看,个体工商户纳税总额从1981年的6.2亿元增长到了1983年的15.8亿元,增长了约2.55倍。我们可以看到,在这一时期,个体经济在国民经济中已经发挥了相当大的积极作用。不仅是国民就业的重要渠道,同时在协调经济产业结构、发挥市场机制作用方面也充当了重要的角色。

表 1-2 1980～1983 年全国个体工商户的发展

年份	户数（万户）	从业人员（万人）	注册资金（亿元）	纳税总额（亿元）
1980	47.3	81	0.53	—
1981	182.9	227.5	5	6.2
1982	261	319.8	8.3	11.1
1983	590	746.5	30.7	15.8

资料来源：张厚义,名立志.中国私营企业发展报告(1978～1998)[M].北京:社会科学文献出版社,1999.

（二）1984～1992 年

在此时期,国家处于一个波动的发展阶段。从宏观经济走势来看,由于社会总需求一直高于社会总供给,到 1988 年,经济都处于一种过热的状态,1988 年全社会投资总额增长率达到了 22.7%。随后,国家实施了紧缩性宏观调控,国家经济增长率有所下降,1991 年,经济增长率为 9.2%。① 在此时期,对于各种经济成分发展的各项方针、政策和法规陆续出台,使其获得了快速增长的机会。1984 年 3 月,国务院发布了《关于开创社队企业新局面的报告》,将社队企业改名为乡镇企业,并强调乡镇企业是农业生产的重要支柱。10 月,中共十二届三中全会通过了《中共中央关于经济体制改革的决定》,明确提出继续贯彻对内搞活经济、对外实行开放的方针。1985 年,国务院批准了"星火计划",根据此计划,国家科学技术委员会将帮助各地一批中小企业与科技结合,提高中小企业的科学技术水平。1987 年 1 月,国务院发布《关于进一步推进科技体制改革的若干规定》,指出要进一步促进科技与生产的结合,对我国民营科技企业的生存和发展起到了极大的推动作用。1988 年 6 月,国务院发布了《中华人民共和国私营企业暂行条例》,宣布国家保护私营企业的合法权益。

具体到中小企业的发展,可以从以下数据中看到：

1. 个体工商户的发展

从表 1-3 来看,这一时期个体工商户在国家政策的引导下,又有了很大的发

---

① 陈乃醒,傅贤治,白林.中国中小企业发展报告(2008～2009)[M].北京:中国经济出版社,2009.

展。从户数上来看,从1984年的933万户增长到1991年的1417万户,共增长了484万户,增长率达到了52%,平均每年增长率为7.4%。从从业人员来看,从1984年的1304万人增长到1991年的2258万人,共增长了954万人,增长率达到了73%,平均每年增长率为10%。从总产值上来看,从1984年的93.4亿元增长到1991年的782.2亿元,平均每年增长98.4亿元。

表1-3 1984~1991年全国个体工商户的发展

年份	户数(万户)	从业人员(万人)	注册资金(亿元)	总产值(亿元)	消费品零售额(亿元)
1984	933	1304	100	93.4	288
1985	1171	1766	169	189.5	479
1986	1211	1846	180	239.7	585
1987	1373	2158	236	305.6	714
1988	1453	2305	312	516.2	1024
1989	1247	1941	347	559.5	1147
1990	1328	2093	397	642.4	1270
1991	1417	2258	488	782.2	1526

资料来源:张厚义,名立志.中国私营企业发展报告(1978~1998)[M].北京:社会科学文献出版社,1999.

2. 乡镇企业的发展

1984年3月,国务院发布了《关于开创社队企业新局面的报告》,将社队企业改名为乡镇企业,并强调乡镇企业是农业生产的重要支柱。这促进了乡镇企业在今后的大发展。

从表1-4中可以看到,从1984年开始,在国家政策的扶持下,乡镇企业发展迅猛,从户数上看,从1984年的606.52万户增长到1991年的1908.88万户,年平均增长186万户。如果再考虑到1983年,1984年户数为606.52万户比1983年的134.64万户增长了4.5倍。从职工人数上看,职工人数从1984年的5208.11万人增长到1991年的9609.11万人,共增长了4401万人,增长率达到了84.5%。从总产值上看,总产值从1984年的1709.89亿元增长到1991年的11621.69亿元,共增长了6.8倍,年平均增长1416万元。从地域分布来看,呈现出东部强西部弱的态势,并且影响到东、西部区域经济差距的加大,1980～1991年,东、中、西三地的农村社会总产值之比由2.9∶2∶1扩大到4.5∶2∶1。从行业分布来看,乡镇企业从主要从事农业和农产品加工业慢慢扩大到工业和第三产业。①

表1-4　1984～1991年乡镇企业的发展

年份	户数(万户)	职工人数(万人)	总收入(亿元)	总产值(亿元)	缴纳税金(亿元)
1984	606.52	5208.11	1268.2	1709.89	79.1
1985	1222.45	6979.03	1827.4	2728.39	108.6
1986	1515.34	7937.14	2223.6	3540.87	13.73
1987	1750.24	8776.4	2934.1	4764.26	168.1
1988	1888.16	9545.45	4232.2	6495.66	263.5
1989	1868.63	9366.78	4821.6	7428.38	272.5
1990	1850.4	9264.75	5218.6	8461.64	272.5
1991	1908.88	9609.11	6556	11621.69	333.8

资料来源:中国乡镇企业年鉴编辑委员会.中国乡镇企业年鉴(2001)[M].北京:中国农业出版社,1999.

3.私营企业的发展

刚刚改革开放的中国主要出现的是个体工商户,随着改革的深入,到此阶段,私营企业也有了一定的发展。

从表1-5看到,1989年全国私营企业户数已达到9.06万户,到1991年,已经上升到10.78万户。从从业人员来看,1991年为183.9万人,比1989年的164.01万人增加了近20万人。从总产值来看,1991年为146.63亿元,比1989年增长了49.23亿元。从税收来看,1991年为3.38亿元,比1989年的1.12亿元增加了2.26亿元。从产业分布来看,私营企业中的第二产业占主导地位,第三产业比重逐年增加。从区域分布来看,同样存在着东部强西部弱的特征,但西部发展也较快。

---

①陈乃醒,傅贤治,白林.中国中小企业发展报告(2008～2009)[M].北京:中国经济出版社,2009.

第一章 中国及西部地区中小企业的发展历程

表1-5　1989~1991年全国私营企业发展情况

年份	户数(万户)	从业人员(万人)	总产值(亿元)	税收(亿元)
1989	9.06	164.01	97.4	1.12
1990	9.81	170.22	121.77	2
1991	10.78	183.9	146.63	3.38

资料来源：张厚义,名立志.中国私营企业发展报告(1978~1998)[M].北京:社会科学文献出版社,1999.

三、邓小平南方谈话后社会主义市场经济时期

(一)1992~1996年

在这一时期全国人民深受邓小平南方重要谈话和中共十四大的精神鼓舞,我国改革开放和现代化建设进入了蓬勃发展的新阶段。我国国民经济高速增长,各方面都取得了重大成就。1992年6月,国务院发布了《关于加快发展第三产业的决定》,指出我国争取用10年左右的时间逐步建立起适应我国国情的社会主义统一市场体系、城乡社会化综合服务体系和社会保障体系。在中共十四大报告中,指出要继续大力发展乡镇企业,特别要扶持和加快中西部地区和少数民族地区乡镇企业的发展。1993年2月,国务院发布《关于加快发展中西部地区乡镇企业的决定》,《决定》中指出加快发展乡镇企业是中西部地区经济工作的一个战略重点。11月,中共十四届三中全会通过《中共中央关于建立社会主义市场经济体制若干问题的决定》(以下简称《决定》),《决定》指出,建立社会主义市场经济体制,必须坚持以公有制为主体、多种经济成分共同发展的方针。12月,八届全国人大常委会第五次会议通过了《中华人民共和国公司法》(以下简称《公司法》),为建立现代企业制度、改组国有企业提供了法律依据。《公司法》对各类公司的设立都做出了详细的规定。国家工商行政管理局制定了《关于促进个体经济私营经济的发展的若干意见》(以下简称《个体经济私营经济意见》),《个体经济私营经济意见》中明确指出要积极支持个体工商户、私营企业发展第三产业,为个体经济、私营经济创造了一个良好的外部环境。1995年2月召开了农村工作会议,继续强调了积极发展多种经营。1996年6月国家经济体制改革委员会发出《关于加快国有中小企业改革的若

干意见》,提出了 22 条鼓励措施,并提出国有中小企业可以出售,7 月国家经济贸易委员会下发了《关于放开搞活国有小型企业的意见》,指出小企业改革的方向是实行政企分开,创造条件,使企业真正走向市场。各类经济成分和中小企业的发展如下所示:

1. 个体工商户的发展

从表 1-6 来看,从户数来看,从 1992 年的 1534 万户增长到 1996 年的 2704 万户,增长了 1170 万户,增长率为 76.3%,年平均增长率 19.1%。从从业人数来看,从业人员数在这几年有了大幅度的增加,从 1992 年的 2468 万人增长到 1996 年的 5017 万人,增长了 1 倍多,年平均增长了 637.3 万人,年平均增长率 26%。从注册资金来看,由 1992 年的 601 亿元增长到 1996 年的 2165 亿元,增长了 3 倍多,年平均增长率 65%。纳税总额也从 1992 年的 176.61 亿元增长到 1996 年的 397.82 亿元,虽然 1996 年较 1995 年有所下降,但年均增长速度仍超过 30%。

表 1-6　1992~1996 年全国个体工商户的发展

年份	户数(万户)	从业人员(万人)	注册资金(亿元)	纳税总额(亿元)
1992	1534	2468	601	176.61
1993	1767	2939	855	314.69
1994	2187	3776	1319	360.42
1995	2528	4614	1813	401.25
1996	2704	5017	2165	397.82

资料来源:张厚义,名立志.中国私营企业发展报告(1978~1998)[M].北京:社会科学文献出版社,1999.

2. 乡镇企业的发展

从表 1-7 来看,从户数上看,从 1992 年的 2092 万户增长到 1996 年的 2336 万户,增长了 244 万户。其中 1993 年比 1992 年增长了 17.3%,达到了 2453 万户,1995 年比 1994 年有明显的下降,下滑了 11.7%,到 1996 年又上升到 2336 万户。职工人数从 1992 年的 10625 万人增长到 1996 年的 13503 万人。其中,1994 年比 1993 年略有下滑。从总产值来看,1996 年为 79408 亿元,较 1992 年的 17660 亿元增长了 4.5 倍,年平均增长 15437 亿元,年平均增长率为 21.9%。从纳税总额来看,跟营业收入情况相似,1994 年的实缴税金情况比 1993 年增长了 9.2%,1996 年比 1995

年增长了2.1%,1993和1995年分别比1992年和1994年增长了91.9%和23.7%。

表1-7 1992～1996年乡镇企业的发展

年份	户数(万户)	职工人数(万人)	总收入(亿元)	总产值(亿元)	纳税总额(亿元)
1992	2092	10625	16390	17660	494
1993	2453	12345	28954	29011	948
1994	2494	12017	39274	42588	1035
1995	2203	12862	57299	68915	1280
1996	2336	13503	68343	79408	1307

资料来源:中国乡镇企业年鉴编辑委员会.中国乡镇企业年鉴(2001)[M].北京:中国农业出版社,2001.

3. 私营企业的发展

从表1-8来看,从户数上看,从1992年的13.96万户增长到1996年的81.93万户,增长了5.87倍,年平均增长率57.23%。从从业人数来看,从业人数从1992年的232万人增长到1996年的1171万人,增长了5倍多,年平均增长235万人,年平均增长率51%。从注册资金来看,从1992年的221亿元增长到1996年的3752亿元,增长幅度巨大,增长了17倍之多,年平均增长882.8亿元,年平均增长率111%。从纳税总额来看,从1992年的4.55亿元增长到1996年的60.23亿元,增长了13.2倍,年平均增长率92.44%。从产业分布来看,私营企业以第三产业为主。

表1-8 1992～1996年全国私营企业发展情况

年份	户数(万户)	从业人数(万人)	注册资金(亿元)	纳税总额(亿元)
1992	13.96	232	221	4.55
1993	23.79	373	681	10.46
1994	43.22	648	1448	17.52
1995	65.45	956	2622	35.59
1996	81.93	1171	3752	60.23

资料来源:张厚义,名立志.中国私营企业发展报告(1978～1998)[M].北京:社会科学文献出版社,1999.

(二)1997~2001年

在这一期间,国家对宏观经济进行了干预调节,取得了良好的效果,经济上没有出现过冷或过热的现象,处于一个稳定增长的阶段。1997年3月,国务院发布《关于我国乡镇企业情况和今后改革与发展意见的报告》,指出党和国家对乡镇企业的发展实施积极扶持、合理规划、分类指导、依法管理的方针。7月国务院发布了《关于治理向企业乱收费乱罚款和各种摊派等问题的决定》。9月中共十五大召开,再次对公有制实现形式的理论和实践问题做了深刻的阐述,指出公有制的形式可以而且应当多样化,把民营经济确定为国民经济的重要组成部分。1999年3月,中共九届人大二次会议通过了《中华人民共和国宪法修正案》(以下简称《宪法修正案》),《宪法修正案》中第16条规定,在法律规定范围内的个体经济、私营经济等非公有制经济是社会主义市场经济的重要组成部分。7月《中华人民共和国证券法》开始实施,这是我国第一部证券法。2000年4月国家经济贸易委员会发布《关于培育中小企业社会化服务体系若干问题的意见》,指出要建立为中小企业的创立和发展提供多层次、多渠道、多功能、全方位服务的社会化服务网络。7月国家经济贸易委员会发布了《关于鼓励和促进中小企业发展的若干政策意见》,加强了对中小企业的扶持力度,从财政支持政策、拓展融资渠道及建立信用担保体系上给予了综合性的指导方针。12月《国务院关于实施西部大开发若干政策措施》正式出台,标志着我国实施西部大开发战略迈出了实质性的一步。

中共十五大把个体经济、私营经济纳入我国基本的经济制度,从根本上解除了个体经济、私营经济发展的政策障碍和思想障碍,使其在这一时期有了更快的发展。

1. 个体经济的发展

在表1-9中,从户数来看,1997年为2851万户,到1999年发展到3160万户,年均增长3.7%。从从业人数来看,从业人数从1997年的5442万人增加到1999年的6241万人,年均增长7.7%。从1999年开始,一些个体工商户规模不断扩大,逐步转向现代企业形式经营,还有一些个体经济在竞争中失去优势,倒闭破产。因此户数和从业人数在2000年都有一定的萎缩。从工业产值来看,也呈现出同样的规律。但个体工业产值占全国工业总产值的比例一直不断攀升,从1997年的17.9%上升到2000年33.2%。

表 1-9　1997～2001 年全国个体工商户的发展

年份	户数(万户)	从业人数(万人)	注册资金(亿元)	工业产值(亿元)
1997	2851	5442	2571	20376
1998	3120	6114	3120	20372
1999	3160	6241	3439	22928
2000	2571	5070	3315	11350

资料来源:黄孟复.中国私营企业发展报告(2004)[M].北京:社会科学文献出版社,2005.

2.私营企业的发展

在表 1-10 中,从户数上看,由 1997 年的 960726 户增加到 2001 年 2018548 户,增长了 2 倍,年均增长 20%。从从业人数来看,从业人数从 1997 年的 1350 万人增加到 2001 年的 2714 万人,增长了 1 倍,年均增长 18.4%,在吸纳劳动力就业方面做出了很大的贡献。从纳税总额来看,纳税总额从 1997 年的 90.49 亿元增加到 2001 年的 917.6 亿元,年均增长 74.15%。

表 1-10　1997～2001 年全国私营企业发展情况

年份	户数(户)	从业人数(万人)	注册资金(亿元)	纳税总额(亿元)
1997	960726	1350	5140	90.49
1998	1200978	1710	7198	163
1999	1508857	2022	10287	254.96
2000	1761769	2406	13308	414.4
2001	2018548	2714	18212	917.6

资料来源:黄孟复.中国私营企业发展报告(2004)[M].北京:社会科学文献出版社,2005.

3.乡镇企业的发展

1997～2001 年,乡镇企业持续稳定增长,2001 年末,全国乡镇企业总产值达到 116150 亿元,年均增长 11%。资产总额达到 50177 亿元,年均增长 9.97%。年营业收入达到 107834 亿元,年均增长 13.48%,实现净利润 5883 亿元,年均增长 12.59%,增加值达到 27156 亿元,年均增长 13.22%。乡镇企业的发展为社会提供了广泛的就业机会,2001 年末,就业人数达到 12820 万人,占全国农村劳动力的 27.3%,其中安置城市下岗职工 104.5 万人。对国家税收贡献也在增大,2001 年末,全国乡镇企业向国家缴纳税金 1996 亿元,占国家财政收入的 1/4。①

(三)2002 年至今

这一时期,中国经济的总体态势是持续快速增长,2001 年 12 月 11 日,我国正式加入了世界贸易组织,我国政府将遵循世界贸易组织的国民待遇、市场准入、促进公平竞争与贸易等原则,按照最终达成的多边贸易协定逐步开放市场,这给中小企业带来了良好的发展机遇。2002 年 6 月,九届人大二次会议通过了《中华人民共和国中小企业促进法》,这是我国第一部关于中小企业的法律,其中将中小企业发展的基本政策通过法律的形式确定了下来,标志着中小企业发展的法制化。2003 年 10 月,中共十六届三中全会通过了《中共中央关于完善社会主义市场经济体制若干问题的决定》,提出继续放开搞活国有中小企业。2004 年 3 月第十届全国人民代表大会通过了《宪法修正案》,其中提出"完善对私有财产保护的规定","国家保护个体经济、私营经济等非公有制经济的合法权利和权益"。2005 年 2 月,国务院发布了《关于鼓励支持和引导个体私营等非公有制经济发展的若干意见》,肯定了个体私营经济是社会主义市场经济的重要组成部分,提出要进一步推进非公有制经济的健康发展。2006 年 8 月,十届全国人大常委会第二十三次会议通过了《中华人民共和国企业破产法》,2008 年 3 月,国务院印发《强化服务,促进中小企业信息化的意见》,强化政府对中小企业信息化的公共服务,完善中小企业信息化社会服务体系。2009 年,国务院发布《关于进一步促进中小企业发展的若干意见》,指出促进中小企业发展,是保持国民经济平稳较快发展的重要基础,是关系民生和社会稳定的重大战略任务。但其发展形势严峻,主要表现在:融资难、担保难问题依然突出,部分扶持政策尚未落实到位,企业负担重,市场需求不足,产能过剩,经济效益大幅下降,亏损加大等。必须采取更加积极有效的政策措施,帮助中小企业克服困难,转变发展方式,实现又好又快发展。2010 年,中国人民银行、证监会等联合发布了《关于进一步做好中小企业金融服务工作的若干意见》,进一步改进和完善中小企业金融服务,拓宽融资渠道,着力缓解中小企业(尤其是小企业)的融资困难,支持和促进中小企业发展。2011 年,国务院发布了《关于进一步促进科技型中小企业创新发展的若干意见》,进一步支持科技型中小企业增强创新能力,促进创新发展,发挥其在推进经济结构战略性调整、加快转变经济发展方式

---

① 陈乃醒,傅贤治,白林.中国中小企业发展报告(2008~2009)[M].北京:中国经济出版社,2009.

和建设创新型国家中的重要作用。2011年国务院发布了《"十二五"中小企业成长规划》,总结了"十一五"时期实施中小企业成长工程的基本情况,分析了未来五年中小企业发展面临的国内外环境,并依据我国加快转变经济发展方式、优化经济结构、顺应各族人民过上更好生活新期待的新要求,提出了"十二五"时期促进中小企业成长的总体思路、发展目标、主要任务和重要措施。

1. 中小企业的发展①

截至2011年,全国共有规模以上中小工业企业31.6万家,占2011年规模以上工业企业总数的97.2%。从地区分布看,明显呈现出东部地区多、中西部地区和东北地区少的格局。东北地区共有2.5万家,占7.9%;东部地区共有19.1万家,占60.5%;西部地区共有3.8万家,占11.9%;中部地区共有6.2万家,占19.7%。从所有制分布来看,私营企业最多,共有17.9万家,占56.6%;其次是有限责任公司5.6万家,占17.8%;外商投资企业2.9万家,占9.3%;港澳台商投资企业2.4万家,占7.8%;其他类型企业包括股份有限公司0.7万家、国有企业0.6万家、集体企业0.5万家、股份合作企业0.2万家、联营企业489家,都在3%以下。

中小工业企业吸纳就业人员5935.7万人,占规模以上工业企业就业人员9167.3万人的比重为64.7%。完成工业总产值49.3万亿元,占规模以上工业总产值的58.4%。中小企业资产规模为33.3万亿元,占规模以上工业企业的49.2%;实现主营业务收入483万亿元,占规模以上工业企业的57.4%;实现利润3.5万亿元,占规模以上工业企业的56.9%;上缴税金1.8万亿元,占规模以上工业企业的45.4%;实现出口交货值4.1万亿元,占规模以上工业企业的41.6%。

2. 乡镇企业的发展②

截至2011年,乡镇企业继续保持总量持续增长、结构逐步优化、区域协调发展、投资不断改善、出口止落回升、农民创业就业增收成效显著的良好态势。

(1)经济总量平稳增长,质量效益同步提升。2011年,全国乡镇企业主要经济指标呈现"高开低走再抬头"趋势,全年全国乡镇企业营业收入达到531002亿元,同比增长11.08%;实现利润总额32426亿元,增长10.97%,销售利润率达到6.11%;全年上缴税金13413亿元,增长12.16%。

(2)第三产业比重提高,休闲农业再上台阶。2011年,全国乡镇第三产业在国家加强扶持农村服务业发展等有利因素影响下,增长迅速,规模进一步扩大,全年实现增加值31615亿元,同比增长13.26%,增长速度明显快于第一、第二产业,占

---

①② 郑昕,秦志辉.中国中小企业年鉴(2012)[M].北京:企业管理出版社,2012.

全部乡镇企业增加值的比重由 2010 年末的 23.45% 增加到 23.77%。各级政府高度重视休闲农业发展,积极开展产业引导示范创建、宣传推介,促进了休闲农业再上台阶。据不完全统计,2011 年,全国休闲农业年经营收入达到 150 亿元,年接待乡村旅游人员超过 6 亿人次,农家乐达 150 万家,规模以上休闲农业产业园区超过 3 万家,带动 1500 万农民就业。

(3)转型升级步伐加快,经济结构持续优化。近年来,乡镇企业在自身成长和外部环境双重压力下,自主创新能力进一步增强,转型升级步伐明显加快。2011 年全国建立技术创新中心和研发机构数达到 6.77 万个,比 2010 年增加 1.13 万个,增长 19.97%,为乡镇企业创新发展夯实了基础、增强了后劲。乡镇企业的产业结构也得到了进一步优化。2011 年,全国乡镇企业第一、第二、第三产业结构由"十一五"初期的 1.14∶76.89∶21.97 调整为 1.25∶74.98∶23.77,三产比重提高了 1.80 个百分点,结构更趋合理。

(4)投资总体规模扩大,中西部地区继续向好。2011 年,全年投资完成额达到 62939.7 亿元,同比增长 15.39%;东部地区乡镇企业完成固定资产投资额 40166.7 亿元,占投资总额的 63.8%。中西部地区投资增速提升,完成投资额 15532.9 亿元,占投资总额的 24.7%,比 2010 年提高了 0.90 个百分点。

(5)出口贸易总体水平有所增长,中部地区提速明显。2011 年,15.3 万家有出口实绩的乡镇企业完成出口产品交货值 43734.0 亿元,同比增长 11.33%,增幅比 2010 年下降 0.28 个百分点。中部地区出口增速领先,完成出口产品交货值 2015.9 亿元,同比增长 26.47%,占乡镇企业全部出口比重的 4.61%,比 2010 年提高了 0.60 个百分点。

(6)社会带动作用突出,贡献进一步增强。2011 年,乡镇企业继续为保民生、保稳定做出重要贡献。全国乡镇企业上缴税金 13412.9 亿元,同比增长 12.16%,是财政收入的重要来源。支农建农及补助农村社会性支出达 401.01 亿元,比 2010 年增加 5.56 亿元,为农村社会事业发展贡献了重要力量。年末就业人数达到 1.62 亿人,吸纳新增就业人数 294 万人,吸纳城镇下岗失业人员 742.6 万人,共计支付劳动者报酬 26270.6 亿元,同比增长 11.87%,农村居民人均从乡镇企业获得工资性收入达到 2471 元左右,比 2010 年增加 385 元左右。

3. 个体私营经济发展①

截至 2011 年,全国共有私营企业 1060 万户,个体工商户 3985 万户。从 2007

---

① 黄孟复. 中国民营经济发展报告 No.9(2011~2012)[M]. 北京:社会科学文献出版社,2012.

年至今,中国个体工商户增长45.3%,私营企业增长了76.1%。

个体私营等非公有制企业已占中国企业总数的70%以上,产值占GDP的60%以上,提供了50%以上的税收,从业人数和提供新增就业岗位分别占全国总量的80%和90%以上,流动人口大多数在非公有制企业就业。

第三节 西部地区中小企业的发展与现状

中国西部地区包括重庆、四川、广西、贵州、云南、陕西、甘肃、青海、宁夏、西藏、新疆、内蒙古十二个省、市和自治区。土地面积681万平方公里,占全国总面积的71%;人口约3.5亿,占全国总人口的28%。西部地区疆域辽阔,是我国经济欠发达、需要加强开发的地区。全国尚未实现温饱的贫困人口大部分分布于该地区,它也是我国少数民族聚集的地区。

一、西部地区中小企业的历史发展

我国西部地区中小企业的发展,大体可分为两个阶段:

第一阶段,新中国成立以后改革开放以前。当时国家处于计划经济体制下。在20世纪60年代中期到70年代中期的"三线"建设时期,西部的大部分省(市、自治区)都接收了一大批从沿海迁往内地的企业,这些企业中有相当一部分是中小企业。此外,由于当时国家选择了优先发展重工业的工业化战略,因此,同大型企业的发展相比,西部地区的中小企业在传统体制下处于一种相对发展不足的状况,尤其是与生活消费相关的中小企业的发展更加滞后。这就使西部地区的中小企业,特别是城镇一级的中小企业的发展空间变得十分狭小,仅限于一些生活必需品的生产和简单的日常用品的生产,如西部地区为广大农村生产生活服务的"五小工业"和购销服务业。

第二阶段,改革开放以后。这个阶段,地方政府在利益驱动下,直接介入中小企业的发展,因此大量生产轻工产品的中小企业在这个时期涌现。同时在经济体制的转轨时期,为了解决大型企业的一系列社会问题,国家出现了"一厂两制"的企业。这类中小企业是以母体企业的中间投入品为加工对象,无论是产品需求链还是产业技术关联仍处在母体企业的自我循环之中。同时以乡镇企业为代表的中小企业发展出现了强劲的势头。改革开放以来,乡镇企业迅猛发展,成为"半壁河山"。在乡镇企业的带动下,西部地区的中小企业有了程度不同的发展。中共十五大明确把私营经济作为社会主义经济的重要组成部分,并且以《宪法》方式加以规定下来,极大地解放了人们的思想,有力地促进了个体私营经济的发展,使中小企业进入了一个快速发展时期。

二、西部地区中小企业发展的现状

(一)从中小企业的数量分布看

从表1-11看到,中国各个区域中小企业的数量远远多于大型企业的数量,其中西部地区中小企业占规模以上工业企业比重为96.4%。但是受西部地区经济发展水平的限制以及地理位置和传统观念的影响,从中小企业数量分布看,明显呈现出东部多、中西部和东北地区少的格局。东部地区中小企业占全国中小企业的60.5%,中部地区占19.7%,西部地区占11.9%,东北地区占7.9%。

表1-11 2011年不同区域中小企业的数量分布

区域	规模以上工业企业数量(家)	中小企业数量(家)	占规模以上工业企业比重(%)	占全国中小企业比重(%)
东北地区	25449	24954	98.1	7.9
东部地区	196949	191452	97.2	60.5
中部地区	64026	62306	97.3	19.7
西部地区	39185	37786	96.4	11.9

资料来源:郑昕,秦志辉.中国中小企业年鉴(2012)[M].北京:企业管理出版社,2012.

从1-12可以看到,在西部地区12个省(市、自治区)中,由于工业化程度不同,中小企业发展水平的差距也较大,规模以上工业中中小企业数量超过3000家的地区只有重庆市、四川省、广西壮族自治区、内蒙古自治区和陕西省。最少的地区是西藏自治区,规模以上工业企业中中小企业数量只有54家。

表 1-12 2011 年西部地区中小企业分布情况

地区	规模以上工业企业单位总数(家)	中小企业数(家)
重庆市	4778	4604
四川省	12085	11708
贵州省	2329	2258
云南省	2773	2666
广西壮族自治区	5046	4908
内蒙古自治区	4175	4022
西藏自治区	56	54
陕西省	3684	3515
甘肃省	1371	1307
宁夏回族自治区	764	716
新疆维吾尔自治区	1738	1665
青海省	386	363

资料来源：中国中小企业年鉴编辑委员会.中国中小企业年鉴(2012)[M].北京：企业管理出版社,2012.

(二)从中小企业吸纳就业人员分布来看

从表 1-13 看到,东部地区吸纳了 3640.4 万人,占 61.3%;中部地区有 1117.9 万人,占 18.8%;西部地区有 794.3 万人,占 13.4%;东北地区 383.1 万人,仅为 6.5%。具体到西部地区的中小企业平均从业人数来看,平均每个企业的从业人数大约为 200 人。从西部地区 12 个省(市、自治区)来看,中小企业吸纳就业人员超过 100 万人的有四川省吸纳了 242.4 万人、广西壮族自治区吸纳了 108.3 万人。

表 1-13 2011 年不同区域中小企业的从业人员分布

区域	规模以上工业企业从业人数(万人)	中小企业从业人数(万人)	占规模以上工业企业比重(%)	占全国中小企业比重(%)
东北地区	642.7	383.1	59.6	6.5
东部地区	5429.7	3640.4	67	61.3
中部地区	1796.1	1117.9	62.2	18.8
西部地区	1298.9	794.3	61.2	13.4

资料来源:中国中小企业年鉴编辑委员会.中国中小企业年鉴(2012)[M].北京:企业管理出版社,2012.

(三)从中小企业产值贡献来看

从表 1-14 来看,东部地区为 282626.5 亿元,占 58.5%;西部地区为 96271.6 亿元,占 19.9%;中部地区为 62827.2 亿元,占 13.0%;东北地区为 41211.7 亿元,占 8.6%。由于西部地区工业化水平低,使西部地区中小企业的工业总产值占全国中小企业工业总产值的比重仅为 19.9%,与东部地区的 58.5%的比重相去甚远。

表 1-14 2011 年不同区域中小企业的主营业务收入分布

区域	规模以上工业企业主营业务收入(亿元)	中小企业主营业务收入(亿元)	占规模以上工业企业比重(%)	占全国中小企业比重(%)
东北地区	71045.5	41211.7	58.0	8.6
东部地区	494949.3	282626.5	57.1	58.5
中部地区	115035.8	62827.2	54.6	13.0
西部地区	160799.7	96271.6	59.9	19.9

资料来源:中国中小企业年鉴编辑委员会.中国中小企业年鉴(2012)[M].北京:企业管理出版社,2012.

(四)从中小企业行业结构角度来看

在行业结构上,从全国来看,企业数量排名前十位的大类行业依次是:非金属矿物制品业、通用设备制造业、农副食品加工业、化学原料及化学制品制造业、纺织业、交通运输设备制造业、金属制品业、电气机械及器材制造业、专用设备制造业、塑料制品业。上述十大行业共有中小企业19.4万家,占全国中小企业的61.0%。上述数据表明,劳动密集型和技术资本有机构成相对较低的产业仍是以中小企业为主体。西部地区中小企业大部分集中在建材、冶炼、采矿、建筑、运输等行业,其比重占到80%以上。而在教育产业、电子通信、生物工程等高科技领域的知识型、科技型企业较少,也就是说中小企业在劳动密集型行业中都占有绝对优势。

(五)从中小企业所有制结构角度来看

从全国和东部地区来看,私营企业、有限责任公司、外商投资企业、港澳台商投资企业占全部中小企业资产规模的比重接近八成。根据调查资料,西部地区的中小企业仍以国有企业和集体企业为主。早在20世纪90年代初期,我国东部地区有些省(市)就开始了以改革国有企业和集体企业为主要形式的产权改革,同时大力发展私营和个体经济。所有制结构的变化,是东部沿海地区经济发展的一个明显特征。而中西部地区不少地方国有企业改革成效甚微,非公有制经济发展缓慢。

第四节 中小企业在我国西部地区经济发展中的地位和作用

中小企业是我国经济结构中的一个重要组成部分,是推动国民经济发展、构造市场经济主体、促进社会稳定的基础力量。经过二十多年的改革开放,我国经济持续高速发展,中小企业起到了功不可没的作用。在国有集体企业下岗分流、减员增效、农村剩余劳动力需要持续转移的过程中,中小企业的发展对于缓解我国就业压力、保持经济和社会稳定发挥了重要作用。中小企业经营机制较为灵活,富于创新,参与那些大企业不愿意或不可能涉足的产业,活跃在多品种、小批量、劳动密集程度高的行业以及分散经营等部门。另外,中小企业具有投资少、建设期短、投资回收快、适应性强等特点,可以充分利用各地区优势,振兴地方经济,缓解地区经济发展的不平衡。同样,中小企业在我国西部地区经济发展中起着重要的作用,是西

---

① 郑昕,秦志辉.中国中小企业年鉴(2012)[M].北京:企业管理出版社,2012.

部地区经济发展中极富生命力的增长极。

一、中小企业推动了西部地区的经济增长

中小企业相对于大型国有企业,较少受国家的计划控制及特殊保护,更容易摆脱旧体制的束缚,对市场需求的变化反应敏捷,使其最能适应经济结构的调整。从全国来说,20世纪90年代以来的经济快速增长中,工业新增产值的80%是由中小企业创造的。和东部地区相比,西部地区第一、第二、第三产业均落后,因此应该充分发展中小企业,发挥其自身优势。

1. 中小企业能更有效地利用地方性经济资源

和大型企业相比,中小企业更适合于西部地区这种数量少、分布广的资源的利用。它们规模小、机制灵活,能更好地对西部地区经济资源加以开发利用,从而形成具有地方特色的区域经济。

2. 中小企业能促进西部地区经济结构的调整

大型企业是以规模经济为特征的大批量生产,但从中小企业经营的特点看,特别是对那些中低经济规模壁垒的产品,能以小规模分散的形式生产。由于人们生活水平的提高,其消费需求和消费结构发生了巨大变化,对不同产品的需求急剧增加,消费需求已从标准化商品向更具个性化的商品转移,大批量生产的时代将逐渐成为历史。所以,中小企业的发展有利于经济结构调整的快速到位。在西部地区的产业结构中,以资源开发性国有大中型企业和军工企业为主,轻工业则远远落后于东部地区,因此,可以通过大力发展中小企业,以中小企业带动轻工业,进而转变经济结构。

3. 中小企业可以为西部地区引进创新

中小企业是科技创新的重要源泉,是推动科技尽快转化为生产力的重要力量,中小企业往往是一个国家技术进步的重要载体。无论是在不断发展的产业,还是在逐渐衰退的产业,中小企业都是卓越的革新者,中小企业呈现出以知识和技术密集型取代传统的劳动密集型、资本密集型的发展趋势,通过中小企业的发展可以为不同的产业带来创新,并且使科学技术转化为生产力的时间和环节大大缩短。

二、中小企业能促进西部地区产业结构的优化和升级

在西部地区的中小企业中,主要是集中在建材、冶炼、采矿、建筑、运输等行业,

在劳动密集型行业中占有绝对优势,可以说西部地区中小企业产业结构的优化、升级,是整个西部地区产业结构提升的关键。前已述及,中小企业在各个产业的发展过程中,都是卓越的革新者,它们规模小、结构简单、对市场反应灵敏,许多科学的突破都是由独立的发明家和小组织所创造的,中小企业自主创新具有数量多、周期短、成本低、效率高的特点。产业结构的升级必须依靠产业的技术创新,中小企业在西部地区产业创新体系建设中发挥着越来越重要的作用,如科技型中小企业悄然兴起并迅速发展,成为技术进步中最活跃的创新主体。此外,中小企业的存在会刺激经济竞争,保证市场活力,使大企业保持警惕和竞争性,促进大企业的发展,中小企业是专业化分工的主要承担者,与大企业协助配套,可以延伸产业链条,带动相关产业的发展,解决西部地区产业链条短的问题。另外,可以利用自己的优势,活跃在竞争十分激烈的领域,参与那些大型企业不愿涉足的"多品种"、"小批量"、"微利多销"和维修服务领域,以及新兴领域,推动生产向"专、精、特、新"方向发展,从而使整个市场活跃起来,进而有利于市场经济的健康发展,促进产业结构的优化和升级。

三、中小企业有利于西部地区缓解就业压力

世界各国都十分重视中小企业的发展,一个重要原因就是中小企业在解决就业方面的重要作用。就业问题,始终都是经济发展和社会稳定的一大制约因素。中小企业通过两种方式缓解就业压力:第一,中小企业的新建。第二,中小企业建立后的扩张。我国是一个发展中的人口大国,在经济结构调整和企业改革力度加大的过程中,就业问题愈益突出。就业面临来自新增劳动力就业、国有企业改革形成的下岗问题、经济衰退引起的裁员问题以及农村剩余劳动力转移问题的压力。在我国,中小企业主要集中在劳动密集型行业,可以以相对少的投资成本创造大量的新的工作岗位,容纳更多的劳动力。据测算,对于相同的固定资产投资,国有中小企业占用国有资产仅17%,吸纳就业量却达74%,吸纳的就业容量为大型企业的14倍,而对于相同的产值,中小企业吸纳的就业容量为大型企业的1.43倍,并且,中小企业对劳动力的技术要求不高,是失业人员重新就业和部分新增劳动力就业的主渠道。妥善解决劳动力的就业问题是社会稳定的基本保障,中小企业的发展有利于缓解就业压力,维护社会稳定。

四、中小企业是西部地区农业、农村经济发展的主要力量

农业、农村和农民问题是我国经济和社会发展中的重要问题。支援农业,促进农业和农村的发展,对于我国具有特殊的意义。中小企业中的相当一部分是乡镇企业或私营企业。这些中小企业尤其是乡镇企业把分散的农户集中起来实现大规模、集约化生产。一方面,可以促进农业开发,拉长农业产业链,促进农副产品的深加工,推动西部地区农业的市场化和工业化;另一方面,通过建立中小企业与农户的利益联结机制,能够强化带动作用,促进西部地区农业增效、农民增收。前已述及,中小企业在解决就业方面起着重要作用,在西部地区农业发展过程中吸纳了大量的农村剩余劳动力,有力地促进了农村经济的发展。

五、中小企业有助于优化西部地区企业所有制结构

改革开放以来,我国所有制结构呈现如下特点:国有经济的份额逐渐下降,其他经济形式的比重上升,形成了以国有经济为主体、多种经济形式并存的格局。但是,西部地区仍是国有企业比重大,非公有制企业比重小,造成的后果就是国有企业负担重,效益差;非公有制企业力量薄弱,直接导致西部地区整体经济水平较低,中小企业是各种所有制兼容性最大的部分,在我国,集体企业、私营个体企业和"三资"企业主要存在于中小企业中。大力发展西部地区中小企业,可以充分发挥不同所有制的优越性,同时也有利于推动国有企业改革的步伐,加快西部地区经济所有制结构优化的步伐,促进西部地区经济发展。

六、中小企业是西部地区促进国有企业深化改革的重要力量

中小企业是推动整个国有企业改革取得实质性突破的重要基地,是进行国有经济战略性调整的重要手段。深化国有企业改革,要着眼于从整体上搞活国有经济,必须对国有企业进行战略性调整。而存量资产的流动和重组是重要手段,通过改组、联合、兼并、出售等多种形式放开搞活中小企业,是完成这一优化重组过程的重要内容。在西部地区国有企业改革进程中,中小企业已经积极有效地参与进来,与国有企业之间产权组合、产权交易增多,实现了共同发展。此外,中小企业已成为吸纳国有企业下岗职工的重要渠道,如目前在新疆,个体私营经济兼并、收购的

第一章　中国及西部地区中小企业的发展历程

国有小型企业达到40%左右,安置城镇待业、闲散人员35万人,这样做有助于国有企业改革的顺利进行,促进了国有企业进一步的深化改革。

七、中小企业的发展提升了西部地区对外开放水平

出口是拉动经济发展的"三驾马车"之一。世界各国的中小企业的产品出口,不仅活跃了国际市场,而且促进了国内经济的发展。目前,西部地区一批有实力的中小企业已走出国门,成为实施"走出去"战略的重要力量,这样就进一步提升了西部地区的对外开放水平。例如,根据甘肃省第二次全国经济普查数据,甘肃省中小企业在外贸出口方面表现出强劲的发展势头,2009年,全省规模以上中小企业完成出口交货值达到15.98亿元。

第五节　西部地区中小企业发展中存在的问题

我国经过三十多年的改革开放,中小企业在我国西部地区经济发展中充分利用各地区优势、振兴地方经济、缓解地区经济发展的不平衡方面,起到了功不可没的作用。但是西部地区中小企业在发展中无论是从宏观还是从微观来看,还存在着许多问题。

一、从政府扶持角度来看

从政府扶持角度来看,在中小企业发展中主要有政府对中小企业认识不足、管理体制理不顺、宏观管理分散、法律法规不健全、社会化服务体系薄弱这几个方面的问题。

(一)政府对中小企业认识不足

长期以来,我国各级政府历来重视大中型国有企业的发展,在金融政策、财政政策、产业政策制定等多方面都偏向于大中企业,而中小企业得不到政策方面的帮助。各级政府对中小企业的发展缺乏系统和长期的战略,没有一套发展中小企业的政策体系,缺乏具有针对性的产业指导和发展规划。例如,在行业准入方面,中

小企业受政策限制很难介入电力、电信、金融等被国有中大型企业垄断的行业;在财政政策方面,中小企业享受不到与国有大企业一致的技术改造贴息、转制优惠等政策;在税收政策方面,中小企业的赋税水平总体要高于大企业;在融资方面,中小企业贷款条件比大企业贷款严格得多,一些个体私营的中小企业甚至根本得不到金融机构的贷款。

(二)管理体制理不顺、宏观管理分散

世界上许多国家都设立了专门的中小企业政府管理部门,如美国的小企业管理局、日本通产省的中小企业厅、英国贸易工业部的小企业局。这些政府机构直接面向中小企业,负责制定实施中小企业政策并提供各种服务。而我国长期以来企业政策大体是按所有制分类的,不同所有制企业,所对应的政策、管理部门、统计口径都不尽相同。在中小企业的管理体制上,依据中小企业的经济成分和行业部门实行多头管理。中小企业分属于各级政府和各个产业部门,他们对各自所管理的中小企业采取不同的管理办法和政策,缺乏一个统一的负责中小企业的政策制定、宏观指导和统筹协调的机构,没有专门针对中小企业的服务体系,在很大程度上制约和影响了中小企业的发展。

(三)法律法规不健全

通过法律法规确定中小企业地位,维护中小企业合法权益,是世界各国支持和保护中小企业的通行做法。如美国从1953年开始先后颁布了《小企业法》、《中小企业基本法》、《小企业投资改进法》、《小企业国家委员会法》、《小企业投资公司技术更新法》等29项有关小企业的法律,使中小企业的创立、发展、终止的全过程都在法律的规范监督下正常进行。在我国,中小企业在法律法规的制定、执行和管理机构的设立方面很不完善,缺乏一系列专门针对中小企业的法律。这既使中小企业经营行为缺乏法律约束,又使中小企业的许多利益得不到保障,从而阻碍了中小企业的发展。如《中华人民共和国企业破产法》在内容上存在"所有制不平等"的成分,它只适用于全民所有制企业,而中小企业中绝大部分的非全民所有制企业不能据此申请破产。

(四)社会化服务体系薄弱

由于中小企业规模小、资金有限,一般不能在企业内部自行完成人员培训、技术开发、市场营销等活动,需要从企业外部获得这些方面的服务。因此,就需要政府为其构建一个包括资金融通、信用担保、管理咨询、人才培训、中介服务等方面的比较完善的服务体系,这样才能更好地促进其发展。各国的经验证明,没有社会化服务体系的支持,中小企业的健全和发展是不可能实现的。但目前在技术开发、人才培训、信息服务等方面,西部地区各省(市、自治区)政府对中小企业的支持力度也很不够。表现在两个方面:一方面,政府设立的为企业提供各种服务的机构只对大企业开放,不为中小企业服务;另一方面,以盈利为目的的中介机构服务收费昂贵,中小企业难以承受,致使中小企业得不到必要的服务,阻碍了其发展。

二、从中小企业微观层面来看

从微观层面来看,中小企业发展主要有内部管理落后、技术创新能力差、人力资源困境、融资困难这几个方面的问题。

(一)中小企业内部管理落后

1. 管理意识不强

管理意识是指管理者能够自觉运用科学管理的思想方法和原理原则去认识、分析和解决管理问题,在长期的管理过程中形成的一种特殊的智慧、欲望和冲动。进行科学管理,就必须从整体上对企业发展战略进行规划,必须从细节上对企业的人、财、物进行安排。而我国西部地区的中小企业多是靠抓住机遇,果断行动,敢打敢拼,机动灵活,获得了最初的成功与原始积累。随着企业的发展,规模的扩大,市场情况更加复杂,很多中小企业的老板只依赖以往的经验,没有科学系统的管理意识,没有把企业的人、财、物、信息等要素看成一个整体,认真研究相互之间的联系、作用,不能通盘考虑企业的发展。例如,陶清德在其对西部地区中小企业的经营管理问卷调查中发现,在西部民族地区,能够提供书面"企业计划"的中小企业仅占1.2%。[①] 在复杂多变的市场中若不能运用现代管理的科学手段,进行客观、科学的决策,仅靠经验与直觉难免失误。

2. 中小企业管理制度体系不健全

从前面数据可以看到,我国西部地区绝大多数的中小企业属于私营或民营企业,企业的创办者文化程度大多较低,没有系统的管理知识,不懂现代企业发展规律,意识不到完整的一套制度对于企业生死攸关的作用。企业缺乏约束劳资双方

---

① 陶清德.中国西部民族地区中小企业发展制度建构研究[M].北京:人民出版社,2010.

或投资者的章程,没有严格的规章制度。如企业中委托他人经营的,委托人和受托管理者之间不签订委托协议或者公司没有公司章程。对于家族式中小企业,产权集中于创业者及其家庭成员手中,不可否认,这种家族式的管理方法,在企业的发展初期必然能够使企业内部成员团结一致,共同发展,是企业初期发展的强劲动力。但是,当企业发展壮大以后,这种企业产权形态的弊端就显露出来了,主要在于企业的经营理念、发展动机、管理流程等不是按照科学的、完备的一整套体制实现,而是模糊地呈现在"企业家"(家长)或是家庭成员的头脑中。这种管理凭主观意志和愿望制定管理决策,凭个人威信或家族观念从事日常管理,对现代化的管理知之甚少,致使企业陷入困境。这种管理模式的不确定性和盲目性,导致了企业经营决策的重大失误。由于不能理解和接受瞬息万变的市场信息,用传统的、人情社会的规则理解和解决企业发展中遇到的问题,当这些规则不能发挥想当然的作用时,往往会茫然无措,以致错失稍纵即逝的发展机遇。

3. 中小企业管理行为普遍存在重"短"轻"长"现象

在每个企业的发展历程中,都要面临许多关乎企业命运的战略选择,如投资方向、新产品开发、人才起用、营销转向等。这些选择不仅是企业能否妥善处理长期利益和短期利益的关键,同时也常常成为企业能否继续生存和发展下去的重大转折。调查发现,中小企业企业家们普遍存在急功近利的心理和短视行为。大家都期望短期内实现可观的经济利益。对于企业长期行为所必须的对各类资源的正确估量和充分利用,对产品更新换代所应有的科学探讨和足够投入,对企业内部治理结构和外部面临的竞争环境的客观评价以及对国际国内宏观经济、政治形势的准确把握等,我们的中小企业大都比较轻视,当然就更谈不上企业文化、经营理念了。我国的一些中小企业特别是私营中小企业,对企业文化建设的重要性认识不足,只注重物质层面的发展,严重忽视企业文化的塑造,缺乏凝聚力。

4. 中小企业内部治理结构不合理,经营管理水平低下

许多中小企业的治理结构不科学、不健全,没有达到现代企业制度的要求。国有中小企业改制不彻底、政企不分的现象依然存在。由于国有中小企业在发展地方经济、劳动就业等方面有很大作用,因此政府对某些中小企业会过分保护,而同时多数中小企业底子薄、竞争力差、对政府依赖性强。两方面相加,使企业和政府之间有了相互依赖的动机和需求。这严重挫伤了部分中小企业领导者的创新性和积极性,导致企业独立自主经营难以实现。

此外,更为严重的是一些家族式中小企业,把企业视为大"家",在管理中主观性和随意性较大,如在产销决策中往往存在企业董事长、总经理、厂长一人说了算

或者企业不设专门的会计,由经理或厂长兼任等情况。这种极不规范的管理导致企业在生产经营中的风险加大。有利就图的小商品经济思想、意识和习惯支配着这些中小企业的经济思想,随着企业不断发展和商品市场的进一步完善,这些企业每时每刻都在承受着商品大潮对企业、对生产的不断冲击。中小企业固守的简单、不健全、不规范的管理模式已与市场经济的发展不相适应。

（二）中小企业的技术创新能力差

技术创新是企业生存和发展的根本出路,无论何种规模的企业都是如此,这是企业的共性。在西部地区,中小企业的创新能力主要有以下表现：

1. 开展科技活动的中小企业数量少

根据调查,在西部地区,开展科技活动的企业只占了总数的11.2%,而东部地区的比重则达到了71.6%,差距悬殊。并且西部地区开展科技活动的企业主要集中在西南五省（市、自治区）,企业数达到了2554户,达到了西部地区总数的79.2%。西北地区开展科技活动的中小企业数相对西南地区来说,数量更为稀少。[①]

2. 中小企业技术创新所需资金投入严重不足

资金不足严重制约中小企业的技术创新,造成资金紧张的最重要原因是融资渠道不畅和政府对中小企业的财政支持不足。西部地区代表企业自主创新能力的R&D经费投入很少,2004年,除西藏以外的西部十省（市、自治区）规模以上工业企业投入科技活动经费为262.56亿元,占全国规模的10.93%。[②]

3. 中小企业技术创新所需的技术、设备、人才、信息缺乏

部分中小企业在技术、设备、人才、信息等方面不具备优势,严重制约企业的技术创新。大多数中小企业的创新能力目前尚处于初级的模仿阶段,拿来—消化—吸收—创新的链条尚不足以构成中小企业的发展之路。中小企业普遍存在从业人数素质低,管理水平差,专业的、有一定技能的员工所占比重小,服务业的从业人数多,高科技人才和高素质的管理人才稀缺,难以留住人才的情况；中小企业只能集中力量进行单一技术开发,很难像大企业那样从事综合运用的综合开发,相互替代,转移风险,取得广泛的开发效益,因此中小企业的技术创新常常受到大企业的冲击和掠夺。同时,由于缺乏政府和研究机构在技术方面的指导,信息获取来源少,信息探索成本高,以至于误导了中小企业,造成重复开发和研究偏差,导致人、财、物的浪费。

---

①②陶清德.中国西部民族地区中小企业发展制度建构研究[M].北京：人民出版社,2010.

(三)中小企业人力资源困境

企业要发展,关键靠人才。在知识经济时代,人才是企业创造财富的最珍贵的资源。中小企业的人力资源管理往往没有一个长远而又行之有效的规划,人事管理的运行机制没有随着环境、企业的发展规划而变化,尚未形成科学有效的人力资源引进、培育和利用机制,主要表现为:

1. 人才引进渠道过窄,随意性大,缺乏长远计划而针对性不强,效果不理想

目前我国中小企业的从业者主要还是来自农村剩余劳动力或城镇新增劳动力,文化水平普遍偏低;由于社会对就业认识的偏差等多种因素及缺乏完善的制度,中小企业即使对外招聘人才,由于没有雄厚的实力、丰厚的待遇和人才发挥的空间等,往往难以吸引到人才。

2. 缺乏完整的人力培训计划

中小企业对人才更多的是以使用为主,对他们在教育培训方面的投入很少,企业人才的继续教育和人才管理的规范性比较差。究其原因:一是不少企业缺少远见,只图眼前利益,不愿长效投资;二是目前中小企业人才流动频繁,企业主怕得到培养的人才在技能提高后,跳槽离开企业,投资得不到回报。同时缺乏科学规范的岗位职务分析,不利于人才的优化配置,使得人才得不到发掘。

3. 缺乏绩效评估和激励体系

缺乏科学严格的绩效考评制度,会严重扭曲和削弱激励的导向作用,在实践中更会打消员工的积极性。另外,中小企业在工资水平、福利待遇、社会地位和个人发展预期上无法与大企业相比,因而中小企业仍然是技术人员和管理人员的第二职业选择。国家中小型企业发展战略研究中心的一项问卷式调查显示:在接受调查的156家企业中,具有大专及以上学历人员共计4235人,每百名职工中拥有的大专以上学历人员为2.96人,而同期全国大型企业每百名职工中拥有的大专以上学历人员为10.46人,只相当于大型企业平均水平的28%。① 而且为数众多的乡以下中小企业甚至根本没有专业技术人员和大专以上学历的人员。人才的缺乏无疑严重制约了中小企业的长远发展。从西部地区来看,其就业人员素质跟全国相比还有一定的差距。表现在西部地区的就业人员受教育程度中未受学历教育人数高于全国平均水平,其他受教育程度则低于全国平均水平;西部地区具有技术职称的人员中,高级和中级职称人员比例都低于全国平均水平。

---

① 任晓云. 我国中小企业发展问题研究[J]. 内蒙古统计,2008(6):18.

(四)中小企业融资困难

由于中小企业自身的弱点和我国现阶段经济发展的现实,使得中小企业融资难成了制约中小企业发展的"瓶颈"。在中小企业普遍存在融资难问题的大背景下,西部中小企业融资就显得更难。西部地区中小企业资金短缺不但会造成正常的生产经营过程中断,而且使企业的技术设备更新和扩大规模成为泡影。从企业自身来看,由于国家证监会对中小企业上市资格有严格的规定,发行债券的成本又很高,因此直接融资难度很大;按照信贷配给理论,银行尤其是大银行在分析放贷成本和风险的时候,大都倾向于给能够提供充足抵押的企业和项目放贷。由于我国中小企业产权制度不明晰、财务制度不健全、财务账目透明度不高导致银行与企业信息不对称,同时中小企业整体素质不高、自身实力有限、企业自身信用机制不完善导致企业信用等级较低,资信相对较差。如有不少企业以多头开户或以重组改制为名,悬空、逃废银行债务。从这些看到,中小企业难以达到金融机构贷款要求,因此商业银行觉得风险太大而不愿向中小企业贷款,即使贷到款规模也很小,远远不能满足发展的需求。据统计,我国私营企业获得银行信贷支持的仅占企业总数的30%左右。

三、从外部环境角度来看

从外部环境来看,中小企业发展中主要有不公平的市场竞争环境、社会政治和人文环境差这两个方面的问题。

(一)中小企业发展面临不公平的市场竞争环境

由于我国的经济政策有许多是根据企业的规模制定的,因此经常是自觉或不自觉地偏好于大企业,使中小企业面临不公平的竞争环境。中小企业规模小,抵御风险能力差,寿命短,资信程度差,使其在市场活动中被歧视。例如,国家银行的呆账准备金、资本结构优化扶持金和新增贷款、新增上市额度等优惠政策基本上是对大企业倾斜。此外融资法律环境不健全导致中小企业融资渠道不畅和融资方式单一。融资的法律环境规范不同经济类型企业的融资渠道,具体在于:只有国有企业才能利用国家财政资金;只有外商投资企业才能直接利用外商资金;只有银行金融机构才能够从事贷款业务。在金融市场,我国目前还没有针对中小企业的金融支持政策,中小企业的贷款条件要远远高于大企业,其中非公有制企业的贷款条件又比公有制企业贷款条件严格。目前商业银行考虑到向中小企业提供贷款风险大、成本高,很不愿意为中小企业提供贷款。即使提供贷款,为了降低贷款风险,商业银行往往设置严格的限制性条款。商业银行对中小企业贷款的限制性规定导致中小企业银行借款实际资金成本较高、融资风险加大。一般地,商业银行为避免风险,要求抵押贷款或担保贷款,但中小企业大多厂房、设备地处偏远,价值低,可转让性差,无法提供有效、足额的担保物或担保人。一些高科技企业资产中无形资产所占比例较高,可作为抵押品的不动产比例较低,这些企业也难以得到银行贷款。而且,随着我国银行商业化、市场化改革的不断向前推进,投融资体制的改革和投资风险约束机制的建立,国有商业银行采取"授权授信"措施,大部分县市行已没有多大的贷款权力,这更加大了分布于广大农村的乡镇企业获得长期或短期资金支持的难度,至于外资向中小企业的开放更是难上加难。根据《2010 中国民营企业家问卷跟踪调查报告》,从 2009 年银行贷款的难易程度来看,"有难度"的占 26.2%、"比较难"的占 19.0%、"非常难"的占 18.1%。①

(二)西部地区中小企业发展的社会政治和人文环境差

西部地区跟东部地区相比,思想观念较为落后,受传统思想、习惯的影响较深,因此现代市场观念落后,此外相较于东部地区,西部地区的改革开放相对滞后,没有形成有利于中小企业发展的社会舆论导向,无论是政府人员还是普通群众对中小企业的发展还存在着偏见与歧视,这就会导致西部地区的社会文化环境不利于中小企业的发展。

---

① 刘松鹤.我国中小企业存在的问题与对策[J].合作经济与科技,2011(21):41.

第一章
企业融资结构理论、融资方式及西部地区中小企业融资现状

任何企业的融资活动都是在融资理论的指导下,采取具体的融资方式组合来开展的,中小企业也不例外。经典的企业融资理论主要包括早期资本结构理论、MM理论、平衡理论、代理成本理论、信号传递理论、新优序理论、金融成长周期理论。这些融资结构理论反映了人们对企业融资行为及其与企业资本成本、企业价值及企业发展之间关系的认识过程,同时这些经典的理论对企业融资行为的选择又发挥着重要的指导作用。企业的融资方式则可以从资金来源角度分为内源融资和外源融资,从是否通过金融中介角度分为间接融资和直接融资。不同的融资方式有着不尽相同的利用条件,也会给企业带来不同程度的资本成本。企业在进行融资的时候必须综合考虑各方面因素、运用科学的方法做出最优选择。研究中小企业融资问题自然绕不开中小企业融资现状问题。西部地区中小企业融资现状问题引起了诸多学者的兴趣,做了大量的研究,鉴于此本章将做一个概况性描述。

第一节 企业融资结构理论

资本结构是企业在发展过程中采取各种筹资方式组合形成的资本价值构成及来源比例关系。不同的融资方式及组合,给企业带来的资本成本、税收影响、收益水平均存在差异。企业必须根据自己的发展阶段和发展水平,结合自身的收益成本约束,选择合适的融资方式及组合,形成合理的资本结构,从而实现企业价值最大化。对企业资本结构、企业资本成本与企业价值三者之间的理论研究被称为融资结构理论或资本结构理论。

一、早期资本结构理论

早期资本结构理论偏重于对企业资本结构的研究和介绍。美国经济学家大卫·戴兰德(David Wineland)于 1952 年公开提出了优化配置企业的权益资金和债务资金的结构,以使企业综合资本成本最低、企业市场价值最大化的观点。其主要观点有:①在各种筹资方式中,由于避税效应的存在,债务资本成本低于权益资本成本;②在资本结构中,公司负债比率变化,对债务资本成本和权益资本成本没有影响;③公司综合资本成本随负债比率提高而下降,或者说企业价值随负债比率提高而上升。在此基础上形成以下三种具体理论观点:

(一)净收益观点

净收益观点认为,在公司的资本结构中,债务资本的比例越大,公司的净收益或税后利润就越多,从而公司的价值就越高。因为,在大卫·戴兰德的理论观点下,权益资本成本(用 K_e 表示)为一个不变的常数,而债务资本成本(用 K_d 表示)由于避税效应低于权益资本成本,则负债比率越高,综合资本成本(用 K_w 表示)就越低,当负债比率由 0 提高到 100% 时,相应的综合资本成本由权益资本成本下降到债务资本成本。如图 2-1 所示。

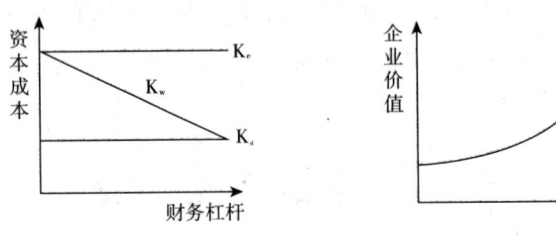

图 2-1 净收益观点

(二)净经营收益观点

净经营收益观点认为,在公司的资本结构中,债务资本的多少、比例的高低与公司的价值没有关系。按照这种观点,公司的债务资本成本率是固定的,权益资本成本率则是变动的。公司的债务资本越多,公司的财务风险越大,权益资本成本率越高;反之,则有相反的结论。经过加权平均计算的综合资本成本率是个常数,因为债务资本的抵税效应被随负债比率上升而提高的权益资本率所抵消,因此资本结构与公司的价值没有关系,决定公司价值的真正因素是公司的净经营收益。如图2-2所示。

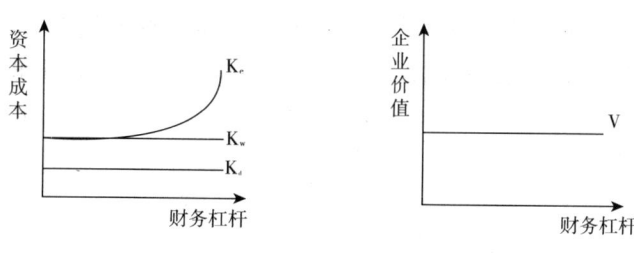

图 2-2 净经营收益观点

以上两种观点的理论特点非常鲜明。净收益观点尽管考虑到了财务杠杆利益,但忽略了财务风险的存在。由于财务风险的存在,在债务资本比例过高的情况下,综合资本成本率会上升,公司的价值反而会下降。净经营收益观点认识到了债务资本比率上升会带来财务风险的增加、会影响权益资本成本的事实,但其认为综合资本成本是一个常数,显然是不正确的。公司净经营收益的确影响公司价值,但并不是唯一因素。

(三)传统折中观点

净收益观点和净经营收益观点只是在一定假设条件下的抽象分析,并没有真正的使用价值,因此被称为早期朴素资本结构理论。20世纪50年代,介于上述两种观点之间的传统折中资本结构观点出现。该观点认为:

1.适度负债并不会明显增加公司的财务风险

在一定债务比例范围内,债务资本成本保持相对稳定,但当债务资本成本比例超过一定程度时,财务风险必然增加,从而推动债务资本成本上升。

2.财务杠杆对公司的价值增加具有向上促进作用

负债经营会增加公司的每股收益率,使股票市价上升、企业价值提高,从而增强股东的投资信心、加大投资、减少股利分配,进而使权益资本成本下降。但当债务资本比例超过一定程度时,公司财务风险增加、财务状况相对恶化,使股票市价下跌,股东为维护自身利益,要求更高的报酬率以减少损失,进而导致权益资本成本提高。

综合上述分析,随着负债比率的提高,在适度范围内,综合资本成本会出现逐渐下降的趋势,企业价值则会出现逐渐上升的趋势;当负债比率达到某一点时,权益资本成本就会上升,导致综合资本成本上升、企业价值下降。而负债比率的这一点对应的资本结构就是最佳资本结构。在这一点上,债务资本的边际成本等于权益资本的边际成本,此时加权平均计算的综合资本成本取得最小值,企业价值取得最大值。毋庸置疑,传统折中观点认识到了财务风险的作用,其理论观点更贴近经济现实。但其不足之处在于,其理论框架并没有对最佳资本结构下的负债比率给出求解过程。

二、MM 资本结构理论

1958年,美国学者莫迪利亚尼(Modigliani)和米勒(Miller)教授在《美国经济评论》上发表了著名学术论文《资本成本、公司财务与投资理论》,提出了 MM 理论,开创了现代资本结构理论的研究。该理论并不是一蹴而就的,而是在实践中不断完善和发展的。

(一)MM 理论的基本观点

该理论的基本观点是在理论假设前提得到满足的情况下,公司价值与资本结构无关,公司的价值取决于其实际资产,而非各类债务和债券的市场价值。

MM 理论的基本假设条件如下:①公司在无税环境下经营;②公司的营业风险由息税前利润的标准差来衡量,营业风险决定公司的风险等级;③投资者对所有公司盈利及风险预期相同;④投资者不支付证券交易成本,所有债务利率相同;⑤公司为零增长公司,即年平均盈利额不变;⑥个人和公司均可发行无风险债券,并存在无风险利率;⑦公司无破产成本;⑧公司的股利政策与公司价值无关,公司发行新股时不会影响已有债务的市场价值;⑨存在高度完善和均衡的资本市场。

根据上述假设,MM 理论得到以下两个命题:

命题 Ⅰ:无论是否存在债务资本,公司价值都与公司所有资产的预期收益额按适合该公司风险等级的必要报酬率进行折现的价值相等。其中,公司资产的预期收益用息税前利润(EBIT)衡量,与公司风险等级相适合的必要报酬率相当于公司的综合资本成本(K_w)。

命题 Ⅰ 进一步的解释是:①公司的价值不会受资本结构的影响;②有债务公司

第二章　企业融资结构理论、融资方式及西部地区中小企业融资现状

的综合资本成本与无债务公司但风险等级相同的公司的权益资本成本相等;③公司的营业风险决定其综合资本成本或权益资本成本水平。

命题Ⅱ:利用财务杠杆的公司,其权益资本成本随筹资额的增加而提高,财务杠杆利益被权益资本成本的上升所抵消,最后使有债务公司的综合资本成本等于无债务公司的综合资本成本,导致公司的价值与资本结构无关。

MM理论的基本观点是经过科学论证得到的,这使其有别于早期资本结构理论。但其理论观点的成立依赖于一系列假设条件的存在,这使其与经济现实相去甚远。为此,莫迪利亚尼和米勒在1963年对上述假设条件进行了松动,得到了MM理论的修正观点。

(二)MM理论的修正观点

该理论观点是在考虑所得税因素的情况下得到的。1963年,莫迪利亚尼和米勒发表了另一篇论文《公司所得税与资本成本:一项修正》,指出在存在所得税因素的情况下,公司价值会随财务杠杆系数的提高而增加,从而公司资本结构与企业价值具有相关性。MM理论的修正观点同样包含两个命题:

命题Ⅰ:有债务公司的价值等于有相同风险但无债务公司的价值加上债务的税收利益。公司举债后,债务利息可以计入期间费用,税前扣除,形成节税利益,由此增加公司的净收益、提高公司的价值。公司的价值随债务比例提高而提高。

命题Ⅱ:有债务公司的权益资本成本等于无债务公司的权益资本成本加风险报酬率,风险报酬率的高低随公司债务比率和所得税税率而定。公司的债务比例越高,综合资本成本会越低,公司的价值也越高。

(三)MM理论的米勒模型

由于经济现实中存在个人所得税因素,所以负债的税盾效应没有想象中那么大。1977年,米勒进一步放宽MM理论的假设前提,考虑了个人所得税因素对公司价值的影响,在其发表的《负债和税收》一文中建立了一种改进的资本结构理论模型,说明了同时考虑公司所得税和个人所得税因素的情况下,负债经营对企业价值的影响,人称"米勒模型"。其基本观点是,修正的MM理论过高地估计了负债对企业价值的作用,事实上个人所得税在某种程度上抵减了负债利息的减税作用。

MM理论在其假设前提框架下,以科学推导的方式对资本结构与企业价值之间的关系进行了论证,创立了较为完整的理论体系,突破了早期资本结构理论浓厚的主观臆断色彩,为分析资本结构问题提供了一个起点和框架,带动了资本结构理

论研究的深入和发展。但其理论上的缺陷也是明显的。如其交易费用为零、债务资本成本不变等前提,假设与金融市场现实不相符;只考虑负债会带来的节税价值,忽略了负债带来的风险和额外费用。同时,MM 理论产生并根植于西方发达金融市场,而我国的金融市场发展缓慢,金融工具种类数量都有限,加之我国企业由于所有制等原因在融资的时候会考虑诸多成本收益之外的非经济因素,因此,在考虑我国企业的融资问题时不能简单地套用 MM 理论,必须注意与我国的经济现实相结合。

三、平衡理论

20 世纪 60 年代,西方学者循着 MM 理论的分析方法,本着摒弃其缺陷的目标,逐笔松动其假设前提,形成了融资理论中的"平衡学派"。其主要的观点是,企业最佳资本结构应该是在负债的节税效应和破产成本之间进行平衡。平衡学派包括以梅耶斯(Mayers)和斯科特(Scott)为代表的早期平衡理论和以迪安吉罗(Diamond)为代表的后期平衡理论。

(一)早期平衡理论

根据 MM 理论,负债存在节税效应,公司可以通过增加债务资本来增加其市场价值,但随着负债的增加,企业的财务风险上升,企业面临破产的概率增大,又会导致企业的市场价值下降。因此,梅耶斯和斯科特等人将负债的破产成本引入 MM 理论的分析体系,认为企业最优资本结构就是在负债的税收利益和预期破产成本之间权衡,被称为权衡理论。根据这一分析思路,公司的市场价值等于权益资本的市场价值加上节税效应的现值,再减去破产成本的现值。最优资本结构出现在节税效应的现值与破产成本的现值差值最大的位置。

(二)后期平衡理论

迪安吉罗等人将负债的成本从破产成本进一步扩展到了代理成本、财务困境成本等方面。同时,又将税收利益从原来所讨论的负债收益引申到非负债税收收益和损失方面,实际上是扩大了成本和利益所包括的内容,把企业融资看作在税收收益和各类负债成本之间的权衡。

平衡理论引入了均衡的概念,使最优资本结构的求解成为现实,进一步放宽了 MM 理论中破产成本的假设,探讨了在破产成本存在的情况下,股东、债权人之间的关系变化及其对市场价值的影响,是一种更贴近现实的研究框架。但平衡理论长期以来一直局限于破产成本和节税这两个概念框架里,即仅仅考虑了破产成本、节税效应等外部因素对企业资本成本和企业价值的影响,始终没有将内部因素引入资本结构的决策机制中,很显然,这是一个理论局限性。

四、代理成本理论

代理成本理论的代表人物是詹森(Jensen)和麦克林(Meckling),该理论是以代理理论、企业理论和财产所有权理论来系统地分析和解释在信息不对称条件下的企业融资结构的学说。根据二者的解释,代理关系就是委托人授予代理人某些决策权而同时又要求代理人为其提供利益的服务关系。在经营权与所有权相分离、负债经营的前提下,公司的经理层与股东、债权人之间在利益目标上存在潜在的利益冲突,而协调这种冲突就需要花费成本,这就是企业的代理成本。代理成本包括股权资本代理成本和债务资本代理成本。企业外部所有者权益所占比重越大,企业经理层与外部所有者的利益冲突越明显,表明企业的外部股权代理成本就越大;同样,债务资本所占比重越大,债务资本的代理成本就越大。詹森和麦克林认为均衡的企业所有权结构是由股权代理成本和债权代理成本之间的平衡关系来决定的,当两种融资方式的边际代理成本相等的时候,企业总的代理成本达到最小,进而企业便可以实现最佳资本结构。代理成本理论较好地描述了最优资本结构与代理成本之间的关系,但是其局限性在于,没有给出协调利益相关者之间的冲突、降低代理成本的答案。

五、信号传递理论

迈可尔·斯彭斯(Michael Spence)最先把信号理论引入经济学,罗斯(Ross)最先将非对称信息论引入资本结构理论,放松了MM定理的完全市场信息假设。信号理论认为企业经营者和投资者对公司信息的了解是不对称的,企业经营者对企业的未来收益和投资风险可以获取内部信息,而投资者却无法获取企业的内部信息,只能通过资产负债率或企业债务比率信息间接评价企业的市场价值。罗斯认为,由于破产概率与企业质量负相关,而与负债率正相关,外部投资者会把较高的负债率看作企业高质量的一个信号,负债率上升表明经营者对企业未来收益有较高的期望,传递了经营者对企业的信心,进而使投资者对企业也充满信心,使企市场价值随之增大。相反,质量差的企业就有一个较低的债务融资水平,外部投资者会把较低的负债率看作企业低质量的一个信号,而使投资者对企业丧失信心,进而使企业市场价值随之减少。此外,这种信号还会促使企业尽可能少用股权融资,因为企业发行股票会给市场传递一个其经营前景不佳的信号。

六、新优序理论

20世纪80年代以来,非对称信息理论被引入了新资本结构理论的研究,为研究企业融资提供了新的理论框架。梅耶斯(Mayers)和麦吉勒夫(Majluf)在考察信息不对称对企业融资成本的影响时,提出了新优序融资理论,放宽了MM理论完全信息的假定,强调信息对企业融资结构和融资次序的影响。他们认为,信息不对称的现象是由于所有权与经营权分离所产生的,管理者是企业内部消息的掌握者,管理者比市场及投资者更了解企业的经营状况。梅耶斯和麦吉勒夫的研究表明,首先是内源融资不需要支付各种费用而且限制少,所以企业偏好内源融资,其次是债券融资,最后才是发行股票。这种理论观点被称为企业融资的新优序理论,或"啄食"融资理论。由于该理论以不对称的信息环境为背景,也就是说,信息不对称的情况越严重,越应该考虑这样的融资次序。

七、金融成长周期理论

美国管理学家伊查克·爱迪思(Ichak Adizes)首次把企业生命作为研究对象,分析其成长和老化原因并提出系统对策。他在其名著《企业生命周期》中认为,企业与自然界的植物与动物一样不仅具有相似的"生命周期",而且其呈现出的性质也极为相同。它们都会经历一个从出生、成长到老化直至死亡的生命历程:"企业的成长与老化同生物体一样,主要都是通过灵活性与可控性这两大因素之间的关系来表现。企业年轻时充满了灵活性,但控制力却不一定总是很强;企业老化时,关系变了,可控性增强了,但灵活性却减少了,这一情形就像婴儿和老年人之间存在的差别一样。"20世纪70年代,韦斯顿(Weston)和布里格姆(Brigham)根据企业不同成长阶段融资来源的变化提出了企业金融成长周期理论,该理论把企业的资本结构、销售额和利润等作为影响企业融资结构的主要因素,将企业金融生命周期划分为三个阶段,即初期、成熟期和衰退期。其后,美国经济学家伯杰(Berger)和德尔(Udell)对韦斯顿和布里格姆的企业金融成长周期进行了修订。他们将企业金融周期划分为六个阶段:创立期、成长阶段Ⅰ、成长阶段Ⅱ、成长阶段Ⅲ、成熟期和衰退期。金融成长周期理论认为在企业创立初期,由于资产规模小、缺乏业务记录和财务审计,企业信息是封闭的,因而外源融资的获得性很低,企业不得不主要依赖内源融资;当企业进入成长阶段,追加扩张投资使企业的资金需求猛增,同时随着企业规模扩大,可用于抵押的资产增加,并有了初步的业务记录,信息透明度有所提高,于是企业开始更多地依赖金融中介的外源融资,在进入稳定增长的成熟阶段后,企业的业务记录和财务制度趋于完备,逐渐具备进入公开市场发行有价证券的条件。随着来自公开市场可持续融资渠道的打通,来自金融中介债务融资的比重下降,股权融资的比重上升,部分优秀的中小企业成长为大企业。该理论表明在企业成长的不同阶段,随着信息、资产规模等约束条件的变化,企业的融资渠道和融资结构将随之发生变化。其基本变化规律是,越是处于早期成长阶段的企业,外部融资的约束越紧,渠道越狭窄。企业要顺利发展,就需要有一个多样化的金融体系来应对其不同成长阶段的融资需求。尤其在企业的早期成长阶段,"天使融资"等私人资本市场对企业外部融资发挥着重要作用。

第二节 企业主要融资方式

中小企业在融资过程中有不同的融资方式可以选择,各种融资方式的适用性和优缺点不尽相同。本节主要介绍企业融资方式的分类以及发达国家和中国企业对融资方式的不同选择。

一、企业融资方式的概念和分类

"融资"的概念有广义和狭义之分。广义"融资"指资金在持有者之间流动以余补缺的一种经济行为,它是资金双向互动的过程,不仅包括资金的融入,还包括资金的融出及运用。狭义"融资"指资金的融入,即资金来源。本书中的融资主要是从狭义的角度去理解,《新帕尔格雷夫经济学大辞典》中把融资定义为:为支付超过现金的购货款而采取的货币交易手段或未取得资产而集资所采取的货币手段。融资方式是指资金余缺调剂的具体形式、途径和渠道,也是资金由资金盈余部门向资金亏损部门转化的形式、途径和渠道。

根据融资方式的不同特点,可以进行不同的分类:

(1)根据方式合法与否,分为正规金融和非正规金融两种。正规金融是指经国家批准允许设立并受法律保护的各种金融市场和金融活动,如银行信贷、股票融资等。非正规金融是指不受国家法律保护和规范,处在金融当局监管之外的各种金融机构、金融市场、企业、居民等所从事的各种金融活动,包括私人借贷、贷款经纪人、地下钱庄等。

(2)根据资金来源方向,主要分内源融资和外源融资两种。内源融资是从企业内部获得资金并转化为投资的过程,来源包括资本金、折旧基金的资本化和留存收益。内源融资具有原始性、自主性、低成本性和抗风险性等特点,融资的成本要远远低于外源融资,对中小企业来说,这是最重要的融资方式。但一般中小企业的内部盈余有限,不得不转向外部寻求资金援助,外源融资是从企业外部吸收资金并转化为投资的过程,企业依靠金融中介或者资本市场等外部渠道进行资金筹集,如吸收投资、发行股票与债券、银行借款以及民间的各种借贷,等等。根据投资者与筹资者的关系,外源融资又可以分为直接融资和间接融资两种方式。

(3)根据资金是否发生所有权的变化,主要分为债权融资和股权融资。股权融资是指企业向其股东筹集资金,是企业创办或增资扩股时所采取的融资方式。股权融资获得的资金就是企业的股本,由于它代表着企业的所有权,故也称为所有权资金,是企业权益资金或权益资本的主要构成部分。债务融资是指利用发行债券、银行信贷等方式向企业的债权人筹集资金,它一般发生于企业生命周期的成熟阶段。债务融资获得的资金称为负债资金或负债资本,它代表着企业的债务。

(4)按照资金来源的国界,主要分为内资融资与外资融资。凡是国内政府、经济组织或个人向企业融出资金的都属于内资融资。凡是国外的政府、经济组织或个人以及国际经济组织向本国企业融出资金的都属于外源融资,如在国外资本市场上发行股票、利用外商直接投资和国际商业银行贷款等方式。

(5)按照资金使用时间长短,主要分为短期融资和长期融资。短期融资一般为流动资产的资金融通,具体方式主要有商业信用、商业票据存货筹资等。其速度快、成本低但风险也较大。长期融资主要是筹集长期资金也就是企业资本的筹集。与短期筹资相比,成本较高但风险较低。

二、企业基本融资方式

根据资金来源方向,主要分内源融资和外源融资两种,这是企业最基本的两种融资方式。根据投资者与筹资者的关系,外源融资又可以分为直接融资和间接融资两种方式。

(一)内源融资

内源融资是从企业内部获得资金并转化为投资的过程,来源包括资本金、折旧基金的资本化和留存收益。内源融资有以下特点:①原始性。内源融资受到企业自身积累能力的影响,融资规模受到很大的限制。②自主性。内源融资来自企业的自有资金,企业在使用上具有较大的自主性,受外界其他因素的制约和影响较小。③低成本性。内源融资无须向外界支付高额的财务费用,在融资费较高的今天,利用内源融资对企业非常有益。④抗风险性。由于内源融资不存在支付危机,因而不会出现由于支付危机导致的财务风险。

1. 留存收益

留存收益主要源自企业内部正常经营形成的现金流,是公司在经营过程中所创造的,但由于公司经营发展的需要或由于法定的原因等,没有分配给所有者而留存在公司的盈利,是企业内源融资传统的重要模式。其主要来源于企业形成的净利润,在净利润中,按照法律、公司章程等有关规定按照一定的比例提取出来的资金叫做盈余公积,这部分资金可以弥补亏损、转增资本或分配股利。净利润中还有一部分是企业的未分配利润。它在以后年度可继续进行分配,这两部分都属于企业的留存收益。其中,盈余公积金是有特定用途的累积盈余,未分配利润是没有指定用途的累积盈余。从企业的发展阶段来看,留存盈余融资是企业成长阶段的首选融资方式。企业在创业期间规模较小,盈利较少甚至为负,获取银行等外部融资渠道的资金比较困难。所以,只有通过留存盈余融资才可以得到方便自主、风险小的资金。特别是那些前景看好的高新技术企业,股东也会为获得长期的利益而愿意放弃股利分红或者少拿股利分红而继续增加资本金。

2. 折旧基金

企业的折旧基金主要是用于固定资产的更新和改造,是维持固定资产简单再生产的资金来源,折旧基金的提取以年为单位综合计提并统筹使用。但是实践中,企业提取了折旧基金以后,某项固定资产更新需要的资金并非立即全部消耗。所提折旧基金在固定资产更新期限到来之前,在企业中处于闲置的状态,理论上称为沉淀资金。因此,当年提取的折旧基金总额中,扣除当年实际需要用于更新的部分外,剩余部分就是内源筹集资金的一个来源,可用于生产经营或扩大再生产。为了确定沉淀资金可用于融资的数量大小,首先要解决如何科学确定折旧年限、范围和折旧率的问题;其次是加强管理,合理使用,将年度余额用于投资扩大再生产。企业利用沉淀资金融资,可使企业获得长期稳定的资金来源。另外,利用沉淀资金融资的数额也很高,这主要是由固定资产价值高的特点所决定的。不足之处主要在于企业运用沉淀资金于生产经营中后,如果到折旧期结束时,不能按期回收沉淀资金,则将影响企业的固定资产更新和技术改造。

(二)外源融资

外源融资是企业吸纳其他经济主体的闲置资金,使其转化为自己投资的过程。主要包括股票、债券、银行信贷等资金。外源融资又可分为直接融资和间接融资。

1. 直接融资

直接融资是指盈余部门直接把资金贷给赤字部门使用,即赤字部门通过出售(发行)自己的债务凭证融入资金,而盈余部门则通过购买这些凭证向赤字部门提供资金(直接证券)。直接融资具有以下特点:①直接性。在直接融资中,资金筹集者直接从资金的供给者手中获得资金,并建立债权债务关系,或以股权形式直接取得资金。②分散性。直接融资是在无数个企业相互之间、政府与企业和个人之间、个人与个人之间,或者企业和个人之间进行的,因此融资活动分散于各种场合,有一定的分散性。部分不可逆。在直接融资中,通过股票发行所取得的资金,是不需要还本的。如果投资者欲收回本金,只能借助于流通市场,与发行人无直接关系。③自主性。在直接融资中,在法律允许的范围内,融资者可以自己决定融资的对象和数量。如股票融资中,股票投资者可以自主决定购买的种类和数量;信誉上的差异较大:直接融资是在无数个企业相互之间、政府与企业和个人之间、个人与个人之间或者企业和个人之间进行的,而不同的企业或者个人,其信誉好坏有较大的差异,债权人往往难以全面、深入了解债务人的信誉情况,从而带来融资信誉的较大差异和风险性。④长期性。相对于间接融资而言,直接融资所取得的资金,其使用期限要长于间接融资,有的(如股票)甚至是无限期地使用。⑤流通性。由于直接融资工具主要是股票与债券,而股票与债券可以在证券二级市场上流通。

直接融资主要包括:

(1)股票筹资。股权融资是指资金不通过金融中介机构,借助股票这一载体直接从资金盈余方流向资金短缺方,资金供给者作为所有者(股东)享有对企业控制权的融资方式。对企业来说,通过发行股票筹得的这部分资金不用偿还,可以长期使用,没有还本付息的压力。企业通过发行股票所筹集的资金也可用于固定资产投入及补充自有流动资金。其优点可以概括为:没有固定的到期日,不用偿还本金且没有利息。因此也就不存在支付风险,能增加公司的信誉和借贷能力。普通股本和留用利润构成公司所借入一切债务的基础。有了较多的主权资本,就可为债权人提供较大的损失保障,同时也可为使用更多的债务资金者提供强有力的支持。同时可以使公司免受债务人及优先股股东对经营者施加的某些限制,公司可用普通股的买进或卖出来临时改变公司资本结构。作为中小企业,要想进行股票融资,一般不能在主板市场上进行,只能在中小板市场上进行,因此中小板市场的建立与完善对中小企业的股票融资意义很大。

(2)债券筹资。企业债券也称公司债券,是企业按照法定程序发行、约定在一定期限内还本付息的有价证券,表示发债企业与投资人之间一种债权债务关系。债券到期一定要还本付息,因此,除了财力雄厚、经营状况好的个别企业,大部分企业并不选择这种方式筹资。债券融资的优点是:融资成本低,便于调整企业的资本结构,可以带来财务杠杆利益;有利于使股东保持控制权。其缺点是:财务风险大,限制条件较多,融资数量有限。

(3)商业信用。商业信用是相互有其他业务关联的企业之间相互提供的、和商品交易直接相联系的信用形式。它有两种表现形式:①以企业间赊销、赊购的形式出现,体现为企业的应收、应付款;②以向业务关联的企业借贷的形式出现,如在商品交易的基础上产生的预付定金等,以解决融资者资金周转不灵的问题。从提供商业信用的动机看:第一是降低交易成本,这是因为使用了商业信用,货币交换可以在商品交换完成后的一段时间内进行,或者是把某一固定期间内所发生的全部交易进行集中结算,因此,卖方企业可以获得货款回流的准确时间,这有利于它对自身资金的管理和合理安排预防性资金,减少经营费用;第二是对产品质量的保证,一般来说,产品质量信息在企业和客户之间是不对称的,如果企业对自己的产品质量不敢保证,它就会提高货款现期支付的折扣率,尽可能地诱导客户尽快支付货款以转移质量风险,因此企业提供商业信用的行为,也可以被看作企业对其产品质量有信心的表现,它向客户传递了对产品质量自信的信号;第三是提高销量,产品的实际价格与商业信用是有关系的,提供优惠的商业信用等效于降价,这有利于企业扩大销量,同时企业还可以通过修改信用条款,减缓商品需求的波动,当市场需求减少时,企业可通过扩张商业信用的供给刺激需求,而当市场需求旺盛时,则紧缩商业信用的供给以抑制需求。

(4)民间融资。民间融资是个人与个人之间、个人与企业之间的融资,如亲戚朋友之间的私人借贷、企业内部集资、个人财产抵押借贷、当铺、钱庄、个人捐款等。民间融资是最原始的融资方式,其特点是缺乏最基本的法律保障,只能在关系密切、互相了解和信用关系良好的个人之间进行。尽管民间融资一度受到政府的取缔和限制,但事实上,民间融资在中小企业融资渠道中一直占据着重要地位,它是中小企业的创业资本、流动资金等资金需求的重要来源。研究表明,中小企业发展初期"业主出资"、"企业内融资"及"亲友借款"是三大主要融资方式。

2. 间接融资

间接融资指资金在盈余部门和短缺部门之间的流动,是通过金融机构充当信用媒介实现的一种融资方式。间接融资主要有以下特征:①间接性。在间接融资中,筹资者和资金初始提供者是通过金融中介机构产生融资关系,而不是直接的融资关系。②相对集中性。金融机构具有融资中心的地位和作用,金融机构是同时面对筹资者和资金初始提供者。③可逆性。企业使用债务融资的方式获取资金,有到期还本付息的义务。④资金需求者主动性低。间接融资的主动权掌握在金融中介机构的手中,由金融中介机构决定资金的发放。⑤信誉的差异性较大。间接融资多集中于金融机构,基于金融机构对自身管理的考虑,间接融资的信誉程度较高,稳定性较强,风险较小。⑥非流通性。由于间接融资多集中于金融机构,所以不存在在资本市场流通的问题。

间接融资主要表现为银行贷款:商业银行是过去20多年企业融资的主渠道。银行信贷资金来源于居民、企事业单位和政府机构的各类存款,是存款人的钱,还本付息是银行信贷最基本的要求。通过银行获取资金是企业最主要的融资渠道,主要用于固定投入和流动投入。银行是金融中介机构,它在全社会范围内筹集和分配资金,资金拥有量大、信誉高且融入资金为货币资金,对企业而言具有较大的优越性。中小企业利用商业银行的融资渠道,主要有三种方式:银行抵押贷款,直接贷给企业;对个人的抵押贷款消费信用贷款,贷给企业股东个人;有担保的信用贷款,主要贷给附属于大企业、为大企业提供服务和配套产品的中小企业。

3. 直接融资和间接融资的不同点

(1)二者体现的产权关系不同。直接融资特别是股票融资体现的是所有权与控制权的关系,融资者接受投资者的委托经营其资产,与其是委托代理关系。间接融资体现的是债权债务关系,融资者借入的是一种资金的使用权,到期要向债权人还本付息。这两类产权关系对企业的影响不同。

(2)二者的资金约束主体不同。就我国目前的情况看,间接融资的资金约束主体是银行,企业要对银行承担还本付息的责任,当不能按合同规定还本付息时,对于抵押贷款来说,银行会没收其财产,对担保贷款来说,银行会追究担保者的连带责任。直接融资的资金约束主体是投资者,主要指居民个人,也就是说企业在直接融资时,债券到期必须还本付息,股票按时发放股息。

(3)二者的融资风险不同。在正常情况下,银行信贷资金是高效专用的,对投资者来说,间接融资的融资风险要低于直接融资,因为投资者在直接融资时,能购买的直接证券的种类有限,风险较大,而银行集中了居民的剩余资金,通过资产组合,购买证券,降低了风险。

(4)二者的融资成本不同。从企业的角度看,直接融资成本高于间接融资成本。因为证券利率和股息红利一般都高于银行利率,并且企业直接融资还要负担其他费用,如企业评审费、证券印刷费、宣传广告费、代理发行费等。就整个社会融资成本看,不仅包括企业融资成本,还包括银行融资成本;企业融资不仅有会计成本,还有机会成本。机会成本是构成企业决策行为的主要依据。从我国的情况看,企业取得银行贷款所花费的机会成本相当高。如企业根据市场变化预期制订出相应的产品开发计划,但其所需资金往往受制于银行贷款规模的控制,等到银行逐级审批下来,市场情况可能已发生变化,使企业失去有利的投资机会。因此,目前我国银行贷款的"时滞"增加了企业融资的机会成本,所以从社会角度来看,间接融资的成本并不是无条件地低于直接融资成本。

三、我国企业融资方式的发展过程

(一)国家集权的财政拨款方式

计划经济时期资金作为极为稀缺的经济资源,国家始终保持分配过程中的中心地位。由于储蓄与投资是同一主体,银行与其说是资金融通的中介机构,不如说是政府的账房,主要承担财政收支的功能。这一时期的融资一方面表现为企业以财政融资为主,实行统收统支,收入全部上缴国家财政,投资活动由政府计划确定,投资来源主要由政府全额拨款,银行贷款仅作为企业临时性季节性的需要,市场融资则几乎为零。这种情况下企业不存在压力,这就刺激企业扩大资金需求更多占用银行贷款。另一方面表现为企业融资的成本几乎为零,效率低下。在计划经济体制下,银行贷款完全丧失了有偿使用的属性,而近似于无偿供给,产权的高度垄断和融资方式的单一附属性,导致国民经济效率运行低。

(二)单一债务融资方式

由于国家集权的财政拨款方式导致资源配置低效率,1979年,我国相继进行了"放权让利"及"拨改贷"的一系列改革,导致了居民成为社会储蓄主体,企业成为投资主体,即储蓄与投资主体相分离。在此情况下,国有企业融资越来越依赖国有银行。资料显示,1993年国有企业固定资产投资的50%和流动资产的90%都来源于银行贷款。政府引导企业债务融资从主观上是希望以债权加强对国有企业的约束,提高国有企业的运作效率和资本的使用效益,然而,事实表明,由于企业、银行、财政三者的关系还没有理顺,单一债务融资模式导致了如下后果:①国有企业的高负债率。由于债务的软约束没有得到解决,国有企业不是真正意义上的债务人,银行也不是真正意义上的债权人,国有企业不考虑贷款成本,竞相争夺信贷资金,企业过高的负债率使其面临沉重的利息负担。②国有银行的大量不良资产。由于国有银行部分承担财政职责发放政策性贷款,没有激励将资金配置给经济效益最高的企业,国有银行积累了大量不良信贷资产,尤为严重的是银行对居民承担硬性债务约束。这种债务约束的单向化使风险迅速向银行业集中。

(三)多元化融资方式

1992年,中共十四大提出中国经济体制改革的目标是建立社会主义市场经济,这必然要求构建与其相适应的融资体制,即让市场在资金这一生产要素的配置中发挥基础性作用,改变长期以来企业融资单一依赖政府或银行的状况,让企业可以根据自身需要进行多种融资方式的选择,以形成合理的融资结构。在多元化融资方式下,企业可以通过发行股票、债券向资金的所有者融资,改变了单一的债务融资方式,理论上说,这一方式可以提高资金的使用效率,但是现阶段我国的国情尚与西方发达国家有所差距,因此多元化的融资体制在我国的应用还存在一定的问题。

四、不同国家或地区融资方式选择的比较

(一)美国

在美国,平均每10个人拥有一个小企业,美国国内生产总值的40%、产品销售额的4%、私营企业产值的50%、就业的60%以及科技创新项目的70%都是由小企业提供和实现的。一个成熟的融资系统是促进中小企业发展的基本保障。在美国,来自政府、民间以及完善的货币—资本市场的资金来源加之相配套的信用担保体系为中小企业的各个发展阶段提供了资金来源。按美国中小企业管理局的企业

规模划分标准,根据美国"全国中小企业金融抽样调查"(NSSBF)的基本数据,伯杰和尤德尔对中小企业的融资结构和情况进行了分析。根据分析,美国中小企业的融资渠道主要有六个:①中小企业主自身储蓄,占中小企业投资的45%。②中小企业主向亲友的借款,占中小企业投资的23%。③向商业银行等金融机构贷款,通常贷款利率比这些银行向大企业贷款高出2%~5%。④向金融投资公司贷款,主要从美国小企业管理局主导的中小企业投资公司和风险管理公司获得。⑤政府资助,即由中小企业管理局提供数量很少的直接贷款,约占中小企业资金来源的1%。⑥证券融资,少数中小企业可以通过发行企业债券和股票向私人投资者筹集资金,这部分资金约占资金来源的4%。可见,中小企业的资金主要来自自身储蓄、向亲朋好友借款以及金融机构的借贷,外部融资规模较小。①

(二)英国

历史上,英国并不重视中小企业的发展。20世纪50年代以来,英国有过三次大的兼并浪潮。但是在这一阶段工业高度集中,并没有明显地提高英国的投资水平和生产效率。70年代初期,英国在贸工部内设立中小企业局,开始改变忽视中小企业的做法。80年代后期,英国的中小企业迅速发展,已成为经济中的中坚力量。

从金融市场的特点来看,英国是市场模式的典型,即以金融市场为主导融资模式。英国企业主要依靠其发达的资本市场和金融市场来进行融资。由于英国规定企业发行证券要受到最低资本额限制,所以通过发行证券筹资的比例对于英国企业来说要低于美国企业。对于中小企业来说,以银行为代表的中介机构占据了中小业外部融资的主要部分。银行融资占到了中小企业外部融资的50%左右。其余的包括风险投资和合伙出资占到了外部融资的10%。在银行融资中,银行透支和贷款是基本形式,贷款和透支大约各占50%。

(三)日本

中小企业在日本经济发展中占有十分重要的地位,中小企业在制造业中的比重达到了99.5%。日本将中小企业看作富有机动性、灵活性和创造性的"日本经济活力的源泉"。日本的中小企业融资体系是在第二次世界大战后建立起来,随着日本经济从恢复到高速发展再到低速运行的轨道逐步完善起来的,同时它又是与

---

①俞建国.中国中小企业融资[M].北京:中国计划出版社,2002.

日本政府产业政策的调整同步而行的。在长期执行扶持中小企业政策的过程中，日本逐渐建立起了一套包括直接融资、间接融资、信用补充在内的比较完善的中小企业融资模式。日本的融资制度是以银行为核心，典型融资模式是以间接融资为主。长期以来，日本中小企业外部融资总量中银行贷款等间接融资占80%以上，股票、公司债券等直接融资仅占10%稍多一点。经过20世纪80年代中期金融改革之后，日本中小企业的发展自有资本的比例不断上升，同时发行股票和债券更为方便，因此银行贷款的比例有所下降，但日本中小企业间接融资仍占外部资金来源的70%左右。日本实行主办银行制度，所谓主办银行是指对企业提供主要信贷支持，并持有企业相对较多的股份、承担监督企业主要责任的银行。在主办银行制度下，主办银行成为企业的核心，并负责向集团内企业提供强大的信贷支持、组织银团贷款、协调集团内企业的资金关系。①

（四）韩国

根据企业规模及其在经济发展中的地位，大致可以将韩国企业划分为大企业集团和中小企业两类。韩国经济的特点是大企业集团占统治地位，中小企业相对弱小。韩国中小企业外源融资中银行贷款比重最大，占75.9%；非银行金融公司贷款占8%；使用政策资金占6.8%；私人贷款占6.7%；发行公司债券占1.4%；发行股票占1.3%。因此，从整体上看，韩国中小企业的融资以外源性资金为主，资金主要来自金融机构。从银行贷款的来源看，中小企业主要通过以下四种渠道得到资金支持。第一是商业银行，它们通过常规贷款业务和商业票据贴现方式为中小企业融资；第二是韩国中小企业银行，它是由政府设立的专门为中小企业提供融资服务的专业银行；第三是专项贷款，是根据各种安排或计划为中小企业提供的贷款，包括政府的专项贷款；第四是信用担保体系，通过信用担保机构，可以帮助中小企业获得银行贷款。

（五）中国台湾

中国台湾地区在世界上享有"中小企业王国"的美誉。在台湾，中小企业是实施出口导向战略和创汇的重要部门。自20世纪60年代初台湾地区中小企业就开始发展出口导向产业，利用岛内的廉价劳动力发展劳动密集型产品，打向国际市场。到了80年代中期，初步完成了中小企业发展的自由化和国际化。此后，台湾

---

① 武巧珍等.中国中小企业融资：理论·借鉴·融资体系的建立[M].北京：中国社会科学出版社，2007.

地区中小企业不断适应变化的国际环境,提高自身的水平。

根据台湾"经济部"1996 年和 1999 年分别对台湾地区制造业所需资金来源的调查。在 9 种资金渠道中,与大企业相比,中小企业更多仰仗的渠道依次为向亲戚朋友借款、向信用社或农渔会借款、向本岛银行借款、民间标会。中小企业最不具优势的渠道依次是发行商业本票等票券、发行公司债、现金增资、向外商银行借款、保留盈余或公积金。在融资过程中,中小企业间接融资比重高,根据"中央银行"所做的《台湾地区公民营企业资金状况调查结果报告》显示,1992～1997 年,台湾地区大企业的资产负债率从 56.34% 下降到 51.74%,而中小企业则从 59.63% 上升至 66.74%。从融资渠道看,中小企业从民间融资的比重大大高于大企业,说明台湾地区民间金融对中小企业融资非常重要。①

通过上述对不同国家或地区的融资方式的介绍,可以进行如下总结:①中小企业的资金来源无非有以下几种:一是自筹资金;二是直接融资;三是间接融资;四是政府扶持资金等。但是在不同的国家或地区,由于经济发展水平不同,不同的融资方式所处的地位有区别。②从各个国家或地区的融资结构来看,自筹资金是中小企业资金来源的一个重要方面。以美国为例,从前面的分析我们可以看到,在中小企业的 6 个主要融资渠道中,中小企业主自身储蓄,占中小企业投资的 45%。中小企业主向亲友的借款,占中小企业投资的 23%。③在企业外部融资中,银行信贷发挥重要作用。比如日本,日本实行的是典型的以银行为核心的融资制度,日本在其经济高速增长时期,中小企业的融资始终是以银行融资为核心。英国即使是以资本市场为主导的国家,但在中小企业融资中,金融机构的融资占到了中小企业外部融资的 50% 左右。④政府对中小企业的扶持。虽然各国或地区越来越重视对中小企业的发展从各个方面给予支持,但是政府的扶持资金依然比重较小,一般仅占企业总资产的 5%～10%。其中以中央集权制国家(如日本、韩国等)政府扶持资金比重相对较高。

第三节 西部地区中小企业融资现状

作为经济发展的重要推动力量以及解决就业问题的生力军,中小企业受到了

---

① 武巧珍等.中国中小企业融资:理论·借鉴·融资体系的建立[M].北京:中国社会科学出版社,2007.

越来越多的关注。其融资问题,特别是融资现状是学者们研究的焦点,对于西部地区中小企业融资现状问题进行的研究很多。在中国知网数据库中搜索"西部地区中小企业融资",搜索到的文献达110320篇之多。鉴于此,本书仅对西部地区中小企业融资现状做概括性描述研究。

一、高度依赖内源融资,但融资能力有限

由"啄食"理论可知,企业融资优选内源融资。欧美国家或地区中小企业融资实践也表明,内源融资比例一般达50%以上。中小企业创办人的自有资金,家族成员和亲属的资金,不仅是企业初创时期的主要资金来源,而且是企业实现发展的主要资金支撑。中小企业受传统观念、自身实力等多方面的影响,内源融资在整个融资过程中占了相当重要的地位。世界银行集团国际金融公司中国项目开发中心与四川省政府合作,对成都、绵阳、乐山三个城市的601家企业进行的抽样调查报告显示,中小企业从外部筹集资金非常困难,其90%的资金源于企业内部筹集、家人和朋友。可见,西部地区中小企业对内源融资的依赖性非常强。但同时,内源融资能力较差却是不容忽视的现实。企业经过初创阶段后,内源融资的资金主要来自企业通过自身经营积累的留存收益和固定资产更新改造之前的折旧资金。对于西部地区大部分中小企业来说,一方面,由于其财务管理意识薄弱,财务管理水平差,投资具有盲目性和短期性,缺乏企业长期发展的战略规划,导致资金积累少;另一方面,中小企业对固定资产折旧认识不够深刻,往往没有意识到固定资产的损耗不但包括物理损耗还包括精神损耗,造成折旧率低、折旧资金少的结果。上述两方面主要的原因,使西部地区中小企业尽管十分依赖内源融资,但却不能回避内源融资能力差的现实,因此陷入融资困境。

随着企业和市场的不断发展,中小企业将面临着优胜劣汰的市场竞争,这就要求其尽可能地扩大融资,扩展规模,以在市场中赢得一席之地。所以仅仅依靠内源融资作为企业的主要资金来源,是远远不能满足企业投资发展需要的,中小企业不得不寻求外源融资,但受内外部融资环境的影响,在外源融资过程中,中小企业的处境更是十分尴尬。

二、外源融资中,主要依赖间接融资,但规模小,成本高

外源融资主要包括债权性质的银行借款、发行债券和股权性质的发行股票。

其中,银行借款要以银行等金融机构为媒介,被称为间接融资;发行股票、发行债券则通过资本市场直接筹集资金,被称为直接融资。

由于历史原因,信贷资金一直是中国企业的主要资金来源。但对于中小企业来说,银行却存在严重的"惜贷"行为,这在西部地区表现得更为突出。可以从两个方面探讨银行对中小企业"惜贷"的原因。首先,国有商业银行作为银行业的主体,服务国有大企业、追求规模效益一直是其根本的经营宗旨。企业规模越小,银行"惜贷"越严重,贷款的被拒绝率就越高。李杨、杨思群的研究表明,企业人数在50人以下的企业,贷款被拒绝率高达78.92%;51~100人的企业,贷款的被拒绝率为57.87%;101~500人的企业,贷款被拒绝率为44.18%;500人以上的企业,贷款被拒绝率则变为24.34%。以上数据可以直接反映出企业规模与贷款被拒绝率呈反向变动关系,中小企业贷款的被拒绝率是大型企业的2~3倍。其次,中小企业自有资金少,经营风险较大,缺少足够的不动产作为信贷抵押,也很难找到有实力的大企业或担保机构做担保,缺少获取银行贷款的能力。银行出于风险防范,大幅度减少信用贷款的数量,绝大部分贷款需要抵押或担保。但一方面,中小企业受自身资金规模的影响,缺少符合条件的不动产作为抵押品;另一方面,面向中小企业的信用担保体系发展缓慢,使其很难得到担保资源。《西部地区传统中小企业转型中的资金困难及融资渠道研究》课题组对154家西部地区中小企业贷款满足率进行问卷调查,发现有84%的西部地区中小企业认为目前企业的贷款需求不能得到满足,有10%的企业认为贷款需求只能得到部分满足,只有6%的企业认为贷款需求能够得到满足。上述调查数据表明,西部地区中小企业有很强的贷款需求,但绝大部分不能够得到满足,通过银行借款间接融得的资金规模较小。

企业的融资成本包括取得成本和占用成本。对于大型企业而言,由于其规模大、实力强、贷款额度大,具有较强的议价能力,银行往往给予较多的优惠。但对于中小企业而言,银行则采取了完全相反的政策,利率方面给予中小企业上浮利率,期限上给予短期贷款,同时部分金融机构还会以财务顾问费等方式变相提高中小企业借款成本。

三、外源融资中的直接融资门槛高,中小企业难以通过资本市场融通资金

企业直接融资的实现依赖于资本市场的发展,特别是股票市场和债券市场的发展。股票市场已经形成了包括主板、创业板和中小板的多层次市场体系,但各股

票市场或者设置较高准入条件,或者偏重于扶持某一种类型的企业,导致西部地区中小企业很难进入资本市场融通资金。

在沪深主板市场,《证券法》和《公司法》设立了较严格的入市标准。如公司成立在3年以上,最近3年连续盈利,上市公司股本总额不少于5000万元,生产经营必须符合国家产业政策等。对于中小企业而言很难达到上述标准和条件。股票发行核准制的实施,在一定程度上缓解了中小企业入市难的窘境,但未能从根本上改变资本市场为大型国有企业服务的状态。尽管企业可以通过"买壳"上市,但那是以付出高额收购资金为代价的,这对于资金缺乏、融资困难的中小企业而言无异于雪上加霜。

中小企业板市场,国外又称为创业板市场或二板市场,是相对于具有大型成熟公司的主板市场而言的,服务的对象主要是中小型企业和高科技企业。2004年,国家在深圳证券交易所设立中小企业板块。中小企业板上市的基本条件与主板市场完全一致,该板块在主板市场法律法规和发行上市标准的框架内相对独立管理。中小企业板块主要安排主板市场拟发行上市企业中具有较好成长性和较高科技含量的、流通股本规模相对较小的公司,而且要求持续经营时间应当在3年以上。很显然,中小企业板只是解决了一小部分符合条件的中小企业的上市融资问题,绝大部分中小企业依然被关在门外。

创业板市场,是指交易所主板市场以外的另一个证券市场,其主要目的是为新兴公司提供融资途径,助其发展和扩展业务。在创业板市场上市的公司大多从事高科技业务,具有较高的成长性,但往往成立时间较短,规模较小。对比我国的主板市场和创业板市场可以发现,尽管创业板市场门槛有所降低,但相对于我国中小企业特别是西部欠发达地区中小企业的发展的实际情况而言,依然属于高标准范畴,使很大一部分中小企业因不符合条件而无缘该市场。

我国的资本市场自成立之初就呈现出股票市场"一枝独秀"的不均衡现状,债券市场规模很小,且企业债券的发行有严格的资格和条件限制,使得债券市场在企业融资过程中发挥的作用有限。如《证券法》、《公司法》和《公司债券发行试点办法》规定,发行公司债券的股份有限公司的净资产不低于人民币3000万元,有限责任公司的净资产不低于人民币6000万元,这对于大多数中小企业而言就无法满足。

第二章
西部地区中小企业融资环境分析

融资环境由企业经营发展的内外部因素组成,从不同的角度制约和影响着企业的融资活动。本章在界定融资环境具体含义的基础上对现有中小企业融资环境相关研究进行综述,并从外部融资环境和内部融资环境两个角度对西北地区中小企业融资环境进行深入分析,进而在总结国外主要国家或地区中小企业融资环境建设经验的基础上提出我国西部地区中小企业融资环境建设的思路。

第一节 企业融资环境的界定及中小企业融资环境相关研究

本节主要阐明两个问题:一是在界定融资环境含义的基础上着重对西部地区外部融资环境和内部融资环境进行分析。其中,对外部融资环境的分析从经济发展水平、金融市场、制度几个方面展开;对内部融资环境的分析从企业规模及资金实力、发展潜力及市场竞争力、财务状况及经营管理水平几个方面展开。二是从国外和国内两个方面对已有主要中小企业融资环境研究做一总结。

一、企业融资环境的界定

企业在融资过程中,会受到企业外部和内部诸多因素的影响和制约,这些因素形成了一个联系紧密的有机整体,即融资环境,包括企业外部融资环境和企业内部融资环境。外部融资环境是包括企业所处地区的经济发展水平、金融市场环境、制度环境等因素的外部条件的总和;内部融资环境则是包括企业的规模和资金实力、企业的发展潜力和市场竞争力、企业财务状况、企业的经营管理水平及信用水平等因素在内的内部条件的总和。企业外部融资环境和内部融资环境并非完全独立,而是相互交织、共同作用于企业的融资行为。

(一)企业外部融资环境

1. 经济发展水平因素

经济发展水平是通过资金供给来影响企业融资的。衡量经济发展水平的首要指标就是国内生产总值(GDP)。一国或一地区的GDP越高,说明该国或该地区可用于积累的资金越多。积累资金在投入扩大再生产前就形成了一定的闲置资金,为避免资金闲置带来的损失,资金所有者会将手中的资金投入金融市场寻找增值机会,这样企业融资领域的资金供给增加,同时会带来利率的下降。这说明,GDP增加带来的闲置资金,不仅可以降低融资困难而且会减少融资成本。

一国或一地区资金供给的另一影响因素就是居民收入。居民收入扣除个人所得税之后的居民可支配收入可由居民随意消费和储蓄。因此,可以发现一国或一地区的储蓄水平与居民可支配收入存在正相关关系,即居民收入越高,居民储蓄越高。显然,居民储蓄增加无疑是资金供给增加的一个影响因素,从而为企业融资带来便利。

另外,资本的趋利性使资本总是从资金回报率低的国家或地区流向资金回报率高的国家或地区。这样,资金回报率低的地区,由于资金的流出,资金供给减少,企业的融资难度加大,同时使企业发展受到阻碍,又进一步降低资金回报率,使企业进入"融资陷阱"。

2. 金融市场因素

金融市场是企业资金融通的场所。企业资金的取得和投放都离不开金融市场。金融市场发挥着金融中介、调节资金余缺的功能。一个运行良好的金融市场可以利用金融工具迅速将小额分散的社会闲置资金转化为社会资本,为资金供求双方搭建沟通的桥梁;同时,金融市场可以分散风险,减少融资费用,提高融资效率,间接增加资金供给。

金融市场的完善程度受诸多因素的影响。包括金融机构的分布及其构成、金融工具的种类、金融市场的体系构成及市场化程度、市场的准入及退出制度、市场服务体系的发展水平等。

金融机构是金融市场的主体,其存在大大地推动了企业的融资活动。一个地区金融机构数量较少,会使社会闲置资金向企业资本转化的速度放慢,从而增加企业融资的难度。同时,一个地区金融机构的构成单一,金融机构之间的竞争水平低下,会导致金融机构的服务品种少、服务质量差、服务收费高等不良后果,这显然不利于企业融资的进行。

金融工具是金融市场的基本构成要素,品种丰富的金融工具可以为企业提供便捷、灵活的融资方式,促进社会闲置资金向企业资本转化;相反,若一个金融市场的金融工具缺乏,品种单一,则意味着金融市场提供的金融服务种类有限,储蓄——投资的转化渠道变得狭窄和不够通畅,对企业融资则会产生不利影响。

金融市场是一个由若干子市场相互联系、相互影响而构成的一个整体,成熟、完善的金融市场体系可以满足具有不同投资目的、投资偏好的投资者的需求,同时也可以满足企业对资金数量、期限的不同需求,以及处于不同发展阶段企业的资金需求。另外,金融市场的市场化程度越高,其通过价格机制引导资源配置的能力就越强,就会更加公平地为各个企业提供融资机会。相反,市场化程度较低的金融市场,行政管制的特点明显,价格机制失灵,小部分企业拥有获取资金资源的特权,一大部分企业被剥夺了通过金融市场进行正常融资的权利。

市场的准入制度和退出制度与经济发展水平是否契合也是金融市场能否良性运转的一个重要影响因素。就市场准入而言,作为金融市场重要组成部分的资本市场,在我国就设置了较严格的准入条件。这一方面降低了资本市场的风险,维护了市场的稳定,另一方面却使一部分具有潜力但未达到准入条件的企业难以通过资本市场进行资金融通。金融市场的退出机制是否完善在一定程度上影响着资金进入市场的冲动,这在金融市场的另一个子市场——风险投资市场上表现得十分明显。风险投资市场具有风险大但收益高的特点,其投资对象和投资目的的特殊性决定其需要一个通畅的市场退出机制,以便在获取收益后退出原投资对象,进入下一个投资项目。如果市场退出机制不完善,风险资本所承担的风险将大幅增加,循环投资的通道被堵塞,需要资金的初创企业也因得不到投资而无法发展。

金融市场的服务体系包括信用评价体系、信贷担保机构和资产抵押登记、评估体系。科学完善的信用评价体系能够提供企业的信用等级信息,这一方面为投资者的投资决策提供依据,另一方面也使发展较好、信用状况良好的企业能够尽快融得资金,提高融资效率。信贷担保机构通过其专业的操作,一方面可以减少银行等金融机构的贷款风险,另一方面也拓宽了不具有抵押贷款能力企业的融资渠道。完善的资产评估、抵押登记体系,一方面会相对准确高效地对抵押资产的实际价值做出评估,提高融资效率,另一方面可以通过减少评估、登记费用降低融资成本。

3.制度因素

制度是造成经济发展差异的一个重要因素。制度通过政策、法律法规等形式影响着企业融资,构成了企业外部融资环境的一部分。

政府作为宏观经济的管理者,其投资倾斜、政策倾斜及转移支付等政策手段对企业的融资产生着重要的影响。投资倾斜无疑会给接受投资地区直接带来资金和发展机会,同时会吸引外部资金进入,拓宽了当地企业的融资渠道;另外,投资倾斜可以增加就业机会,提高居民收入,从而通过间接增加储蓄和税收来增加资金供给和财政支持,降低企业融资难度。政策优惠包括税收优惠和产业优惠。税收优惠使企业有足够的资金留存在企业内部,增加内源融资来源;产业优惠则为政策重点扶持产业提供发展空间和机遇,甚至提供发展所需资金。转移支付则直接增加支付地区企业的资金,并通过乘数效应使该地区的资金供给提高,使企业融资环境得到改善。

法律法规的主要特点是具有强制性。完善的投融资法律法规对于稳定金融市场、规范市场秩序及促进融资活动有序通畅发挥着积极的作用。另外,道德、文化、习惯等非正规制度对资金的流动也会产生较大影响,从而影响企业的资金来源和融资机会。

(二)企业内部融资环境

很显然,外部融资环境是企业融资的重要条件。但其自身的规模及资金实力、发展潜力及市场竞争力、财务状况及经营管理水平更是会对其融资产生巨大影响,这一系列因素形成了企业的内部融资环境。

1.企业的规模和资金实力

企业的规模和资金实力与其抗风险能力同向变动,规模越大,资金实力越强,抵御风险的能力越强,这样就越容易受银行等资金供给者的青睐。同时,规模大、资金实力强,意味着能够满足资本市场的准入条件,能够利用资本市场的交易系统融得长期资金。

2.发展潜力及市场竞争力

发展潜力较好的企业,发展空间较大,资金保值增值的速度较快,这符合资本的逐利本性,自然有利于企业融资;市场竞争力较强的企业,一般发展较成熟,有资金的核心业务,占有较高的市场份额,能够实现较高的投资报酬率,投资者在高水平稳定收益的吸引下,自然愿意将资金投入企业。

3. 财务状况及经营管理水平

企业的财务状况，特别是偿债能力和盈利能力是债权人和投资者考虑的一个非常重要的因素。作为债务资金的供给者——债权人非常关心贷出资金的安全性问题。如果企业的负债比例较高，企业的财务风险就会增加，其贷款的安全就会缺乏保障。作为权益资金的所有者——股东关注的焦点在于投资收益的高低，希望以有限的资本、付出有限的代价而取得对企业的控制权，并且希望尽可能地获取举债经营的杠杆利益，以提高盈利水平。企业的经营管理水平则通过企业的盈利水平、发展潜力、竞争能力及风险水平来影响企业的融资。

二、中小企业融资环境的相关研究

企业融资环境的研究有利于企业正确认识影响其融资的各种因素，为企业融资决策奠定坚实的基础，以保证融资决策的正确性。

(一)国外中小企业融资环境相关研究

国外关于中小企业融资环境的研究大多与中小企业发展和企业融资理论发展交织在一起。第一次产业革命以前，小企业占各国经济的主要地位，企业的资金主要来源于自筹，财务管理并未受到重视，也未形成系统独立的融资理论。第一次产业革命使经济进入机器大工业生产时代，大多中小企业要么成功发展成为大规模企业，要么被并购或淘汰，因此中小企业发展前景并不被看好，其融资环境问题自然不受关注。

20世纪30年代，中小企业融资问题逐渐得到关注。英国的金融委员会提出了洛克理论，该理论表明，中小企业在筹集长期资金时，即使有担保，也普遍存在债务性资本缺口的融资问题。20世纪50年代，MM理论的提出，开创了现代融资理论研究的先河，这为中小企业融资提供重要的理论支持。

进入20世纪60年代，中小企业又重新发展起来，数量逐渐增加，对经济的贡献率越来越高，使得社会各界开始关注中小企业的发展问题，中小企业的融资问题也逐渐受到学者的重视。约瑟夫·斯蒂格利茨(Joseph E. Stiglitz)在研究银企关系时，引入了信息不对称和道德风险，提出了均衡信贷配给理论，该理论认为银行贷款倾向于能够提供有效、充足抵押品的企业，而中小企业在这一方面显然处于劣势。

自20世纪90年代以来，中小企业的数量大幅增加，所涉猎的行业领域愈发宽泛,进一步发展的欲望和要求使中小企业对资金的需求越来越强烈。中小企业在社会经济中的地位得到提升的同时,其融资问题也成为诸多学者讨论的重点。伯杰(Berger)和尤德尔(Udell)从银企模式的选择、银行业的并购、银行的"市场力量"等融资环境对中小企业融资的影响角度进行了研究。研究表明,美、英等发达国家的中小企业最重要的外源性融资渠道是银行信贷。洛佩斯·格雷沙(Lopez Gracia)和艾巴·阿里亚斯(Aybar Arias)通过实证研究得出了中小企业的融资受自身规模的影响的结论。中小企业最初选择自有资金作为最主要的资金来源,随着经营规模的扩大,逐渐转变为以借贷资金为主。

(二)国内中小企业融资环境相关研究

国内对于中小企业融资环境的研究始于20世纪90年代,研究的焦点在于通过建设中小企业融资环境来打破中小企业融资困境,提高其融资效率。具体来说,学者对于中小企业融资环境的研究主要集中在以下几个方面:

1. 对通过中小企业信用评价体系构建完善中小企业融资环境的研究

林毅夫、李永军(2001)认为,中小企业的信用体系不健全,经营透明度比较低,是导致其与投资者之间信息不对称的主要原因。

罗正英(2003)利用信誉链为分析工具,着力论证了在稳定的信誉链结构中,中小企业可以突破单个企业的信誉约束,从整体上形成以信誉为"担保"的融资结构,为中小企业的融资创建良好环境。

余文建、邓蒂妮(2008)认为,中国大陆中小企业信用担保体系目前还存在着机构规模小、资金实力不足、相关制度缺位等不足之处。可借鉴中国台湾地区辅助性金融机构的经验,由国家财政和金融机构捐资,根据不同类型的中小企业设立全国性的专项担保基金,分别为不同类型的中小企业贷款提供信用保证。

2. 对通过中小金融机构体系建设完善中小企业融资环境的研究

林毅夫、李永军(2001)认为,我国银行体系高度集中、缺乏适合为中小企业提供融资服务的中小银行,中小金融机构在为中小企业服务方面具有信息优势。另外,虽然创业板市场也可作为中小企业融资的一个渠道,但由于中小企业到创业板市场融资的成本高昂,因而不可能成为中小企业启动资金的主要来源。由此得出结论,大力发展中小金融机构、建立和完善我国的中小金融机构体系能够从根本上改善我国中小企业融资环境,提高中小企业融资能力。

3. 对通过商业银行经营改革完善中小企业融资环境的研究

徐洪水(2001)认为,银行和企业发生的借贷关系是一个动态博弈的过程。研究发现,国家拥有高效的司法制度和良好的信贷支持体系时,能够降低银企交易成本,获得"双赢"的局面;相反,落后的司法制度以及高昂的交易成本,必然会增加中小企业的资金缺口。

肖奎喜、李经兰、杨义群(2003)认为,在金融市场开放程度不够、竞争主体不多的情况下,应鼓励国有商业银行向民营中小企业贷款,其途径是加快国有商业银行的产权制度改革,建立有效的约束、激励机制,降低其向中小型企业授信的代理成本。

黄鹏(2004)利用SWOT分析法,深入探讨我国商业银行的内部条件、外部环境及管理咨询的战略矩阵匹配和内容,指出我国商业银行大力推行和提供的"融资+管理咨询"战略举措,是完善我国中小企业融资环境,从根本上解决我国中小企业融资难问题的良方。

4. 对通过建立多层次金融体系完善中小企业融资环境的研究

杨思群(2000)、李扬(2002)、陈晓红(2002)、谢朝斌(2002)认为,建立多层次融资体系,弥补中小企业融资的"双缺口",是完善中小企业融资环境的关键。

慕继丰、冯中宪(2001),郭斌、刘曼路(2002)则从不同金融体系的比较分析出发,同样得出了建立互补的多元化金融服务体制更有利于解决中小企业融资环境问题的结论。

5. 其他与中小企业融资环境相关的研究

杨思群(2002)从政府融资服务的角度分析了政府在中小企业融资环境中应发挥的作用。

曹凤岐(2001),费鹏、屠梅曾(2003),李海平(2003),杨林瑞、尹良培(2003)从担保、租赁和法律支持等视角分析,认为应通过建立中小企业融资担保、租赁体系和完善促进中小企业融资的法律体系解决中小企业融资环境问题。

郭斌、刘曼路(2002)对温州地区的调查研究表明,中小企业的生存发展与民间融资存在长期稳定的互动,中小企业特别是小企业对民间借贷的参与热情非常高,而且绝大多数的贷款都是小额短期信贷,贷款的利率远高于银行利率,民间借贷具有两面性。

罗正英(2006)认为中小企业的融资结构安排受到外部环境的影响,更主要的是取决于企业自身信用、企业内生性多种变量及其相互关系的作用。

以上理论研究分别从不同层次、不同角度论证了中小企业融资环境的改善问题,为我国中小企业融资提供了大量的参考意见。

第二节　西部地区中小企业外部融资环境分析

本节在论述企业外部融资环境的构成因素及其对企业融资的影响机制的基础上,对西部地区中小企业外部融资环境做出具体分析。

一、西部地区经济发展水平

(一)西部大开发前的西部地区经济发展

西部地区经济发展水平落后,与东部地区相比,发展差距巨大是我国区域经济不平衡的重要表现之一。新中国成立之后到西部大开发之前,西部地区的经济增长速度较快。从经济总量看,1952～1999年,西部地区按照当年价格计算的GDP从124.84亿元增加到15354.02亿元,增长了122倍;其中1978～1999年,从714.45亿元增到15354.02亿元,增长20.5倍,远远高于1952～1978年的增幅4.72倍。然而,从各地区GDP占全国的比重看,1952～1978年,西部地区占全国的比重上升了0.2%。改革开放以后,这一比重却在不断下降,从1978年的20.6%下降到1999年的17.5%,下降了3.1%。与此同时,西部地区GDP占东部地区GDP的比重也在持续下降,从1952年的48.6%下降到1978年的47.2%,又进一步下降到1999年的33.8%,降幅由1.4%扩大到3.4%。如图3-1所示。

从人均GDP来看,新中国成立后,西部地区的人均GDP与全国及其他地区一样,都保持了较快的增长,从1952年的79.94元增长到1978年的259.86元,进而增长到1999年的4283.33元。但是,从人均GDP的变化趋势看,西部地区是落后于全国平均水平和其他三大区域的。特别是进入1990年以后,西部地区与其他地区的差距在明显扩大。如1999年西部地区人均GDP分别仅为全国与东部地区的60.7%与39.8%,西部地区12个省(市、自治区)的人均GDP全部低于全国平均水平,人均GDP最低的贵州省1999年其人均GDP仅为全国人均水平的35.1%,属于极低收入(指人均GDP小于全国人均水平一半以下)地区。

第三章 西部地区中小企业融资环境分析

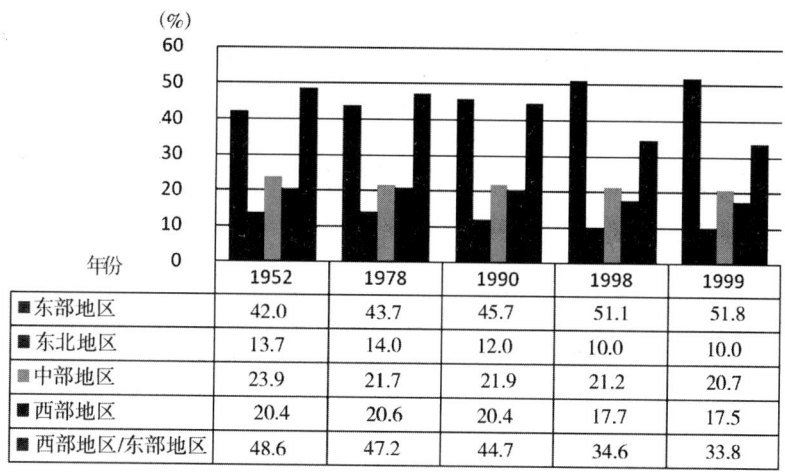

图 3-1 各地区 GDP 占全国 GDP 的比重

(二)西部大开发后的西部地区经济发展

西部大开发战略实施以来,西部地区的经济社会发展取得了巨大成就。西部大开发的根本目的在于加快西部地区经济增长,缩小区域差距,提高社会福利水平,增加公平。经过 10 年的大开发,西部地区在经济总量和经济增长速度上发生了巨大的变化。

从经济总量角度看,西部地区 12 省(市、自治区)的国内生产总值由 1999 年的 15222.67 亿元,提高为 2004 年的 27585.2 亿元,进而提高到 2008 年的 58256.6 亿元,经过 10 年的开发,国内生产总值提高了 2.83 倍。人均国内生产总值由 1999 年的 4283 元提高为 2004 年的 8030 元,进而提高到 2008 年的 16000 元,10 年间提高了 2.74 倍。从增长速度角度看,西部大开发以来,西部地区的国内生产总值年均增长率有了显著的提高,由 1999 年的 7.88% 提升至 2004 年的 12.5%,到西部开发的后期稍有放缓,2008 年为 12.23%。如表 3-1 所示。

表 3-1 开发前后各地区 GDP 平均年增长率　　　　单位:%

年份 地区	1999	2004	2008
东部地区	9.78	13.6	11.27
东北地区	7.93	11.8	13.63

续表

年份 地区	1999	2004	2008
中部地区	7.60	12.8	11.98
西部地区	7.88	12.5	12.23
全国	8.44	12.9	12.01

资料来源：根据各年《中国统计年鉴》整理、计算而得。

西部大开发旨在通过加快西部地区的经济社会发展从而缩小区域间的差距，进而使国民经济整体协调健康发展。通过10年的开发，西部地区国内生产总值增长迅速，国内生产总值平均增长速度也超过全国平均水平。这说明西部大开发的政策措施提高了西部地区的资源配置水平，带来了应有的经济增长效应。但与此同时，缩小区域差距的目的却未如期实现，我国区域间的差距依然很大，特别是东、西部地区间的经济社会差距。就经济总量来讲，尽管西部地区自身纵向比较结果比较乐观，但如果从横向的地区间角度和对国民经济贡献角度思考的话，结果却不尽如人意。1999年数据显示，西部地区12个省（市、自治区）国内生产总值占东部地区10个省（市、自治区）国内生产总值的比例为33.58%，占全国的比例为17.41%；到开发后的2008年，同样的比例分别为32.81%、17.80%。如表3-2所示。由此可见，在经济总量上，西部地区与东部地区的差距不仅没有缩小，反而是进一步拉大。对国民经济贡献角度，西部地区占全国国内生产总值的比例10年仅提高了0.37%。即使是与仅有6个省（市、自治区）的中部地区相比，西部地区的经济发展水平依然处于落后地位。从人均国内生产总值角度看，结果更是不容乐观。1999年，西部地区人均国内生产总值占东部地区的比例为47.94%，到了2008年这一比例竟下降为43%，下降幅度为4.94%。如表3-3所示。这与西部地区广阔的疆域和丰富的资源是极不相称的，也与西部大开发的初衷相违背。

表 3-2　开发前后各地区 GDP 比较　　　　　　　　　　单位:亿元、%

年份 地区	1999	2004	2008
东部地区	45339.26	88433.10	177579.60
东北地区	8738.66	15133.9	28195.60
中部地区	18139.19	32088.30	63188.00
西部地区	15222.67	27585.2	58256.60
全国	87439.78	136875.9	327219.8
西部地区/全国	17.41	20.15	17.80
西部地区/东部地区	33.58	31.19	32.81

资料来源:根据各年《中国统计年鉴》整理、计算而得。

表 3-3　开发前后各地区人均 GDP 比较　　　　　　　　单位:元、%

年份 地区	1999	2004	2008
东部地区	10762	24478	37213
东北地区	8228	13709	25955
中部地区	5105	9032	17860
西部地区	4283	8030	16000
西部地区/东部地区	47.94	32.80	43.00

资料来源:根据各年《中国统计年鉴》整理、计算而得。

就居民可支配收入而言,2008 年西部地区城镇居民可支配收入为 12971 元,在四个地区中排名最后,占东部地区城镇居民可支配收入的比例仅为 67.55%。农村居民人均纯收入差距更大。同样是 2008 年,西部地区农村居民人均纯收入仅为 3518 元,占东部地区的比例为 53.32%。2008 年,西部地区城镇居民消费性支出为 9604.04 元,占东部地区的比例为 71.49%。在消费支出中用于食品的支出比例为 40.75%,是四个地区中占比最高的一个,比东部地区高 4.07%。农村居民消费性支出中,西部地区为仅为 2867.14 元,依然是四个地区中最低的一个。同样,在消费性支出中食品支出占比为 47.69%,将近一半的支出用于食品消费,较比例最低的东北地区高 10% 还要多。如表 3-4 所示。而食品支出占消费支出的比例正是用来衡量人民生活水平的恩格尔系数指标。1857 年,世界著名的德国统计学家恩格尔阐明了一个定律:随着家庭和个人收入增加,收入中用于食品方面的支出比例将逐渐减小,这一定律被称为恩格尔定律,反映这一定律的系数被称为恩格尔系数。恩格尔定律主要表述的是食品支出占总消费支出的比例随收入变化而变化的一定趋势。揭示了居民收入和食品支出之间的相关关系,用食品支出占消费总支出的比例来说明经济发展、收入增加对生活消费的影响程度。众所周知,吃是人类生存的第一需要,在收入水平较低时,其在消费支出中必然占有重要地位。随着收入的增加,在食物需求基本满足的情况下,消费的重心才会开始向穿、用等其他方面转移。因此,一个国家或家庭生活越贫困,恩格尔系数就越大;反之,生活越富裕,恩格尔系数就越小。由此可知,广大西部地区居民生活的富裕程度依然很低,与其他地区的差距依然较大。

表 3-4 2008 年各地区收入和支出情况　　　　　　单位:元、%

项目 地区	城镇居民可支配收入	农村居民人均纯收入	城镇居民消费性支出	城镇居民消费支出中食品支出占比	农村居民消费性支出	农村居民消费性支出中食品支出占比
东部地区	19203	6598	13434.72	36.68	4802.15	41.21
东北地区	13120	5101	10038.24	37.11	3720.3	37.15
中部地区	13226	4453	9249.02	38.89	3375.55	45.17
西部地区	12971	3518	9604.04	40.75	2867.14	47.69
西部地区/东部地区	67.55	53.32	71.49	—	59.71	—

资料来源:根据各年《中国统计年鉴》整理、计算而得。

根据以上分析可知,西部地区经济发展水平和居民收入水平落后于其他地区,这显然使资本形成变得十分困难,地区的资金积累能力低下成为不可回避的事实。资本供给贫乏——企业融资特别是中小企业融资困难——资金回报率低下——经济发展落后,这样的一个恶性循环模式出现。

二、西部地区的金融市场环境

(一)西部地区金融机构数量少,分布不均衡,体系缺少层次性

银行等金融机构是金融市场的主体,是促进储蓄向投资转化的中介。一个地

区的金融组织密度越高、设置越合理、运行状况越良好,该地区经济发展水平越高,企业的融资渠道就越宽泛、融资效率就越高。西部地区的金融机构数量及其分布与西部地区的经济发展水平一样不容乐观。就国有商业银行的地区分布而言,全国分布不均衡,西部地区数量明显偏低。

政策性银行在西部地区的分支机构更是数量稀少,并没有真正发挥为欠发达地区提供融资的作用。

尽管与其他地区相比,商业银行在西部地区的分布数量较少,但其在西部地区的金融机构体系中却占据绝对垄断地位。目前西部地区银行体系的现状是国有商业银行按行政原则从省会城市到地州市县建起了庞大的组织网络,使其在金融业务上高度垄断。但仔细分析可以发现,国有商业银行的业务对象主要集中于大中型国有企业,作为西部地区经济发展动力和增长点的中小企业在"信贷歧视"的现实中很难得到资金支持。

西部地区缺少一个与经济多层次发展相适应的多层次金融体系。西部地区中小企业发展速度快,在推动经济增长、吸纳就业等方面发挥着重要的作用,但能够为中小企业提供有效金融服务的中小金融机构发展落后、体系不完善,使其对中小企业的扶持力度非常有限。

(二)西部地区资本市场发展滞后,上市门槛高,中小企业入市难

资本市场的主要功能在于将社会零散储蓄资金转化成投资,形成中长期资金。同时,运行良好的资本市场对企业公司治理结构的完善起到推动作用。但西部地区对全国资本市场的利用率很低。我国西部地区资本市场发展滞后,主要表现在以下几个方面:

1.西部地区上市公司数量少、质量低

截至2010年底,我国境内A股上市公司数为2063家,西部地区上市公司只有331家,占比16.0%;东部地区为1287家,占比62.4%,是西部地区上市公司数量的3.89倍。

2.西部地区上市公司利用资本市场筹资数量有限

2010年,沪深A股累计筹资8955亿元,其中西部地区筹资额为904亿元,占比10.1%;东部地区筹资额为6627亿元,占比74.0%,是西部地区的7倍多。

3.西部地区证券公司发展滞后

2011年,国内共有106家证券公司,西部地区只有18家,占比17%。

4. 西部资本市场发展不平衡，债券市场发展滞后

由于我国公司债券发行资格条件严格，加之西部地区企业发展普遍落后于东部等其他地区，导致西部地区企业很难通过债券市场融资。

(三)西部地区信用担保体系不健全，抵押登记不规范

自 1998 年起，我国商业银行普遍推行了抵押担保制度，除针对极少数大型企业发行信用贷款外，其他企业需要贷款资金均需要办理抵押担保手续。但对于中小企业而言，很难找到担保人。效益好、实力强的企业和政府部门均没有动力为中小企业提供担保，但社会信用担保机构的发展现状是数量少、资金实力弱、相关管理制度不配套。担保体系的不健全，使其在中小企业融资过程发挥的作用有限。

银行等金融部门设定的抵押贷款的条件一般比较苛刻，房地产是最主要的抵押品。大型国有企业或集体企业拥有国有或集体土地的所有权，为其抵押贷款提供了天然的抵押品。中小企业通常只拥有土地、房产的使用权，显然难以成为贷款的抵押品。另外，抵押物必须经过相关部门登记方能生效，但要办理一项财产抵押登记评估，需要涉及评估机构、国家土地管理部门、房产管理部门、公证部门等十几个部门，要提供征地或受让房地产的原始资料等几十种证明文件。抵押登记和资产评估复杂的程序和手续，需要花费相当长的时间，影响中小企业办理抵押贷款的效率和积极性。在抵押登记评估的收费方面，西部地区呈现的特点是费用水平高、随意性大。欠发达地区落后的财政收入水平促使各部门为自身利益考虑，巧立名目，变相增加收费，增加了中小企业融资的成本。

三、西部地区制度环境

西部地区中小企业融资的制度环境包括法律法规体系和政府的宏观经济政策。关于法律法规体系，并不存在专门针对西部地区中小企业的特别的法律法规体系；关于政府的宏观经济政策本部分从两个角度进行述评：其一，国家的西部大开发政策及其评价；其二，针对西部地区中小企业的扶持政策及其评价。

(一)中小企业法律法规体系及其评价

1. 现有中小企业法律法规体系

我国中小企业的法律法规体系包括三个层次：全国人民代表大会立法、国务院法规、部门和地方配套政策与措施。

(1)全国人民代表大会立法。2002年6月29日颁布的《中华人民共和国中小企业促进法》自2003年1月1日起实施,这是国家制定扶持和促进中小企业的第一部专门法律。该法从资金支持、创业扶持、技术创新、市场开拓、社会服务五个方面规定了支持中小企业发展的法律措施,肯定了中小企业在我国社会主义市场经济发展中的重要地位,明确了各级政府在促进和引导中小企业发展工作中的义务和职责,对我国中小企业健康发展有着积极的引导和促进作用。

(2)国务院法规。2000年,国务院发布了《关于鼓励和促进中小企业发展的若干政策意见》;2005年2月,国务院颁布了《关于鼓励支持和引导个体私营等非公有制经济发展的若干意见》;2009年9月,国务院颁布了《关于进一步促进中小企业发展的若干政策意见》,提出了进一步营造有利于中小企业发展的良好环境等8个方面的29条意见;2010年,国务院颁布了《关于鼓励和引导民间投资健康发展的若干意见》,主要在扩大市场准入、推动转型升级等方面系统地提出了一些政策措施。

(3)部门和地方配套政策与措施。在上述法律法规和政策意见的指导下,国务院各有关部门和各级行政机构出台了相应的配套政策与措施。如2005年9月26日,商务部出台《关于促进中小流通企业改革和发展的指导意见》;2007年11月26日,国家发展和改革委员会、教育部等12部委发布了《关于支持中小企业技术创新的若干政策》。

2. 现有中小企业法律法规体系评价

(1)对中小企业作用和地位认识不清楚。《中小企业促进法》中含糊地提到了中小企业在国民经济中的作用和地位,其相关表述是"……为了改善中小企业经营环境,促进中小企业健康发展,扩大城乡就业,发挥中小企业在国民经济和社会发展中的重要作用"。而各国的通行做法是在相关法律法规中明确阐述中小企业的地位和作用。如日本的《中小企业基本法》把中小企业看成是"创造新产业、创造就业机会、促进市场竞争和搞活区域经济的主体"。对中小企业作用和地位认识不清楚,使相关部门在政策的制定和实施过程中忽略了中小企业,而偏爱大企业。

(2)相关规定措施缺乏可行性和针对性。例如,《中小企业促进法》规定地方政府应当根据实际情况为中小企业提供财政支持,但对国家将以何种形式支持或监督地方政府为中小企业提供财政支持,以及地方政府不作为应承担什么法律后果并没有明确的规定,使得这些法律条款形同虚设;再如,《关于鼓励支持和引导个体私营等非公有制经济发展的若干意见》和《关于进一步促进中小企业发展的若干政策意见》虽然规定了应取消针对中小企业的进入壁垒,但这些规定过于原则性和纲领性,缺乏可操作性,并没有说明对违反这些规定的行为应该如何处罚,或中小企业如何维护自己的合法权益,使得阻碍中小企业发展的市场准入问题依然没有得到很好的解决。

(二)国家西部大开发政策及其评价

自西部大开发以来,国家围绕基础设施建设、生态环境治理保护和建设、产业结构优化调整、科技教育发展、深化改革、扩大对外开放等方面给予了西部地区一定的政策倾斜和制度优惠。

1.西部大开发主要政策

(1)货币政策方面。西部大开发的货币政策主要体现在加大对西部地区的金融信贷支持上。这种支持主要体现在以下几个方面:①加大对西部地区的信贷投入量。②加速贷款评审,适当延长相关贷款期限和扩大相关贷款范围。③增加西部地区金融机构数量,加大西部地区银行业竞争。

(2)财政政策方面。西部大开发期间的财政政策主要体现在中央对西部地区财政转移支付力度的加大。①加大对西部地区的财政资金投入力度。②提高对西部地区转移支付的规模。③中央财政专项补助适度向西部地区倾斜。④建立艰苦边远地区津贴制度。

(3)税收政策方面。国家西部大开发的税收政策主要表现在各种税收优惠上。包括企业所得税的税收优惠、农业特产税的税收优惠、耕地占用税的税收优惠、关税和增值税的税收优惠。

(4)生态建设政策方面。生态建设政策主要是指开展退耕还林还草、天然林保护、防沙治沙工程以及农村税费改革实践,并通过中央财政转移支付以及补助的形式给予资金支持。

(5)产业政策方面。产业政策主要体现在对西部地区农业、工业发展的支持上。包括加强农业和农村基础设施建设、支持西部地区发展特色农业、加强农村扶贫开发;进行产业结构调整、发展特色经济、支持西部地区发展高新技术产业等。

(6)科技政策方面。包括加大科技经费和创新基金向西部地区的倾斜力度、加强西部地区科技能力建设、加快技术成果的推广应用和产业化发展、鼓励对科技人员在西部地区兴办企业等。

(7)教育政策方面。包括提高西部地区教育资金投入力度、通过扩大高校在西部地区招生规模提高人口素质、推进学校建设对口支援工程的实施。

(8)对外开放政策方面。包括进一步扩大外商投资领域、进一步拓宽利用外资的渠道、大力发展对外经济贸易、推进地区协作与对口支援。

2.西部大开发政策评价

上述西部大开发政策加快了西部地区经济增长的速度和产业结构调整的步伐,提高了西部地区人民的生活水平和受教育程度,促进了西部地区基础设施建设,遏制了西部地区生态环境的进一步恶化。但一旦进行横向的区域比较,就会发现西部开发政策并未真正实现协调区域经济发展、缩小区域差距、提高社会公平的终极目标。经过十几年的西部大开发,西部地区尽管在经济发展、人民生活等各方面产生了巨大的变化,但与东部地区等其他区域的发展差距不但没有缩小,反而有进一步拉大的趋势。无论是经济总量、人民生活水平还是产业结构、劳动生产率水平,与东部地区相比都存在相当大的差距。分析发现,在宏观经济政策方面存在以下几个方面的主要问题:

(1)政策区域倾斜程度低,政策优势缺失。西部大开发政策选择伊始,国家采取的措施隐含着西部地区发展不能削弱东部地区先发优势的谨慎态度。导致对西部地区的一些优惠政策在一定程度上具有普适性。例如,国家对西部地区的一系列税收优惠政策与东部地区的差别不大,并没有充分考虑区域的差异性,没有形成政策优势。这与改革开放之初,国家针对东部沿海地区促进发展的政策相比,自然不会产生预期的效果。与此同时,西部地区薄弱的财政实力,较低的市场化程度,使政策的实施大打折扣;相反,东部地区凭借自己先行发展的优势,灵活运用各项隐性政策优惠,吸引外资,支持企业发展,得到的效果自然高于西部地区。

(2)政策不够具体,可操作性差,缺少法制保障。国家为西部大开发出台了包括财政、税收等多方面的政策,但很多政策不够规范具体,缺少具有可操作性的实施细则,主要体现为高度概括的通知、文件、意见。大多数对西部倾斜政策的条款里使用的是"提高"、"尽可能多"、"争取提高"、"继续提高"、"重点用于"、"主要用于"、"优先安排"、"优先支持"等一些含糊的、不确切的文字表述,没有做出在什么时间内、比重多大、提高或优先到什么程度等量化指标的规定。这种含糊不清的表述导致政策在具体实施过程中很难准确操作,同时也给政策的后期效果评价带来极大的困难。所以,西部大开发政策的科学化、法制化转变显得尤为必要。世界上大多数国家的区域开发实践也证明了这一点。例如,英国在制定区域发展政策的同时,先后颁布了《特别区域法》、《工业布局法》、《地方就业法》和《工业发展法》,日本则颁布了《新产业城市建设促进法》、《工业再配置促进法》和《特定产业集聚促进法》等。

(3)政策工具单调,缺乏创新。由于身处内陆,西部地区与东部地区存在明显的地理区位差异。这种自然差异对经济的影响是多方面的。一方面,西部地区地广人稀,难以形成具有一定规模的市场体系,使西部地区市场化进程缓慢;另一方面,西部地区远离海港,对外贸易成本高于东部沿海地区,同时由于受传统观念、文化和制度的束缚,西部地区开放意识薄弱。但国家对西部地区的开发政策依然只是延用20世纪80年代开发东部沿海地区的老思路,并未因地制宜,采用更适合西部地区的政策工具,这样就在一定程度上降低了西部地区的开发效率。因此,西部大开发急需政策工具创新,除了坚持资金投入和政策优惠等基本开发政策外,西部大地区可以尝试使用新的政策工具,如可以成立西部开发金融机构、发行西部开发彩票等。

(三)西部地区中小企业扶持政策及其评价

1. 西部地区中小企业扶持政策

2000年,国务院办公厅转发《国家经贸委关于鼓励和扶持中小企业发展的若干政策意见》,在大力推动中小企业结构调整、鼓励中小企业技术创新、加大对中小企业的财税政策支持、拓宽中小企业融资渠道、加快建立中小企业信用担保体系、健全社会化服务体系、创造公平竞争的外部环境和加强组织领导8个方面,做出了25条原则规定与具体要求。同时,文件还决定各级政府要根据财力安排资金用于中小企业信用担保、创业资助等方面;探索组建国家中小企业信用再担保机构,并对纳入全国试点的担保和再担保业务给予3年免征营业税;进行中小企业产权交易试点,探索建立中小企业风险投资公司等。在此背景下,西部地区对中小企业的政策也做出了大量的调整,主要体现在以下几个方面:

(1)出台《中小企业促进法》的配套法规条例。西部地区地方政府颁布了一系列促进和支持中小企业发展的政策法规。如陕西省的《陕西省实施〈中华人民共和国中小企业促进法〉办法》于2007年7月1日起施行。该办法旨在鼓励和支持依法设立各种所有制、各种形式的中小企业,并为其发展创造良好的经营环境。规定省内县级以上人民政府应当把发展中小企业纳入当地国民经济和社会发展规划,并制定推进中小企业发展的资金支持、创业扶持、技术创新、市场开拓、社会服务及权益保护六方面的具体措施。再如,2005年4月6日通过的《四川省〈中华人民共和国中小企业促进法〉实施办法》明确了行政执法的主体,着重对县级以上各级政府及其有关部门在促进中小企业发展工作中的职责做了明确的划分;同时就中小企业依法履行应尽的社会义务等做出了说明,并提出了如何提高四川省中小企业核心竞争力的说明,明确了省人民政府负责中小企业工作的部门,组织实施国家和省政府制定的中小企业政策和规划,对全省中小企业工作进行综合协调、指导和服务,为全省的中小企业的创立和发展创造良好的环境。

(2)加强中小企业的产业结构及产业特色的政策调整。如扶持有产品、有市场、发展前景好的符合国家产业政策的中小企业;对布局不合理、低水平重复建设的中小企业大力进行结构调整;关闭污染环境、能源消耗高、质量低劣的中小企业;支持高科技民营企业发展。如成都市政府出台了支持高科技民营企业的20多项优惠政策,新成立了两个高新技术区,该技术区内的企业享受国家高新技术开发区的各项优惠政策。

(3)加强中小企业信贷支持政策建设。加强信用担保体系建设是西部地区破解中小企业融资困境的一个重要途径。为此,西部地区地方政府加强了对中小企业的信贷支持政策的建设,进一步明确了信用担保体系的运作方式、风险方法等方面的问题。以四川省为例,按照《中小企业促进法》的规定,四川省也做了相应的授权规定,明确了四川省人民政府可以制定信用担保的具体管理办法的权限,县级以上人民政府及其中小企业工作部门应当组织建立中小企业信用担保体系,推动建立担保机构的准入制度、信用评估和风险控制制度,加强对信用担保机构的监管。鼓励民间资本和境外资本投资设立担保机构和企业间互助性担保机构。

2.西部地区中小企业扶持政策评价

(1)政策缺乏区域协调性。中央政府与西部地区各级政府出台若干扶持中小企业发展的政策与立法,但这些政策和立法没有形成统一、系统的规定,政策措施的法制化、规范化、稳定性较低,重复制定政策的冲突比较突出,导致政策的区域协调功能薄弱。关于中小企业扶持政策,国家层面的多具有原则性、框架性的特征,且给予地方政府以足够的制定具体政策措施的空间和权力。这样,地区各级政府也出台了扶持中小企业发展的规范性文件,且政出多门,造成了扶持西部地区中小企业发展的政策与措施缺乏系统性与统一性,普遍出现政策随领导换届而改变,从上而下的法律法规、政策措施大量重复现象,造成了地方各级政府的法规、规章制度与决策的相互冲突。

(2)政策宣传方式陈旧。很多中小企业不知道现在具体有哪些相关的支持政策,更不必说如何进一步享受优惠政策。中小企业相关扶持政策法规主要是通过报纸、电视和下发文件的方式进行宣传。这种宣传方式和宣传力度在短期内效果明显,但是政策法规是一个长久持续的效应过程,电视和报纸相对而言没有保存性。同时,下发文件也主要是针对国有中小企业,一般私营、民营企业享受不到这种"待遇"。在信息时代,应用网络进行政策宣传显然没有得到足够的重视。可见,中小企业有关政策法规缺乏一种主导宣传方式,宣传的力度与频率还存在一定的缺陷。

(3)金融市场扶持政策力度不够。对西部地区中小企业的资金扶持不足,金融机构的"惜贷、恐贷、拒贷"现象严重;现行上市融资、发行债券、信托融资的法律法规和政策导向不完备,中小企业很难在证券市场获得资金;风险投资机构规模小,又缺乏退出机制,加大了操作难度;区域性资本市场不健全;信用担保服务刚刚起步。

(4)财税政策缺乏完整体系。首先,西部地区多元化的财税扶持政策对象多以所有制形式为划分标准,即享受税收优惠更多的是国有中小型企业或集体所有制中小型企业,而大量的私有中小型企业被排除在外,从而形成了中小型企业内部新的不平等。其次,税收优惠政策比较凌乱,缺乏系统性,而且由不同的部门负责实施,因此对中小企业发展的促进作用十分有限。再次,财税政策缺乏综合力度。目前财政政策的扶持形式仅限于部分的直接资金支持,对财政贴息、政府采购等财政政策手段使用较少。最后,在税收政策优惠方面也仅限于所得税、增值税等方面,并且只提供了税率式、税额式两种减免税的方法。对个人所得税、土地增值税、印花税、资源税等其他税种的利用较少。利用加速折旧、投资抵免、延期纳税、税前还贷等优惠方式来对中小企业实施扶持的更为鲜见。

第三节 西部地区中小企业内部融资环境分析

中小企业内部融资环境主要由影响企业融资的若干内部因素构成。本节将从三个方面对中小企业的内部融资环境问题展开分析。

一、西部地区中小企业规模小,市场竞争力弱

(一)资金筹集能力差,企业规模小

中小企业在创立之初多是依靠业主个人或家族内部垫款方式投入运营,资金数量有限,导致中小企业规模小、经营风险大的发展状态,也因此使中小企业发展缓慢、不稳定性高、资金筹集能力差。在资本市场上通过发行股票和发行债券的直接融资方式进行融资往往对企业经营规模和资金实力要求较高,中小企业无法应用;银行贷款等间接融资方式又对风险控制较严格,中小企业无法突破银行的限

制。这样,中小企业的筹资渠道和筹资方式变得十分狭窄,使其难以摆脱低水平发展的状态。

(二)市场竞争力弱,发展潜力差

近年,尽管西部地区出现了一批优秀的中小企业,但从整体来看,西部地区中小企业市场竞争力弱,发展潜力差的状态是不可回避的现实。主要表现在以下几个方面:

1. 中小企业产品科技含量低

大多数中小企业由于自身资金实力差,对科技投入不足,加之生产设备和生产技术更新改造力度低于大中型企业,使其产品经济附加值低,市场竞争力差。

2. 中小企业产品地域色彩浓厚

大多数中小企业在最初的市场定位时就将产品定于当地市场,缺乏宽广的发展空间,一旦外地同类产品进入本地市场,就会快速失去竞争能力,出现经营困难在所难免。

3. 中小企业产品平均成本偏高

中小企业作坊式的经营发展方式,使其很难利用规模效应,产品成本偏高成为自然,这是中小企业经济效益低的一个重要原因。较差的市场竞争力使中小企业很容易被淘汰,融资能力进一步被削弱。

二、西部地区中小企业财务管理能力差,信用水平低下

(一)中小企业财务管理意识一般比较薄弱

领导者素质、能力落后于时代,管理观念陈旧,管理思想落后,没有意识到财务管理工作在企业管理中的地位和作用,因此没有将财务管理纳入企业管理的通盘考虑中,这就限制了企业的发展。

(二)中小企业缺乏科学有效的投资决策机制,投资行为具有短视特点

由于企业规模和实力对高素质人力资源缺乏吸引力,中小企业中精通理财知识的财务管理人员基本不存在,使其在投资过程中以利润最大化作为唯一的理财目标,尽快收回投资的心理特点明显,但风险防范意识单薄,对市场相关信息把握不够全面和准确,这就导致其投资行为具有盲目性和短期性,缺少企业发展的完整

的战略规划,造成了资本的浪费。

(三)中小企业内部控制机制不完善,资产管理水平低下

大多数的西部地区中小企业没有系统、严格的管理制度,缺乏行之有效的内部控制机制,导致其对人、财、物的管理呈现混乱状态。中小企业对资产的管理焦点多集中于现金资产,但因为缺乏有效的现金管理制度,现金的闲置和浪费又成为一种常态。中小企业资产管理意识薄弱,缺少存货、固定资产等重要资产的管理计划,会计核算制度又不健全,资产的流失、浪费情况严重。

(四)中小企业信用缺失现象严重

企业信用缺失是当前普遍存在的一个问题,这一点在西部地区中小企业中表现得更为突出。恶意逃废银行债务、虚假财务信息、企业间相互拖欠资金、制假贩假等现象屡见不鲜。这就促使银行等金融机构和资本所有者不愿向整体信用水平低下的中小企业投放资金,堵塞了它们的融资渠道。

三、西部地区中小企业多为家族制管理模式,管理效率低下

中小企业在创立之初,资金技术匮乏,家族成员的参与实现了最低成本的组织资源。家族成员之间以血缘和亲情为基础,更有认同感,更容易形成抵御风险的凝聚力,因此家族制管理是中小企业创业初期的一种自然选择。但随着中小企业规模的不断增大,对管理的要求不断提高,这种封闭式管理模式的缺陷日益显露。如经营决策主观性强;管理人员职责不清,人情替代制度,缺乏科学性;组织制度僵化,企业缺少活力,缺乏公平有效的用人机制,造成严重的人才危机。西部地区中小企业通常规模较小,人员流动频繁,企业经营效益差,经营管理上急功近利作风严重,盲目扩张行为多见。这样,中小企业很容易陷入经营困境。

第四节 西部地区中小企业融资环境的建设

中小企业在发展过程中面临融资困境在世界范围内是一个普遍存在的现象。综观中小企业的发展历程可以发现,从20世纪30年代开始,世界各国或地区对中小企

业融资环境的建设都进行了不懈的努力。本节就世界上主要国家或地区在中小企业融资环境建设过程中的经验做一总结,并由此提出我国中小企业融资环境建设的思路。

一、世界主要国家或地区中小企业融资环境建设的经验及启示

(一)外部融资环境建设的经验

对于外部融资环境的建设,世界上主要国家或地区均十分注重金融市场环境建设和制度环境建设。

1. 金融市场环境建设方面的经验

经验1:成立专门面向中小企业的专业性金融机构为其提供资金支持。

1958年《中小企业投资法》颁布实施后,美国向中小企业署提供资本金,并授权中小企业署向中小企业提供贷款援助。贷款侧重于两个方面:一是注重对妇女、退伍军人、少数族裔、移民所创办的企业提供贷款;二是注重向遭受意外灾害的中小企业提供政策性的灾害贷款。

日本则是成立了专门的政策性金融机构——国民生活金融公库、中小企业金融公库、商工组中央金库为中小企业提供信贷。其中,成立于1999年的国民生活金融公库主要面向零星的企业提供维持生产的小额贷款;成立于1953年的中小企业金融公库主要是向规模较大的中小企业提供设备资金贷款和长期周转资金贷款,用于满足其因规模扩张而产生的资金需求。成立于1936年的商工组中央金库主要是向中小企业和中小企业团体发放期限较长(一般20年以上)的贷款。

印度政府根据1951年颁布的《地区金融工资法》设立地区金融公司,向各类中小企业提供长期贷款、直接融资、信用担保等多种金融支持;1990年根据《印度小工业银行开发法》设立印度小工业开发银行,其主要职责包括向小规模工业提供直接贷款和间接贷款、对小规模工业发展进行开发和促进、简化对小规模工业的管制措施。具体措施包括为直接为小规模工业部门提供贷款的金融机构提供再贷款、进行企业家培训、促进技术升级和现代化、微型信用项目、为妇女就业和贫困地区就业开展培训、简化贷款程序、改革原有放款项目、开展新项目等。

中国台湾地区在1975年《银行法》修正案实施后组建了7家中小企业专业银行,它们的基本任务是向中小企业提供中长期信用、协助中小企业改善生产设备和健全财务管理。

德国在 20 世纪 50 年代初期先后设立了复兴银行和平衡银行两大政策性银行,前者旨在推动中小企业国外业务开拓,后者则重在援助原东德难民经济的恢复与发展。二者的贷款对象主要都是中小企业,主要职责是贯彻国家金融政策、协助中小企业融通资金、为中小企业提供投资及金融业务的咨询服务。

经验 2:加强面向中小企业的信用担保体系建设,吸引、鼓励商业性金融机构扩大对中小企业的贷款。

美国向中小企业提供信贷担保的政策性机构是中小企业署和进出口银行。中小企业署主要为那些不具备通过正常途径获取商业性金融机构贷款条件的中小企业提供贷款信用担保,其担保额可高达 75 万美元。除此之外,还为中小企业提供诸如雇佣信用担保、短期周转资本贷款担保和保证债券担保等担保项目。美国进出口银行则主要为中小企业的出口融资提供担保和保险。

日本政府则全资或部分出资成立为中小企业申请贷款提供保险和担保的机构。如 1958 年设立中小企业信用保险公库,对中小企业提供无抵押保险、普通保险等信用保险,以确保中小企业能够顺利获得借款;1999 年,中小企业信用保险公库被新成立的中小企业综合事业团吸收,该机构成为日本中小企业融资担保体系的核心。

韩国政府依据《信用担保基金法》于 1976 年成立韩国信用担保基金,其宗旨就是为中小企业发展提供信用担保。为中小企业提供的信用担保占其担保项目的 90% 以上,同时还对中小企业施行较低的保证费率。1987 年,韩国政府又根据《新技术企业金融支持法》设立韩国技术信用担保基金,其宗旨是为在开发新技术的商业性生产中产生的债务提供信用担保,其担保重点也是中小企业。

信用担保在英国中小企业金融市场环境建设中更是占据主导地位,1981 年建立的信用保证计划是其最重要的担保项目。其目的就是为那些已有可行方案但因缺乏信誉而不能贷款的中小企业提供贷款担保。担保计划具体包括贷款担保计划和小额贷款安排计划,具体实施者是英国小企业服务局。小企业服务局与诸多金融机构建立长期稳定关系,只要中小企业到这些金融机构去贷款,就可以得到小企业服务局 70% 以上的信用担保。

印度于 2000 年 7 月成立了小规模工业信用担保基金,为商业性金融机构对小规模工业发放的设备贷款和运转资金贷款提供担保。

法国则于 1996 年设立了发展银行,该银行可以以担保人的身份帮助中小企业向商业银行贷款。

经验 3:推动风险投资发展,为中小企业拓宽融资渠道。

美国政府于1958年成立了中小企业投资公司,扶持中小企业特别是高新技术中小企业发展,针对中小企业的高新项目提供分期的风险资本。

日本则是成立中小企业投资育成公司,该公司的投资对象主要是中小企业。该公司一般投资的对象是从事科研开发、新产品试制、科研机构和高校技术成果转让等行为的中小企业,其方式是认购或接受公司转换债券或新增股份;该公司的另一种业务——创业期投资则主要针对新建中小企业或者运行7年以内的、对地区增长有重要贡献的中小企业,或者是具有高成长性的企业以及开拓进入新领域的中小企业。

英国政府则通过成立中小企业政策性基金来扶持中小企业的发展。包括企业基金、凤凰基金、王子青年企业信托基金、欧洲建设基金和欧洲投资基金。各基金均有自己投资的侧重点,但其投资对象都是中小企业。

印度于1999年11月设立了软件和IT产业国家风险基金,该基金主要投资于已经从事IT产业开发的企业和准备进入IT产业的小规模企业,以使这些企业能够快速成长。

经验4:建立多层次资本市场,为中小企业直接融资开辟市场。

在主板市场之外设立专门面向中小企业的资本市场,以形成多层次资本市场体系,更好地为包括中小企业在内的各类企业提供融资服务,是各国通行的一种做法。

美国于1971年开设了纳斯达克(NASDAQ)市场,该市场成立之初的服务对象目标定位为那些处于创业初期、风险水平较高而无法在纽约证券交易所上市交易的中小企业;1990年,美国政府又开设了美国场外电子交易市场(OTCBB),该市场的特点是上市程序简单、费用低,因此吸引了那些因规模小而无法在其他证券交易市场上市的中小企业。

日本则在东京证券交易所之外开设了OTC市场,该市场的特点是交易制度灵活,实行注册挂牌制,已成为中小企业进行直接融资的主要资本市场。

韩国于1996年设立了KOSDAQ二板市场,为知识密集型、附加值高的高科技新兴企业以及中小企业融资是其设立的主要目的。

成立于1995年的英国的AIM市场也是以小型、新兴和成长型企业为对象的投资市场。

2.制度环境方面的建设经验

经验1:通过政府宏观经济政策倾斜,减轻中小企业生存和发展的经济负担。

政府宏观经济政策属于企业融资制度环境的重要组成部分。综观世界各国或地区中小企业发展过程可以发现,给予中小企业一系列倾斜政策,是加快中小企业发展的有效措施。政府宏观经济政策体系主要包括税收优惠政策、财政补贴政策和政府采购政策。

在税收优惠政策方面,美国的经验做法主要包括降低税率、税收减免、提高固定资产折旧率和实行科研税收优惠。日本对中小企业的税收优惠政策主要包括减轻中小企业法人的法人税率、允许中小企业法人的债务准备金积累、实行促进创业和促进技术高度化的税制以及对中小企业固定资产税实行免征或减半征收的政策。韩国对中小企业的税收优惠则体现在它的多部针对中小企业的立法中。如《中小企业创业支援法》就针对韩国西南部地区落后农业和渔业以及技术密集型中小企业提供所得税减免和减半征收的优惠政策。英国2000年通过的《财政法案》中对中小企业的税收优惠政策包括研发项目免税、当研发成果交易出现财务损失时允许研发经费在应纳税所得额中扣除、削减中小企业的公司所得税、提高中小企业的纳税起征点和降低税率等政策。减免税政策一直是印度政府比较常用的宏观经济政策。1997~1998年,印度政府将产值低于3000万卢比的企业都作为货物税的减免税对象,货物税的免税额从产值750万卢比提高到产值1000万卢比。1999~2000年印度政府又公布了一系列税收优惠政策,包括对乡村地区的品牌产品实行货物税的免税政策,将棉纱产品、玻璃和瓷砖业列入货物税减免税目录,将从事洁具、空调、冰箱整体及部件生产的小规模工业企业的免税范围由原来的产值150万卢比提高到300万卢比,减半征收部分由原来的150万~300万卢比提高到300万~500万卢比。中国台湾地区历来重视对中小企业提供税收优惠。从1950年的《华侨投资条例》到1960年的《奖励投资条例》,再到1990年的《促进产业升级条例》,都对企业投资行为规定了众多的税收优惠政策。法国则于1993年建立了"研究开发投资税收优惠"制度,鼓励企业的研发投资行为。德国为帮助经济欠发达地区的中小企业也出台了免税和降低税率的税收优惠政策。

在财政补贴方面,美国对中小企业提供各种津贴和补贴,包括中小企业职工上岗培训、技术创新与科研开发、出口等各种活动。同时,还为退伍军人、妇女、残疾人、少数族裔自创业提供启动资金。日本对中小企业的财政补贴主要体现在支援开发、支援开辟新事业、支援创建有关情报信息化的事业、支援中小企业改善经营、开辟海外事业、支援中小企业建立共济制度以防破产、支援中小企业设备的现代化等方面。同时,也对中小企业的职工培训、国际化经营以及增加就业等方面提供不同程度的补贴。韩国政府则是通过设立政府基金的方式对中小企业的经营活动进行补贴。法国政府对中小企业的财政补贴主要用于企业的科研开发,如设立"技咨询补贴"和"研究人员聘用补贴"。德国重点是对其东部地区的中小企业新产品、新工艺的研究给予财政补贴。

在政府采购方面,美国和韩国的做法都是通过立法改革要求政府的采购合同中要给予中小企业以公平的比例。例如,美国1974年和1996年分别通过的《联邦政府采购政策法》和《联邦政府采购制度改革法》都要求在政府采购中给予中小企业以公平的采购份额,以提高中小企业的销售额。同时,美国中小企业署也通过承包合同资助、分包合同资助等项目或措施为中小企业尽可能多地获取政府采购份额。同样,韩国于20世纪70年代分别制定了《保护中小企业经济环境和促进法》、《关于承包交易公平法》和《中小企业产品购销促进法》,这些法律促进了政府公共部门从中小企业采购产品比重的提高。英国为提高政府部门在中小企业采购的份额和比例,编制了《中小企业参加政府采购活动手册》,对中小企业如何参加政府采购进行全方位指导。中国台湾地区则推出了一系列措施,提高中小企业在政府采购中的参与程度。包括建立中小企业取得政府采购比例的数量结构、办理参与政府采购及政府采购法研习会等。

经验2:健全中小企业法律体系,完善中小企业生存的基础法制环境。

世界各国或地区在中小企业融资环境建设过程中,非常重视中小企业正常运行和发展的法制环境建设,均制定了非常明确的中小企业法律体系,并能随时代发展对这些法律法规做出及时的调整和修改。

美国1953年颁布并实施的《中小企业法》明确了中小企业的划分标准、明确政府保护中小企业利益的责任。《反托拉斯法》和《管制制度缓和法》则主要是维持、促进企业间的公平和自由竞争,禁止独占、不正当竞争,以避免垄断对中小企业发展产生的不利影响。

日本1963年颁布并于1973年、1999年两次修改的《中小企业基本法》是关于中小企业发展方向和基本政策的纲领性文件。它明确提出要广泛发展和培植中小企业的独立经济活动能力;要在资金、技术、设备、研发、人力资源、管理和信息服务等方面重点扶持中小企业的创新活动,培育中小企业的创新能力,尤其要扶持风险型中小企业;要实现中小企业的结构升级、提高生产力水平;要建立必要的中小企业互助、安全体系;要进一步完善税收和金融政策,增加中小企业的资本积累,拓宽中小企业的融资渠道。此外,日本还制定了《中小企业安定法》、《中小企业协同组合法》和《中小零售商业企业法》等,这都为中小企业的健康发展提供了良好的法制环境。

韩国在《宪法》中就阐明了政府要保护和促进中小企业、自助组织发展的立场。

先后颁布的《中小企业事业调整法》《中小企业基本法》《中小企业基准法》《中小企业振兴法》等法律,就中小企业的界定、中小企业的发展方向、中小企业与大企业之间的关系做了细致规定。《关于承包交易公平法》《保护中小企业经济环境和促进合作法》则以建立中小企业良好的经营环境、促进企业合作与协同发展为基本目的。

中国台湾地区关于中小企业的法律主要有《中小企业认定标准》《中小企业发展条例》,明确有保护中小企业权益的条款,这无形中加强了对中小企业利益的保护。

经验3:成立专门组织部门,对中小企业的发展进行归口管理。

为提高对中小企业的组织管理水平,各国或地区都成立了专门的组织部门,负责中小企业发展过程中的有关事宜。

美国的中小企业委员会和中小企业署就是为扶持中小企业发展而成立的官方机构。前者主要负责与中小企业相关法律法规的制定和完善;后者作为正部级的"永久性联邦机构"主要负责与中小企业相关的具体工作,如制定有关中小企业的发展计划和方针政策,对中小企业立法提出建议;向中小企业提供资金帮助,提供管理、营销等多方面的服务等。

日本设立了中小企业厅,其主旨就是创造公平环境,扶持中小企业发展。其基本职责涉及制定中小企业发展的基本方针政策、负责和监督有关中小企业法律的实施、调节大企业与中小企业及中小企之间的矛盾等多方面。

韩国成立了中小企业总统委员会和中小企业厅负责制定和贯彻中小企业发展的相关政策。英国成立了负责监督中小企业政策执行和管理政府对中小企业贷款的中小企业局,并设立中小企业大臣。

印度管理和扶持中小企业发展的政府机构主要有小规模工业和乡村工业部、小规模工业委员会、手工织布业和乡村工业委员会。

中国台湾地区管理和扶持中小企业发展的机构主要有"行政院"中小企业政策审议委员会和"经济部"中小企业处。

波兰、比利时也分别设立"手工及中小企业司"和"中小企业部"负责扶持中小企业发展、制定和调整中小企业发展政策。

(二)内部融资环境建设经验

对于中小企业的发展问题,只注重外部融资环境建设是不够的。因此,各国或地区也十分注重从提高中小企业市场竞争能力角度改善中小企业经营管理水平、盈利能力等因素构成的内部融资环境。

经验1：提高中小企业经营管理人员素质。

美国组织退休经理服务团和在职经理人员服务团为中小企业提供免费指导或低费用培训；日本设立中小企业事业团、中小企业大学等，负责对中小企业经营管理进行培训，以提高其管理知识的积累水平、增强其管理技巧；韩国则成立了"产业技术工培训体系"等人力资源培训机构，负责中小企业人力资源培训工作；印度成立了企业家学院、国家小规模工业发展培训学院、国家企业家和小企业发展学院，从事小规模工业企业企业家素质培训工作，以提高其经营管理能力；中国台湾地区则设立中小企业研训中心，持续举办各种讲习训练，推动远距离教学，以提高中小企业的人力资源素质。

经验2：鼓励、扶持中小企业技术创新。

美国中小企业署设立了中小企业创新研究计划、中小企业技术转化计划、研究和发展目标计划，帮助中小企业获得现代制造和生产技术的信息、知识，帮助中小企业与非营利的技术机构取得联系。日本通过推行"确保中小企业劳动力对策的技术开发"和"技术交流市场"，扶持中小企业的技术开发和技术交流。韩国通过颁布《中小企业系列化促进法》等法律，对中小企业创业、技术创新提供包括资金、税收等方面的支持政策。在英国，一方面通过企业链理事会在全国设立技术中心和工业研究组织，并由高校专家组成技术顾问，为中小企业提供技术革新指导，并积极提供技术开发基金，指导技术交流和交易；另一方面在小企业服务局设立引导小企业技术开发的服务系统，对个人及中小企业技术和生产创新提供支持。印度的国家小规模工业公司下设技术服务中心向中小企业提供技术培训，同时印度小工业开发银行设立了技术开发和现代化基金，用来支持小规模工业企业的技术创新活动。

经验3：为中小企业提供管理咨询，以提高其经营管理水平。

在美国，一方面通过中小企业发展中心收集有关中小企业管理和财务的信息，向中小企业提供管理帮助和个别咨询；另一方面小企业研究所负责向中小企业提供免费的现场管理咨询。日本鼓励中小企业进行国外投资，由有经验的驻外人员通过国外投资咨询公司从事与中小企业国外投资相关的咨询工作，同时，组建中小企业诊断协会，帮助中小企业分析和发现经营中存在的问题，以提高其经营管理水平。中国台湾地区则通过成立"马上解决问题中心"，专门受理中小企业的各项咨询、求助工作。

经验4:支持中小企业国际化经营。

美国建立了出口经营公司和出口贸易公司,作为中小企业的代理人或经销商,向国外推销产品、办理进出口贸易业务和手续,并收集国际贸易资料提供给中小企业;韩国通过完善各种国际贸易制度,鼓励中小企业发展海外投资与技术协作业务,以促进其国际化经营;比利时为中小企业提供免费或低成本的各种信息及咨询,帮助中小企业的产品或服务寻求和开拓海外市场,支持并鼓励中小企业的出口业务,并提供金融支持。

(三)世界各国或地区中小企业融资环境建设带来的启示

综观世界各国或地区中小企业建设过程可知,各国或地区均根据本国具体情况为中小企业提供扶持政策,这些政策有其各自的特征,同时也有一定的共通之处,这为西部地区中小企业融资环境建设带来了以下启示:

1. 建设中小企业融资环境要构建健全的中小企业法律体系和系统的政策体系

发达国家扶持中小企业的最基本经验是建立较为完善的法律体系。如美国在1953年就制定了《小企业法》,随后陆续制定了《中小企业投资法》、《中小企业经济政策法》和《中小企业技术革新促进法》等20多部专门针对中小企业的法律法规,形成了一个健全、完整的法律体系,使得中小企业发展的各个环节都有明确的法律法规加以保障。

发达国家中小企业发展的政策体系具有连续、全面、系统化的特征,不仅包括财政补贴、政府采购,还包括方式多样、细致周密的税收优惠政策、创新支持政策。这些政策贯穿了中小企业创办、发展、转让的各个环节,且大多提升到法律层面。十分注重中小企业扶持政策的综合运用,并注重政策的衔接和相互协调。政策条款规定得十分明确,具有可操作性,兼顾了不同类型、不同性质的中小企业。

2. 建设中小企业融资环境要确立专门的中小企业管理机构,且职责清楚,分工明确

美国设立了中小企业委员会和中小企业署,且二者有明确的分工;日本设立了中小企业厅;韩国成立了中小企业总统委员会和中小企业厅;英国成立了中小企业局,并设立了中小企业大臣。这些专门的机构发挥着沟通政府与企业关系,对中小企业的经营进行指导和监督,同时又从保障中小企业的利益出发,为中小企业争取了各种优惠条件和发展机会。我国中小企业分布广泛,具有超越所有制和区域的特征,但我国中小企业管理机构多、隶属关系复杂、分工不清楚,难以保证中小企业政策的一致性、持续性和有效性。

3. 建设中小企业融资环境要注重扶持方式的市场化，并构建中小企业社会化服务体系

世界主要国家政府支持中小企业的政策和行为，基本都能够运用、遵循市场公平竞争的原则，以确保政府支持政策、措施遵从并服务于市场机制运行的规则。如英国等国家通过建立市场化投资基金，实现对中小企业科技创新活动的支持；美国政府通过担保资本市场，引导中小企业风险投资的发展；日本通过政策性银行的市场化经营，实施对小企业创新的支持等。这些支持方式和手段都在市场化运行的机制之内，支持行为融入市场体制，从而对既有的市场经济体制不构成干扰和破坏，维护了市场机制功能的正常发挥。

各国或地区非常重视中小企业社会化服务体系的建设，以全社会广泛参与为基础的社会服务体系，形成了较为完善的中小企业服务网络，为中小企业发展营造了良好环境。例如，美国政府牵头成立的小企业发展中心，为中小企业提供技术援助与管理指导；组织经理服务团为中小企业主提供免费指导和低费用的培训；联合学校、科研部门、商会、协会和其他社区服务机构，向中小企业提供各种形式的支持与服务。日本也有完备的中小企业社会化服务体系。在《中小企业指导法》的框架下，日本已形成由国家、都道府县、中小企业综合事业团、商工会和中小企业团体会等机构组成的，分工合作、相互协调、分布广泛的小企业社会化服务体系，为中小企业提供有关经营诊断、技术指导、人才培养以及信息提供等方面的全方位指导和服务。

4. 建设中小企业融资环境要充分发挥政府的引导、协调和多渠道支持作用

政府在中小企业发展过程中的作用并不仅仅表现在对中小企业的直接财政支持和间接的税收优惠方面，还通过政策杠杆，引导资金、技术、信息等生产要素流入中小企业，以促进中小企业的发展。政府应充分发挥政策引导和协调功能，针对中小企业的特点，联合社会机构等各方力量，建立、完善各种社会化服务组织，培育中小企业服务市场，创造良好的外部发展环境，在不同成长阶段，为中小企业提供信息咨询、人才培训、技术开发、营销对策及国际合作等各领域的服务，增强中小企业的市场竞争能力。

世界各国都十分注重中小企业的融资问题，无论是美国还是日本或者其他的发达国家，为解决中小企业的融资问题，都建立了相关的政策性金融机构以及专门面向中小企业的小型金融机构，为中小企业融资提供组织保证。如美国1958年成立了联邦政府机构——小企业管理局，它的重要职能之一是负责为中小企业提供一系列的融资服务。作为政策性金融体系的补充，许多国家政府积极支持建立中

小企业贷款信用担保体系,构建融资担保网络,为支持中小企业融资提供信贷担保。如美国政府通过制订和实施微型贷款计划、债券担保计划、担保开发公司计划等多种资金援助计划,由小企业管理局与全国各地的许多银行建立了实施贷款担保计划的业务关系,中小企业通过申请政府担保以获得银行贷款。日本则是建立由地方信用保证协会和中小企业信用保险公库组成的较为完善的中小企业担保网。与此同时,世界各国或地区都注意开辟中小企业直接融资的市场。美国的纳斯达克、日本的 OTC 市场、韩国的 KOSDAQ 二板市场、英国的 AIM 市场都是以小型、新兴和成长型的中小企业为对象的投资市场。

二、我国西部地区中小企业融资环境的建设思路

(一)推动西部地区经济快速发展

经济发展水平、居民收入通过资金供给来影响中小企业,这在前文已论及,在此不再赘述。然而,我国西部地区经济经过十几年的大开发,已经发生了很大的变化,但从国家宏观经济整体角度来看,西部地区与中部、东部地区的差距依然很大。因此,推动西部地区经济快速发展显然是建设中小企业融资环境最基本的步骤。推动西部地区经济发展必须考虑以下几个方面的问题:

1. 西部地区经济基础薄弱,产业体系的资源依赖性强,产业结构不合理

据统计,2011年人均 GDP 超过 4000 美元的省(市、自治区)有 25 个,达到中等偏上国家水平,但属于西部地区的省(市、自治区)则只有内蒙古、重庆、陕西、新疆、四川和广西。可见西部有一半左右的省(市、自治区)属于中等偏下国家水平。受区域地理环境影响,西部地区工业主导产业主要集中在能源、原材料和重化工业等资源密集型产业和传统产业中,多数省(市、自治区)的优势行业主要集中在畜牧业、天然药材、石油和天然气化工、水电、有色金属、盐湖化学等资源开发和加工领域,呈现出对资源的过度依赖。

2. 西部地区技术创新能力弱,产品技术含量低,缺少市场竞争力

随着经济发展水平的提高,技术因素对经济的贡献在不断增加,但西部地区却由于较低的创新投入而面临较低的技术创新能力水平。2010年,整个西部地区的研发经费投入总量仅占全国的 12.38%,代表科技产出的专利申请授权总数也仅有 72877 项,占全国的 9.84%。从西部地区的产品结构来看,技术含量较低的初级产品占比高,使得市场竞争力微弱。

3.西部地区基础设施落后,生态环境恶化严重

缺乏与经济发展相适应的、发达的基础设施既是西部地区经济发展落后的原因也是西部地区经济发展落后的表现。就基础设施中的交通条件而言,西部地区属于内陆,远离海岸线和交通干线,经济运行的运输成本无形中被提高。同时,西部地区沙漠、戈壁、高山等不宜开发地域占比较大,部分地域由于人口和生产的双重超载使得生态条件变得十分脆弱,沙化、石化土地增加,水土流失、沙尘暴问题严重。

发展西部经济必须重视上述问题,就总体思路而言,应该注意从以下几个方面推动西部经济的发展。第一,完善西部地区基础设施,注重生态保护,优化经济发展的基础环境。第二,开发特色资源产业,优化升级现有产业结构,逐步摆脱资源依赖性经济。第三,重视科技发展,加大科研投入力度,提高西部地区区域创新能力。第四,推动政府职能转变,构建可行的制度和政策体系,提高西部地区经济的市场化程度。

(二)完善西部地区中小企业发展的法制环境

法律扶持体系是中小企业扶持体系中重要的一环,健全法律扶持体系是中小企业持续发展的制度保障。目前,我国针对中小企业的专门法律只有2003年开始实施的《中华人民共和国中小企业促进法》(简称《中小企业促进法》),尚未形成一个完善的法律体系。《中小企业促进法》具有明显的框架性特征,不涉及中小企业的设立、变更和权利、义务等方面。因此,急需出台一部明确中小企业国民经济地位、保证中小企业合法利益的基本法律。该法律应保证中小企业在解决就业、推动技术创新、促进经济发展、维护社会和谐稳定等方面的重要作用得以正常发挥,其宗旨是保护中小企业利益。因此,该法律应以具体条款的形式取消中小行业进入壁垒,降低中小企业创业门槛,力争为中小企业创造一个自由进退、公平竞争的环境。同时,围绕该基本法律制定相应的、配套的法律法规,以形成一整套中小企业法律体系。如考虑中小企业融资、技术开发、国际化经营的因素,出台相应的《中小企业担保法》、《中小企业技术开发法》、《中小企业进出口法》以及《中小企业破产法》等。

根据国际经验,应出台专门针对西部地区中小企业发展的专项法规。国外许多国家均注意到对经济发展水平不同地区中小企业的发展应给予不同程度的保障,因此对欠发达地区的中小企业应给予更高程度的法律保障,设立有针对性的法律法规。如日本于1978年颁布了《特定萧条地区中小企业对策临时措置法》;意大

利为了扶持落后的南方中小企业的发展和支持北方处于危机状态的中小企业，1992年颁布了《第488号法案》，要求对扶持中小企业的预算做出明确安排。我国对西部地区中小企业的扶持政策散见于《中小企业促进法》及其他法律法规的相关规定中，没有统一的专门扶持西部落后地区中小企业的专项法规。因此建议依据《中小企业促进法》的相关规定，制定和实施符合西部区域特点和西部地区中小企业实际情况的《西部中小企业发展扶持条例》，以此作为鼓励西部地区中小企业发展的专项法规，也为西部地区各级地方政府制定扶持本地区中小企业发展的地方性法规和政策提供方向性指导和法律依据。

(三)构建西部地区中小企业发展的政策扶持体系

根据世界主要国家或地区的经验，一个系统化的政策扶持体系对中小企业发展尤为重要。因此，国家及西部地区地方政府应转变职能和态度，进一步健全完善现有中小企业政策扶持体系。就内容而言，中小企业政策扶持体系至少应包括财税政策、金融政策和创新政策等。

1. 财税政策

(1)财政支出政策。财政支出政策主要的方式包括财政补贴和政府采购。政府补贴政策具有较强的针对性，能够直接表达政府的支持意图。补贴政策的对象选择要注意与产业结构优化调整方向相适应，补贴重点领域应是中小企业技术改造、新产品开发以及节能、环保方面。同时，建设补贴对象动态调整机制，根据中小企业发展的实际情况，决定补贴的增减和取消，以提高财政补贴资金的使用效率，达到以点带面的目的。就补贴方式来说，值得一提的是中小企业贷款财政贴息方式，特别是对中小企业较难获得的长期贷款给予贴息。这既能够为中小企业融资提供直接支持，也可以发挥财政资金的引导作用，吸引更多的金融机构为中小企业提供资金支持。政府采购可以提升中小企业产品销售份额，扩大市场占有率，改善其经营状况，因此世界各国或地区都十分注重通过政府采购来扶持中小企业发展。我国的《政府采购法》和《中小企业促进法》也表明政府采购要促进和扶持不发达地区经济和中小企业发展，优先安排向中小企业购买商品和服务的原则，但政策规定过于框架化，缺乏可操作性，导致政策目的无法实现。所以，急需出台《政府采购法》实施细则，明确政府采购的具体标准和中小企业、特别是西部地区中小企业参与政府采购的比例；鼓励中小企业组成联合体参与政府采购；降低中小企业政府采购的门槛；建设政府采购服务信息平台，以保证中小企业能够公平参与政府采购竞争。

(2)税收政策。税收政策的主要方式包括减免税、税收优惠、税前扣除和加速折旧等。首先,所得税对中小企业的优惠应按中小企业划分标准进行细致规定,使符合条件的、不同规模的中小企业均能得到不同程度的税收优惠;其次,改革一般纳税人与小规模纳税人的划分标准,扩大增值税专用发票的开出范围,减少因不能开具增值税专用发票对中小企业的生产和销售所带来的不利影响,降低中小企业的增值税压力;最后,进一步扩大出口退税的税种范围,鼓励中小企业开展出口业务,推动中小企业国际化经营步伐。

2. 金融政策

(1)加强宏观金融政策的西部地区倾斜力度。中央应针对西部地区实际情况制定相对宽松的宏观金融政策,如扩大对西部地区货币资金供给;放宽商业银行存贷比率,增强西部地区的信贷供给能力;加大对西部地区银行、企业的再贴现力度;降低西部地区金融机构的市场准入条件;鼓励商业银行到西部地区设立分支机构,同时限制西部地区资金外流等。

(2)加快中小型金融机构等微观金融的发展。金融组织体系是否完善,直接影响中小企业的融资效率,大力发展培育一批直接服务于中小企业的中小型金融机构势在必行。中小型金融机构往往带有社区性质,最容易了解地方中小企业的经营状况、信用水平和项目前景,能够最大程度地克服信息不对称带来的弊端。建设中小型金融机构,首先,应明确中小型金融机构的市场定位,调整业务范围;其次,要提高中小型金融机构的法人治理水平,形成一整套科学的决策、激励和约束机制;最后,应成立中小型金融机构存款保险公司,对吸收的公众存款施行强制投保,以提高其信誉水平和抗风险能力。同时,国家应加大对西部地区中小型金融机构的政策扶持力度,适度放宽其业务范围,适当减轻中小型金融机构的税赋水平,促进其持续发展。

(3)推动中小企业信用担保体系的建设。担保困难是西部地区中小企业进入融资困境的一个重要原因。中小企业资金规模小、信息不透明、经营风险高,这使得银行等金融机构出于资金安全考虑,通常要求中小企业在贷款时要提供有效的担保和抵押,但中小企业缺少符合条件的担保物和抵押资产却是不争的事实。因此,中小企业对社会化的担保机构提供的担保服务需求增加,构建完善的中小企业担保体系十分必要。西部地区的担保机构发展现状不容乐观,担保机构数量少、资金来源单一、业务范围狭窄是其主要特征。西部地区中小企业信用担保体系建设过程中,应注意以下几方面:一是完善西部地区信用担保体系的法人治理结构,提高其经营管理水平;二是建立科学有效的担保资金补偿机制和风险分散机制;三是促进信用担保机构与协议银行之间紧密合作关系的达成;四是积极建设再担保制度,扩大信用担保机构的资本金;五是拓展西部地区信用担保机构的业务空间,创新担保工具。在西部地区信用担保体系发展过程中,各级政府部门应充分发挥其扶持、服务、引导的作用。政府一方面,应从立法角度为中小企业信用担保机构提供基本保障,可以考虑出台专门针对中小企业信用担保的相关法律法规及配套措施;另一方面,应给予中小企业信用担保机构一定的税收优惠政策,以促进其快速发展。

(4)大力培育西部区域资本市场。资本市场是中小企业直接融资的重要场所,西部地区发展滞后的资本市场使得中小企业直接融资渠道狭窄。因此,大力培育西部地区资本市场是提高企业融资能力的有效途径。具体来说要从以下几个方面着手:第一,要加快西部地区基础设施和信息化建设,为西部区域资本市场的建设提供保证;第二,要提升西部地区上市公司质量,为西部区域资本市场奠定基础;第三,建立西部区域证券交易所;第四,发展西部场外股权交易市场。这就要求各级政府出台相应政策,以提高市场效率,改善市场软环境。政府需要制定有关区域性资本市场自身建设和发展的法律法规以及其他一些相关的配套性法律法规,包括市场主体的资格认证、市场准入和市场退出的条件、有关私募问题的法律法规、有关柜台交易的规则等。值得一提的是,这些制度一定要具有可操作性,并且要和西部地区中小企业的发展结合起来。

3. 创新政策

中小企业是有活力的技术创新主体。技术创新一方面可以使中小企业增强自身实力,另一方面也推动了区域自我发展能力的提高。对于西部地区中小企业的技术创新,各级政府应给予政策支持。一方面可以成立中小企业技术创新基金,直接以资金支持的方式鼓励其创新;另一方面在科研开发、技术交易等方面给予指导,创立中小企业技术创新服务平台,以提供专业化的技术条件和服务。

(四)建设西部地区中小企业社会化服务体系

根据APEC中小企业部长级会议,中小企业服务领域包括市场准入、信息共享、资金融通、人才开发和技术共享。但在不同国家或地区,中小企业的发展水平存在差别,对社会化服务体系的要求也不同。根据西部地区中小企业的发展现状,笔者认为应从以下几个方面构建中小企业社会化服务体系:

(1)创建中小企业信用评估体系。信用水平是中小企业赢得金融机构和担保机构信任,解决融资难问题的关键。因此,政府要出台相应政策建立企业和个人的信用档案,并对信用档案的管理、披露、使用做出明确规定,理清评级机构与被评级单位的关系。同时要成立专门的中小企业信用评级机构,制定专门针对中小企业的信用评级标准,采用专业的方法对西部地区中小企业的信用水平做出评估。

(2)创建中小企业培训平台和信息服务平台。世界各国或地区,都十分注重对中小企业提供有关经营管理等方面的咨询、培训服务。可以建立西部地区中小企业培训基地,向中小企业提供包括项目筹划、技术应用、人员培训及工商、财税、劳动就业、社会保障、融资投资、企业管理、市场营销以及法律法规等方面的咨询和代理服务。还可以通过举办培训班,解决中小企业初创阶段遇到的困难,以提高创业成功率。同时要进一步完善"中国中小企业信息网",实现中小企业相关法律法规、制度、政策等方面信息的网络共享。

(3)创立中小企业技术创新服务平台。政府应出台相关政策,鼓励大专院校、科研院所等有关机构联合成立面向中小企业技术开发的咨询服务机构,为中小企业提供技术支持和创新条件。同时,扶持技术转化中心等类似生产力促进机构的发展,鼓励它们与中小企业合作,以调动中小企业技术创新的积极性。

(五)提高西部地区中小企业市场竞争力

中小企业市场竞争力的提高是破解中小企业融资困境的有效途径之一。针对西部地区中小企业发展的现状,笔者认为可以从以下几个方面着手提高中小企业的市场竞争力:

(1)健全西部地区中小企业财务管理制度,提高财务管理水平。西部地区中小企业财务管理水平低,财务状况不容乐观,是其难以融通资金的重要原因。改变这种状态,就要建立规范的中小企业内部财务管理制度。包括财务会计制度、财务预算制度、成本控制制度、资金筹集和使用制度等,并要求企业相关人员严格按照规定执行。

(2)改革西部地区中小企业家族式管理模式,建立公司治理结构。家族式管理模式在中小企业创立初期发挥了巨大的作用,有其天然的管理优势。但随着中小企业的发展,这种管理模式的弊端逐渐暴露,反而成为阻碍其发展的因素。因此,要使中小企业能够在激烈的市场竞争中扎根发展,改革家族式管理模式为股份制或有限责任制成为必然选择。改革的核心问题就是明晰产权并建立公司法人治理结构。但一定注意要准确选择改革的时机,并考虑成本效益问题。

(3)强化中小企业管理创新,提高经营管理水平。①注重人力资源建设,突出人本管理理念。②加强员工岗前、在岗培训,开发员工的创造力。③重视中小企业的战略管理创新,使企业的发展规划具有系统性、动态性和长远性。

第四章
产业集群理论及国内外中小企业集群发展概况

产业集群(Industrial Clusters)理论作为现代西方经济学的一个重要研究领域,对产业经济学、发展经济学、区域经济学的发展起到了积极的推动作用。产业集群理论在马歇尔与韦伯理论的基础上形成了最初形态,波特的钻石理论,特别是克鲁格曼的集聚理论的产生,标志着产业集群理论的初步形成。本章主要对产业集群相关理论进行梳理和分析,并对国内外中小企业集群的发展状况加以介绍。

第一节 产业集群理论综述

18世纪下半叶,产业集群首先在英国出现,此后,许多经济学家和经济地理学家从不同的视角对产业集群理论进行了研究。随着产业集群现象的不断出现以及众多学者的大量研究证明,产业集群是世界产业组织的基本特征。同时,产业集群理论也不断被应用到各个经济领域。在产业集群理论的演进过程中,产生了比较有代表性的产业集群理论观点,现分别进行介绍。

一、马歇尔的产业区理论

产业集群理论来源于产业区理论,产业区理论是产业集群理论的最初思想来源。18世纪下半叶,英国社会分工和专业化得到了相当的发展,以家庭作坊和手工业工厂为基本单位的产业集聚现象随之出现,但规模较小。新古典经济学家阿尔弗雷德·马歇尔(Alfred Marshall)关注到产业集聚这一经济现象,他对产业集聚进行了深入研究,并在1890年出版的《经济学原理》一书中提出。他将工业集聚

第四章 产业集群理论及国内外中小企业集群发展概况

的特定地区称为"产业区",产业区内集中了大量相关的中小企业。马歇尔认为,这些工业之所以能够在产业区内集聚,最根本的原因在于获取外部规模经济。他将产业区定义为"一种由历史与自然共同限定的区域,其中的中小企业积极地相互作用,协同竞争,产生了比一般经济区域更高的产业竞争力"。马歇尔所定义的产业区与一般的经济区有所不同,他认为内部企业的生产活动不是自给自足的,而是劳动分工的不断细化,生产力的迅速提高,促使区域与外部经济空间建立开放、持久与广泛的联系,从而产生更高的生产力。

马歇尔认为,同一产业大量企业的地理集聚可以产生地方化的外部规模经济——地方化经济。马歇尔在研究早期英国产业集聚的原因时,就提出了"内部经济"和"外部经济"的概念。他认为,内部经济是有赖于从事工业的个别企业的资源、组织和经营效率的经济,而外部经济则是有赖于这类工业产业的一般发达的经济。内部经济比较容易被认识到,企业会不断扩大生产规模,增加利润;而外部经济则不容易被认识到,但外部经济同内部经济是同样重要的。外部规模经济,是一种因共享区位而相邻企业之间相互提供的免费服务,包括降低交易费用、实现规模经济、培训劳动力、创新及其扩散等。马歇尔认为,产业的地域空间集聚形成的产业区会产生以下外部经济:首先,产业空间集聚能够使得更多的知识、信息、技能和新思想在集群区内迅速传播和应用。其次,产业的空间聚集为产业区提供了一个熟练的、专业化的、有规则的劳动力市场,产业区熟练的专业化劳动力的可得性大大提高。最后,产业聚集促进了相关配套辅助产业的成长和专业化协作,并提高了专业化机械设备的利用效率。马歇尔在 1920 年出版的《经济学原理》(第三版)中,从劳动力市场共享、中间产品投入和技术外溢三个要素对产业的地区性聚集做出了解释。后人在研究产业集群理论的起源时,总是把马歇尔的三要素学说当作经典的论述。在 1962 年新版的《经济学原理》中,马歇尔进一步将工业集聚的原因基本上归结为 6 个方面:协同创新的环境、辅助性工业的存在、对有专门技能的劳动的需求与供给、劳动需求结构的不平衡、区域经济的健康发展、顾客的便利。以上诸多原因促使工业为追求外部规模经济而集聚,马歇尔认为,由于地皮租金的日益昂贵,工业常常集聚在大城市的郊外,而不是集聚在大城市之中。

马歇尔对产业集群的研究是开创性的,他对产业区理论的贡献主要是把某一区域原本相互无关的经济、社会、文化等方面结合起来,造成一种企业生存、发展的产业氛围,即外部规模经济。马歇尔的外部经济理论虽然有巨大的贡献,但是没有考虑到区域内企业成长和区域间产业的迁入、迁出等动态因素的变化,也忽视了区域产业组织的外部链接与创新,也没有注意到不同产业的聚集程度和可持续性等问题。

二、韦伯的集聚因素理论

德国经济学家阿尔弗雷德·韦伯(Alfred Weber)从工业区位论角度对产业集聚进行了深入研究,并首次提出了聚集经济(Agglomeration Economics)的概念。韦伯在1909年出版的代表作《区位原论》中,探讨了工业区位决定因素以及促使工业在一定地区集聚的原因。韦伯试图寻找工业区位移动的规律,判明各个影响工业区位的因素及其作用的大小,他把影响工业区位的因素分为区域因素和位置因素,区域因素主要包括交通运输和劳工成本在内的低成本指向因素,位置因素则不仅包括聚集因素,还包括分散因素。他认为,实际对区位起作用的区域因素主要是运输成本与劳动力成本,实际对区位起作用的位置因素则包括集聚因素和分散因素。在集聚因素中,韦伯又探讨了特殊集聚因素和一般集聚因素。特殊集聚因素包括便利的交通条件和丰富的矿藏资源状况等,工业会集聚于交通枢纽或吸引到煤矿的周围。一般因素是指那些因企业聚集所产生的外部经济性,如公共服务和基础设施的共享,特别是因上下游企业间的产品互补所产生的产品相互依赖的间接外部网络效应。韦伯认为,特殊集聚因素不具有理论研究的一般性,因此他重视研究影响工业集聚的一般因素。在他看来,"一个工厂规模的增大能给工厂带来利益或节省更多的成本,所以工厂有集聚的愿望"。集聚之所以能给工厂带来收益或节省成本,又有多种原因,例如,有专门的机器修理与制造厂,可以为各个工厂提供服务,有专门的劳动力市场可以向各厂提供所需要的劳动力,各厂享有购买原料方面的便利,有公共设施和道路便利等,都有助于工厂生产成本的节约。若干企业聚集在一起,能给各个企业带来更多的收益或节约更多的成本,这是企业聚集的基本成因。

韦伯还将产业集聚分为两个阶段,即产业集聚的低级阶段和产业集聚的地方性效应阶段。产业集聚的低级阶段是指企业自身的简单规模扩张,从而引起产业集中化;产业集聚地方性效应阶段是指主要靠大企业以完善的组织方式集中于某一地方,并引发更多的同类企业出现,这时大规模生产的显著经济优势就是有效的地方性集聚效应。韦伯同时认为,产业聚集的一般因素包括四个方面:第一,技术设备的发展。随着技术设备专业化整体功能的加强,技术设备相互依存会促使地方产业集中发展。第二,劳动力组织的发展。一个充分发展的、新颖的、综合的劳动力组织由于其专业化而促进了产业集群化。第三,市场化发展。市场化可以促使产业集群最大限度地提高批量购买和出售规模,从而得到成本更为低廉的信用,甚至消灭中间人。第四,经常性开支成本。产业集群可以引发企业煤气、自来水等基础设施的建设和共用,从而减少经常性开支成本。

韦伯还试图以等差费用曲线作为分析工具对产业集聚程度进行定量研究,假定企业原先处于地域分散状态,这些企业聚集能够带来好处,因此存在聚集迁移的动力。对"企业究竟迁移到哪里为好?"进行分析论证。韦伯认为,企业最佳区位应该在等高运费曲线内,也就是多个企业的等高运费曲线相交的公共部分,即支付运费最小的地点,将会成为工业聚集的地点。当然,相关产业的企业并不总是倾向于聚集,因为除了聚集因素外,还有分散因素影响着区位决定。产业企业是否聚集取决于聚集因素带来的收益是否超出分散因素所能带来的收益。韦伯认为集聚是企业为了追求好处而自发形成的,不需要政府等外部力量。

韦伯从区域因素探讨了产业集群的优势,其工业聚集论为古典产业集群理论奠定了基础,但是其研究脱离了制度、社会、文化、历史等因素,单纯从资源、能源的角度加以考察,在实际经济生活中,产业集群的形成在很大程度上取决于区域内的社会文化因素,所以他的理论不具有产业集群理论的一般性。

三、萨缪达尔的循环因果积累论

循环因果积累论是由瑞典的经济学家萨缪达尔(Sa Myrdal)于1944年首次提出的。萨缪达尔认为,一个动态的社会经济过程是各种社会经济因素相互关联、相互影响、互为因果的积累的结果。对于区域经济发展,由于规模经济和集聚经济的存在,发达区域会因市场的自发力量愈发强大,形成持续、积累的加速成长,因此市场的自发力量会倾向于扩大区域差距而不是缩小差距。不管什么原因,一旦一种新的工业配置于一个地区,就会发生连锁反应,产生回流效应和扩散效应。回流效应是指资本、劳动力等生产要素从不发达地区向发达地区流动导致区域差距扩大的结果;扩散效应是指资本、劳动力等生产要素从发达地区向不发达地区流动导致区域差距缩小的结果。连锁反应的发生,会进一步吸引新的工业,这是一个循环积累的过程。一旦某种新工业配置于某区域,必然会导致四种结果:第一,增加就业机会、个人收入、财政收入,吸引外来人员进入,促使总人口增加。收入和人口的增加导致有效需求增加,需求呈现出多样化,这将吸引更多的资源,以便开发新产品和服务业,满足需求。同时,就业机会和个人收入的增加也会使地方财政收入增加,这将有助于建设更好的基础设施,吸引新的工业进入。第二,区域熟练工人增加,教育培训机构得到相应发展,从而创造了条件,吸引更多的新工业。第三,与新工业相关的工业将会被吸引而至,而相关工业的发展必定会加强外部经济,吸引更多的新工业。第四,地方服务业的大力发展,也会加强外部经济,吸引更多的新工业。

循环积累过程的实现需要一定的环境和条件,并不是必然发生的,但该理论对地方经济的发展依然具有很大的指导意义。在经济发展的初期,不发达国家或地区的经济发展应该优先发展那些基础条件较好的地区,首先通过回流效应实现条件优越地区的优先发展,而后通过扩散效应带动其他地区的发展。当经济发展到一定水平时,政府应防止因循环因果积累导致的区域差距过大的问题。

四、佩鲁的增长极理论

增长极理论是西方区域经济发展的主要理论,概念是由法国经济学家佩鲁(Peru)在20世纪50年代首先提出来的。佩鲁认为,实际经济增长并不像均衡增长模式那样平稳而有规律,而是表现为一种不平衡的增长模式。经济空间在成长过程中,总是围绕着极核进行,空间发展如同部门发展一样,增长不是同时出现在所有地方,它以不同强度首先出现在一些增长点或者增长极上,然后通过不同的渠道向外扩散,并对整个经济产生不同的最终影响,其本质是非均衡的经济增长。为了分析这种经济的非均衡增长状况,佩鲁引入了"推动性单位"和"增长极"概念。推动性单位,是指一种起支配作用的经济单位,当它增长或创新时,能诱导其他经济单位增长。推动性单位可能是一个工厂、一组工厂或是工厂的集合。增长极,是指在特定环境中的推动性单位的力场空间。佩鲁最早提出增长极概念时,主要是用于经济增长理论,1966年鲍德威尔(Boudeville)把增长极定义为位于都市内的正在不断扩大的一组产业,它通过自身对周边地域和关联产业的影响而诱导区域经济活动进一步发展。从此,增长极被理解为区域产业的空间集聚,增长极理论产生。

增长极理论的实质是以主导产业为核心,充分发挥主导产业的关联效应和波及效应,以吸引资源并最终在区域空间内产生聚集经济,从而推动区域经济发展。增长极理论认为,在地理空间上增长不是均匀发生的,它以不同强度呈点状分布,通过各种渠道影响区域经济,把推动性工业嵌入某些地区后形成聚集经济,产生增长中心,推动整个区域经济的增长,这是增长极理论各种思想的共识。根据增长极理论,一个地区经济的增长关键在于能否在本地区建立一系列的推动性产业,推动性产业的集聚,能够推动地区经济的增长。这种推动性产业的建立主要依赖于国家政策或地区政策,自上而下地完成。增长极经济的形成具有一定的历史条件、技术及资源优势基础,那些制度环境和创新能力较强的地区,以及具有一定的自然资源、地理优势的地区,往往能够成为增长极的中心,它通过支配效应、乘数效应或者关联效应以及极化与扩散效应带动整个经济的增长。

20世纪70年代以后,增长极理论遭到了很多学者的批评。如柯拉·基奥(Cora Keogh)在1974年针对增长极经济提出必须做好两方面的工作:一是实现推动性工业的地方化;二是防止它变成飞地。当推动性工业所引起的经济增长不在它所处的地区内,就出现了飞地的情况:区域增长的乘数效应发生于区域外,所诱发的新经济活动也不在区域内。这些飞地型的增长极并不能带动地区经济发展。增长极理论的批评者认为,增长极理论与政策实施的结果往往表现为对周围地区人力、物力的"空吸泵"效应,不仅不能带动地区经济增长,而且还会造成中心地区贫富差距扩大。尽管如此,增长极理论在国家制定区域经济发展战略和区域政策时都起到了很大的指导作用。增长极理论不仅强调推动性产业的作用,而且也强调政府和企业对推动性产业的巨大影响。增长极理论中的集聚不是自发型的,政府在产业集聚的形成和发展过程中扮演着重要的角色。

五、巴顿的城市聚集经济论

1976年,巴顿(Barton)出版了《城市聚集经济理论与政策》一书,在这本书中,巴顿从集群与创新关系的角度研究了产业集群现象。巴顿指出,产业的地下聚集有利于熟练劳动力、经理、企业家的发展;与同类企业地理集中进一步相关联的经济效应是日益积累起来的熟练劳动力汇集和适应于当地工业发展的劳动力就业制度。同时,产业的地理集中还能给企业以很大的刺激去进行改革和创新,因为地理上的企业聚集必然产生更强有力的竞争,而竞争则会促进企业创新。

另外,产业的地方聚集也有利于企业、供货商和客商之间建立广泛的沟通与交流,并在知识、信息的传播中了解市场动态、产业发展趋势和产业创新点,从而导致区域创新的产生。而且,由于产业的区域聚集,有利于通信等基础设施的完善,大大方便了集群区内的知识、信息的流动与传播,从而加快了区域内企业采纳和使用创新成果的步伐。

六、波特新竞争经济学集群理论

新竞争经济学集群理论的主要代表人物是美国哈佛商学院的战略管理学家迈

克尔·波特（Michael Porter），他是从培育和提高国家或区域竞争优势的角度来研究产业集群的。波特教授通过调查研究国家竞争优势的原因，提出了基于产业集群发展的国家竞争优势理论，并在《国家竞争优势》一书中提到，那些具有国际竞争优势的产业往往是少数国家中的一个或者几个产业，而且基本上以集群的形式出现。一个国家的竞争力取决于这个国家的产业竞争力，而这种产业竞争力来源于产业的国内合作而不是国内竞争，这是通过一个高度的本地化过程而创造和发展起来的。同时，波特教授还建立了"钻石"模型，"钻石"模型是由生产要素条件、需求状况、支持性产业和相关产业、企业的战略结构和竞争四个因素组成。这四个因素相互制约、相互影响，任何一种因素的薄弱都会限制产业升级和创新的潜力。当四个因素相互促进、持续发展时，优势产业会不断增强；反之，原本的优势产业会走向衰退。四个因素组成的"钻石体系"就是形成产业环境的关键力量，决定着产业的生产力和竞争力。产业集群的形成和发展过程对这四个因素具有良好的增强和促进作用。

波特认为，产业集群是指在某一特定领域中，与主导产业相联系的大量企业以及相互支撑机构在空间上集聚，并形成强大的、持续竞争优势的现象。产业集群影响竞争的形式主要有三种：①增加集群内企业的生产力。产业集群内的企业，可以更容易地接触到低成本的产品或者服务、低成本的专业人士、有效的信息，可以享有集群成员在产品、服务、设计、管理、营销等方面的协同互补优势，有利于企业竞争优势的提升。②增强创新的能力，提升生产力。产业集群内的企业，可以更迅速地察觉到新的客户需求、工艺技术的新变化、经营方式以及售后服务等方面的变化，并随之做出改变以适应新的变化。③刺激新企业的进入，扩大产业集群范围。在产业集群内，拥有更多的商业机会、成熟的本地市场、集群增长优势等，都会刺激新企业的进入，产业集群范围不断扩大。波特教授还指出，产业集群一旦形成，就会触发自我强化的过程，而新的产业集群最好是从既有的集群中萌芽。

波特的竞争优势理论对产业集群的诞生、发展有着非常重要的借鉴意义，但也受到了一些学者的批评。竞争优势理论过分强调国家和区域政府在产业国际竞争中的作用，并把复杂的经济活动因素简单地构造成四个基本要素，忽视了跨国贸易活动对"钻石"模型的影响。在产业集群萌芽或发展时期，政府可以强化或提供协助，但不应该试图创造一个全新的集群，新的产业集群最好是从既有的集群中萌芽。对于产业集群的发展，政府应该在专业化培训、基础设施和其他商业环境方面创造条件，从而吸引外商直接投资。在产业集群的成长中，政府的角色应该是鼓励竞争，政府投资的中心应该是放在改善产业集群内的环境上，鼓励那些影响产业集群的公共物品或准公共物品的发展。

七、克鲁格曼的新经济地理论

1991年,美国经济学家保罗·克鲁格曼(Paul Krugman)在《政治经济学杂志》上发表了论文《收益递增与经济地理》,对新经济地理理论进行了初步探讨,并在随后的《地理与贸易》、《发展、地理学与经济地理》、《空间经济:城市、区域与国际贸易》等系列论著中对其思想进行了深入的阐述。传统的区域经济理论主要建立在新古典经济学基础之上,通过无差异空间、无运输成本等严格假定,提出相应的区位理论、区域增长理论等。克鲁格曼认为,以往的主流经济学,正是由于缺乏分析"规模经济"和"不完全竞争"的工具,缺少精确范式分析报酬递增假设,才导致了空间问题长期被排斥在主流经济学之外。现在,由于"规模经济"、"不完全竞争"等分析工具的发展,有望将空间问题纳入主流经济学的范畴。随着罗默(Romer)等在经济活动的报酬递增领域的开创性贡献,"规模报酬递增"分析工具越来越多地被主流经济学界应用到许多经济现象的分析中。由于克鲁格曼的产业集群理论是在研究新经济地理学、新国际贸易理论的基础上进行的,故将他的理论称为产业集群新经济地理理论。

克鲁格曼的新经济地理理论主要研究"报酬递增规律"如何影响产业的空间集聚,即市场和地理之间的相互联系。克鲁格曼认为,企业和产业一般倾向于在特定的区位空间集中,而且不同的产业集群体和不同的相关活动又倾向于群集在不同的地方,空间差异在某种程度上与产业专业化有关。这种同时存在的空间产业聚集和区域专业化的经济现象,是城市和区域经济分析中被广泛接受的报酬递增原则的基础。当企业和劳动力聚集在一起以获得更高的要素回报时,本地化的规模报酬递增为产业集群的形成提供了理论基础。产业在空间上的分布不均匀性是"报酬递增"的结果,现实经济生活中"报酬递增"现象广泛存在,而且可以应用到多个领域。

克鲁格曼运用了一个简单的"核心—外围"模型,分析一个国家内部产业集聚的形成原因。在这个模型中,处于中心或核心的是制造业地区,外围是农业地区,区位因素取决于规模经济和交通成本的相互影响。假设工业生产具有报酬递增的特点,而农业生产的规模报酬不变,那么随着时间的推移,工业生产活动将趋向于空间集聚。在资源不可流动的假设下,生产总是聚集在最大的市场,从而使运输成本最小并取得递增报酬。但需要注意的是,经济地理集中的形成是某种力量积累的历史过程。中心外围理论的意义在于,它可以预测一个经济体中经济地理模式的渐进化过程:初始状态时,一个国家的地理区位可能有某种优势,它对另一地区的特定厂商具有一定的吸引力,并导致这些厂商生产区位的改变,一旦某个区位形成行业的地区集中,则该地区的聚集经济就会迅速发展,并获得地区垄断竞争优势。

克鲁格曼还实证考察了规模报酬递增对制造业区域空间聚集的作用机理,提出制造业支出份额、产品替代弹性和运输成本三个要素是决定制造业地域空间聚集的关键影响因素。

克鲁格曼还进一步详细论述了产业集聚的形成过程。他在马歇尔的外部经济性思想的基础上,诠释了产业地方化现象的三个原因:基本要素、中间投入品和技术的使用,它们都产生了来自供应方面的外部经济性。外部经济可以分为金钱外部经济和技术外部经济。金钱外部经济是指源于需求和供应的市场不完善的外部性,市场规模效应是金钱外部经济的重要形式;技术外部经济是指从一个公司的生产功能进入其他公司的那些功能的溢出效应。市场规模效应主要体现在以下三个方面:①劳动力市场的"蓄水池"效应。在同一个地方,来自同一行业众多企业的集聚力量,可以吸引越来越多的技术工人。这个"蓄水池"的不断扩大,可以帮助企业克服种种不确定性,加上规模经济的作用,报酬递增的效应便出现了。②中间投入品牌效应。一种产业长期集聚在某地,可以吸引许多提供特定投入和专业化服务的供应商,并使之逐渐成为地区的生产中心;由于规模经济和范围经济的作用,这种生产中心规模越来越大,就会吸引更多有效率的供应商。③技术的"外溢"效应。假设有关新技术、新产品和新工艺的信息,在某地区内部比其他地区更容易流动和获得,那么相对于远离该地区的企业来说,集聚在该地区的企业更容易获得正的外部性效应。克鲁格曼更加强调金钱外部经济,他认为,在不完全竞争和规模报酬递增条件下,市场规模越大,单个企业可能在没有降价的情况下就能增加产出,进一步增加市场规模从而增加企业收益,这样的市场规模效应,会出现在从国际到地方不同的地理规模上,但基本忽视了技术外部经济效应,他将技术外部经济看作"难以捉摸的"。

克鲁格曼主要应用马歇尔外部经济的理论解释相对小规模的产业空间聚集、城市专业化的空间聚集和城市聚集体。他将经济区位理论与贸易理论相结合,用模型化的方法通过严密的数学论证,从深层次上揭示了产业聚集的经济体制,弥补了已有的产业集群理论的不足。他对产业集群的技术外部经济的忽视,遭到了诸多学者的批评,但其对产业集群理论的建立做出了毋庸置疑的重大贡献。

八、地域生产综合体理论

地域生产综合体理论(Territorial Production Complex,TPC)是20世纪30年代由苏联的克洛索夫斯基(Crowe Denisov Sharansky)、普罗博斯特(General Bost)、涅克拉索夫(Nekrasov)、彭德曼(Peng Friedman)等专家学者在总结实践经验的基础上提出的产业聚集理论,是一种按照一定地域范围组织生产的理论。地域生产综合体,是指由若干具有不同功能的部分组成,这些不同组成部分按照它们与综合体内的主导专门化企业的关系可以分为核心类、主体类、补充类、服务类、生产性和非生产性基础设施等几种基本类型,不同的组成类型在生产综合体内发挥着不同的功能与作用。其中,核心类是主导专业化部门,通常为大型联合企业,一般布局在地域生产综合体的核心区位;主体类是与核心企业在生产上相衔接的,在利用其产品的基础上与其发生密切经济联系的各种企业,依核心类企业布局;补充类是包括利用核心企业废料进行生产的各种企业,为平衡和充分利用劳动力而安排的企业,依主体类企业布局;服务类是为上述企业提供原料、燃料、零配件和设备的企业,布局在更外的圈层;生产性和非生产性基础设施,是生产性、机构性、社会性设施。地域生产综合体是苏联为发挥其各地自然资源优势、降低生产成本、增加总供给而采取的一种发展战略,其最大特点在于强调它能比企业单独布点带来更大的集聚经济效果,以及企业在生产上的相互补充可以获得垂直一体化利润。

地域生产综合体理论是一种典型的自上而下的主要由政府驱动的产业集群,能够充分发挥传统计划体制集中人力、物力、财力办大事搞建设的优势,缺点是造成了产业发展的弹性不足,成本较高,地域内的具体企业主体缺乏积极性、主动性和创造性。地域生产综合体理论不能算是真正意义上的产业集群。

九、新产业区学派

20世纪70年代末80年代初,西方发达国家的传统制造业创新能力衰退,出现大量企业衰亡或迁出的现象,而在欧洲一些国家的某些地区却出现了相反的现象,一些中小企业集聚地区出现了平稳而持续的增长,这引起了学者的广泛关注。这些中小企业的聚集区域,企业的专业化程度普遍较高、企业之间既竞争又合作,这种合作包括战略联盟、集体合同、非正式交流、面对面对话、平等竞争等。这种促进经济快速发展的由中小企业构成的既竞争又合作的有效的产业网络,被人们称为新产业区。

新产业区是基于一定的区域劳动力市场,由社会劳动分工紧密联系在一起的地方企业网络。新产业区竞争优势的来源,取决于区域企业网络和劳动力市场网络的性质,以及由此产生的学习和创新能力。新产业区内的企业网络是高度柔性化的,其柔性化取决于企业间的竞争和协作的关系。一方面,新产业区的灵活性在很大程度上取决于企业间的竞争关系,包括争夺转包合同的承包商之间的竞争和争夺相关产品市场的企业之间的竞争。通过竞争,可以提高企业的效率、改进产品质量和不断创新,但过度竞争会导致企业成本上升、价格下跌、利润下降。另一方面,新产业区的灵活性取决于企业间的协作。这种协作既包括发包商和承包商之间为了及时、定量生产高质量的产品而进行的互补行为,也包括竞争对手之间为共同利益而进行的密切协作,包括产品配套、基础设施共享、合作创新、知识交流、相互理解与信任等。为处理好企业间竞争与协作关系,必须建立高度的信任机制,要求企业具有社会根植性。

新产业区竞争优势除了与区域企业竞争和协作相关外,最为关键的就是劳动力市场网络。劳动力市场网络有两种基本类型:第一种,高薪的多技能的人员组成的网络。它使区域的劳动力市场具有职业灵活性。第二种,低薪的低技能的工人由于数量众多而形成的网络。它使区域的劳动力市场具有数量灵活性,可供企业选用劳动力。新产业区既可以在低成本低工资区域形成,也可以在高成本高工资区域形成,起决定作用的是成本收益率。在区域内,各主体通过中介机构建立长期稳定的关系,形成合作网络,共同创造独特的区域创新网络,使得企业自身不断创新,使得区域的社会、经济、技术得到协调发展。新产业区创新网络的知识、信息、技术在不断地进行自我强化的良性循环流动,使得系统不断保持生命力、创造力和竞争力,促进区域经济的不断发展。

十、新的产业空间学派

20世纪80年代末,以斯多波(Storpe)为代表的新的产业空间学派认为,产业区域(即产业空间)并不是由原料地和消费地等外力所引发的,而是工业本身的产物,是由工业发展的内动力产生的,工业化过程同时也是孕育新的产业区域的过程。在工业发展史上,新的产业区域常常会在原工业地区或都市中心以外的某个地方突然出现,如美国的洛杉矶从一个柑橘种植地和健康疗养胜地一跃成为全球最大的飞机制造中心,我国广东省的东莞市从一个农村地区一跃变成世界IT业制造中心，都是典型的例子。

该学派还认为，目前不确定的市场条件和技术路径已经取代了过去那些外生的和内生的确定性市场条件。因此，为了减少技术锁定、劳动力囤积以及生产能力过剩的风险，生产需要外部化，实行垂直分离。生产的垂直分离必然增加交易费用，为了使交易费用最小化，企业需要集聚，因为企业集聚形成的本地生产协作网络有助于降低社会交易成本和保护合作，从而有利于提高企业的创新能力和灵活适应性。另外，该学派还认为在产业集聚和发展过程中，制度安排起着非常重要的作用。

十一、区域创新环境学派和区域创新系统学派

20世纪90年代中期，一些经济学家认为产业集群的形成与发展是集群企业网络创新的结果，他们的理论即区域创新理论，主要有区域创新环境学派和区域创新系统学派两大分支。

区域创新环境理论主要是由法国、意大利、瑞士区域科学家组成的区域创新环境研究小组在1985年率先提出的。该小组将区域创新环境定义为"在有限的区域内，主要的行为主体（结点）通过相互之间的协同作用和集体学习过程，而建立的非正式的复杂社会关系"。他们认为，环境是经济组织发展的基础或者背景，它使得创新性的厂商和机构能够创新，并和其他机构相互协调、协同创新。区域发展以及大量企业的空间集聚，与其所在区域的社会人文环境密切相关。产业的本地化促进产业优势的形成是产业集群发展的基本原因，产业本地化包括提升整个区域的技术和专业化水平、提供丰富的高素质劳动力、增加辅助的贸易和专业化服务、满足众多公司的需求、为采用更加专业化的机械创造条件。区域创新环境理论更多地强调集群企业的集体效率和创新主体的系统作用，并把创新网络和集体学习的概念应用到公共管理政策中。

区域创新系统是指区域网络各个结点在协同作用中结网而创新，并融入区域的创新环境中而组成的系统，即区域创新系统是区域创新网络与区域创新环境有效叠加而形成的系统。区域创新系统理论是国家创新系统的基础和有机组成部分，是国家创新系统的子系统，其思想渊源来自国家创新系统理论，代表人物是内尔森(Nelson)。国家创新系统理论指出，技术创新和传播需要大量相关部门和制度的支持，在创新和学习中除了正式的机构和制度之外，各种非正式的文化、习惯等也在影响着知识的积累和传播过程。区域创新系统要获得成功，必须要有本地

的创新网络,该网络是由本地企业、科研机构以及其他相关部门在长期合作的基础上建立起来的。区域创新系统应有所侧重,应该根据自然条件、社会历史条件、经济发展水平和技术积累水平等形成特色,以保持持久的、具有较强竞争力的创新系统。

第二节 产业集群的特性

产业集群是大量相关产业在空间上的聚集,这种聚集能够带来显著的集聚效应,提高区域竞争力。通过对产业集群理论发展过程的分析,可以看出产业集群有其独特的特性。

一、产业集群的概念

20世纪90年代以来,产业集群已经成为世界经济特色的组织形式,越来越多的国家和地区都把产业集群作为促进地区经济发展的重要战略。随着产业集群的形成和发展,其内涵也在不断发展。通过产业集群理论综述可知,产业集群理论的思想渊源,最早来源于马歇尔的产业区理论,马歇尔发现了外部经济规模与产业集群之间的密切关系,认为产业集群是由外部经济所致。他认为,由特有的人才、机械、原材料的供应、运输便利以及技术扩散等促使小企业的集聚从而形成产业集群。德国经济学家阿尔弗雷德·韦伯是产业区理论的奠基人,他从区域因素探讨了产业集群的优势,认为集聚之所以形成是因为各个工厂为了追求集聚的好处而迁移,且增加的运费用曲线来解释产业集群的程度。法国经济学家佩鲁提出了增长极理论,他认为,经济空间在成长过程中,总是围绕着极核进行,空间发展如同部门发展一样,增长不是同时出现在所有地方,它以不同强度首先出现在一些增长点或增长极上,然后通过不同的渠道向外扩散,并对整个经济产生不同的最终影响。

产业集群理论虽然在马歇尔和韦伯时期就已经产生,但是当时的产业集群理论长期偏离于主流经济学之外,迈克尔·波特和克鲁格曼的产业集聚理论的产生,标志着产业集群理论的初步形成,引起了西方经济学、产业经济学的广泛关注。1998年,迈克尔·波特提出了产业集群的概念,在一定程度上得到了学术界的认可。他认为,国家竞争优势的获得,关键在于产业的竞争,而产业的发展往往是在国内几个区域内形成有竞争力的产业集群。产业集群是指某一特定的产业、大量有着紧密联系的企业以及相关的支持体系在空间上的聚集,并形成强有力的、持续竞争优势的现象,是在某一特定区域内相互联系的、在地理位置上集中的公司和机构的集合。产业集群包括一批对竞争起重要作用的产业和其他实体。产业集群经常向下延伸至销售渠道和客户,并且扩展到辅助性产品的制造商以及与技能技术或投入相关的政府和其他机构。克鲁格曼对产业集群给予了高度的关注,认为经济活动的集聚与规模经济紧密的联系能够导致收益递增。

自此以后,产业集群理论得到了不断的发展,不同的学者有不同的观点。20世纪90年代以来,是产业集群理论的进一步发展阶段。产业集群理论把区域看作一个整体,打破了传统产业经济学的分析方法,引起了微观经济学、区域经济学等学科对这一理论的深入研究,成为地区竞争力研究以及区域经济研究的重要前沿问题。从国外产业集群的研究来看,大体是从竞争、合作中的竞争、创新、经济增长等视角进行研究产业集群。我国对产业集群的研究,始于20世纪90年代,总体看来,国内主要是从形成原因、创新环境、中小企业集群等方面进行研究产业集群现象。对于产业集群的含义,经济学界存在诸多不同的观点,但其本质是相同的。

本书认为,产业集群是一种新的空间经济组织形式,是一定区域内相互关联、相互补充、相互竞争的企业或机构在某一区域内形成的具有密切合作关系的区域产业经济系统,其本质体现在产业关联性、地理集中性、互动关系性。

二、产业集群的特征

产业集群不仅是大量企业在地理区位上的简单聚集,更重要的是在企业之间形成的密切合作关系,从而有利于企业之间知识的流动和创新的进行。综观国内外产业集群的发展,主要具有以下几个方面的显著特征:

(一)空间集聚性

综观产业集群理论产生的渊源、提出及发展,每位学者对产业集群的研究无不建立在产业在一定空间的集聚这一显著特征上。空间集聚性特征体现在相当数量的中小企业在一定的区域内集中布局,由一个或几个关键性企业带动,配套企业跟进,构成自发性企业群落,通过衍生、扩张,拓展为更大范围、更大影响的区域布局,从而集聚生产要素和释放规模效应。在聚集区域内的企业和机构包括供应商、成品商、客商、中介服务机构、规制管理机构等。这些企业和机构独立核算,彼此之间存在着大量的知识外溢、信息共享、外部规模经济、专业化分工与合作等关系,形成区域产业的密集网络。企业数量的集聚,不仅使得产品集聚在一定区域,实现了区域生产规模效应,而且使得信息集聚、人才集聚以及竞争的集聚,促使企业不断进行技术创新。

(二)产业相关性

在产业集群内,存在着大量的相关企业,这些企业都是围绕着核心企业形成的,不仅包括上游的原材料或半成品的供应商、最终产品的生产商、下游企业的销售商,而且还包括在整个产业链上提供辅助性产品和服务的中介机构等,它们形成了一个产业链。在产业集群内部,各个企业相互关联,信息共享,经济利益相互挂钩,企业彼此之间相互依赖,产业相关性进一步提高。通过深化专业分工,并在分工的基础上建立密切合作关系,可以使所有的企业竞争力得以提高,从而提升产业集群竞争力,促进区域经济发展。

(三)非正式网络性

产业集群是一种社会经济网络,与其他网络不同的是,产业集群并非通过契约或合同形式建立起来的正式网络,而是在非正式的人际信任、信用和社会根植的基础上形成的没有强制约束力的、进入退出自由的非正式网络。这种非正式网络,是在特定的区域文化背景下发展起来的,区域内的企业会逐步形成共同的价值观、习俗和规则等。产业集群这种非正式网络的形成,虽没有正式网络中的契约关系,但却具有很强的凝聚力和网络效率,能够共同促进企业自身的发展和区域经济的发展。

(四)地域根植性

在产业集群内的企业,都具有相同的或者相近的社会文化背景和制度环境,企业之间的交易规则一般都起源于区域的文化氛围。这些文化背景和制度环境包括价值观念、风俗习惯、道德规范、语言、宗教信仰、人际关系等。地域的根植性一方面强化了集群的竞争优势,显现了生产活动的独特性、产品和服务的特色性;另一方面强化了产业集群的路径依赖,使产业集群的发展与本地经济、社会、政治、文化密切的联系在一起。同时,产业集群的根植性还促使信息、技术在区域内进行扩散和溢出,这有利于新企业的加入,产业集群规模的扩大。可以认为,产业集群的稳定程度、绩效大小、可持续发展程度,主要取决于地域根植性,与集群规模的大小关系不大。

(五)资源共享性

产业集群里的资源不仅是指自然资源,它还包括有形资源和无形资源两部分。其中,有形资源是指基础设施等配套生产服务体系,而无形资源则是指文化、历史、知识、信息、技术和品牌等非实物资源。集群内企业组织之间形成了一种非正式化的网络,由于地理的毗邻性和产业的相关性,使得企业较易获取彼此的认可和信任,获取很多显性知识和隐性知识,这在集群外部是不可得的。在产业集群内,企业与企业之间的资源共享性为提高集群发展和整体竞争力提供了便利条件。

(六)协同竞争性

协同竞争是指协同与竞争矛盾的双方相互联系、相互依赖、相互引导、相互转化的对立统一过程,竞争导致协同,协同引导竞争。产业集群中的企业是以分工与协作为基础,是相互作用、相互依存的企业共生体。竞争使得集群内的企业始终保持高度的警觉性和灵敏性,会随着其他企业的变化做出相应的调整,在激烈的竞争中不断地发展壮大或者衰退、灭亡。然而,集群内的企业并不仅存在激烈的竞争关系,而且在应对竞争的同时,竞争者之间为了共同发展也会相互协作,寻求共同发展。

(七)区域创新性

持续的产业集群及其竞争优势在于优越的区域创新能力。集群内企业之间的信息共享、特有的产业文化氛围,为企业间进行有效的协同创新提供了基础和条件。在产业集群区,相同的社会环境、文化氛围、频繁的交流,使得企业在面对激烈竞争时,不断地搜索信息,及时调整战略方针,不断创新,这不仅提高了企业自身的竞争能力,而且提高了区域创新的投入效率,最终促进区域竞争力的提升。

三、产业集群的分类

由于产业集群形式的多样性和广泛性,不同的学者在研究产业集群类型时,对其划分标准也有所不同,目前没有统一的观点。根据大量的研究文献,本书将产业集群的类型做如下划分:

(一)按照产业集群的生产方式分类

按照产业集群的生产方式,可将产业集群划分为马歇尔式产业集群、卫星式产业集群和轮轴式产业集群。这是彼得·诺瑞格(Peter Knorringa)和迈耶·斯塔默(Meyer Stamer)(1998)在对发展中国家的产业集群的研究中,在借鉴了马库森(Markusen)的分类方法的基础上做出的分类。

马歇尔式产业集群,是指那些由大量的、无核心的、专业化的中小企业组成的产业集群。由于此类产业集群主要集中在意大利东北部地区和中部地区,故也可称为意大利式产业集群。马歇尔产业集群的主要优点在于其企业的规模相对较小,以中小企业为主,区域内的企业数量很多,分散程度较低,联系紧密,主要是满足区域内的市场需求,与区域外的企业联系较少。

卫星式产业集群,是指基地在外部的多个工厂企业的设施的集合,卫星平台的商业结构是由外部大企业投资决定的。卫星式产业集群与轮轴式产业集群的主要区别在于轮轴式产业集群内大型多区位企业或机构是以本地为基础的,而卫星式产业集群的核心大企业处于卫星平台式产业集群的外部,集群成员通常是由本地企业和外部核心大企业投资形成。

轮轴式产业集群,是指围绕着一种或者几种产业的一个或者多个主要核心企业形成的产业空间组织。轮轴式产业集群主要是以集群区内的某些关键企业为核心,其周围有相应的供应商和客商的区域,结构就如同是轮子和轴的关系。

以上三种类型,其主要特点、主要优点和主要缺点,以及典型发展轨迹、政策干预的区分见表4-1。

表 4-1 产业集群按生产方式的分类

要素	马歇尔式产业集群	卫星式产业集群	轮轴式产业集群
主要特征	以中小企业居多	以中小企业居多	大规模地方企业和中小企业
	专业性强	依赖外部企业	明显的登记制度
	地方竞争激烈,合作网络	基于低廉的劳动成本	
	给予信任的关系		

续表

要素	马歇尔式产业集群	卫星式产业集群	轮轴式产业集群
主要优点	柔性专业化	成本优势	成本优势
	产品质量高	技能和隐性知识	柔性
	创新潜力大		大企业作用重要
主要缺点	路径依赖	销售和投入依赖外部参与者	整个集体依赖少数大企业的绩效
	面临经济环境和技术突变时适应缓慢	有限的诀窍影响了竞争优势	整个集体依赖少数大企业的绩效
典型发展轨迹	停滞、衰退	升级	停滞、衰退
	内部劳动分工的变迁	前向和后向工序的整合	
	部分活动外包给其他区域	提供客户全套产品或服务	升级,内部分工变化
	轮轴式结构出现		
政策干预	集体行动形成区域优势	中小企业升级的典型工具(培训和技术扩散)	大企业、协会和中小企业支持机构的合作,从而增强中小企业的实力
	公共部门和私营部门合营		

资料来源:吴德进.产业集群论[M].北京:社会科学文献出版社,2006.

(二)按照产业集群的性质进行分类

按照产业性质,可将产业集群分为传统产业集群、高新技术产业集群、资本与技术结合型产业集群三种类型。

传统产业集群,是指以传统产业为主导的、众多中小企业及相关机构在一定的空间范围内聚集而形成的市场网络群体组织。它以纺织业、五金制品业、家具业、制鞋业、服装业等传统的手工业或劳动密集型的传统工业部门为主。这类产业集群生产比较专业化、劳动分工比较精细、集群内的企业之间存在着非正式的社会关系和制度安排,相互合作密切。这类产业集群往往与县域经济发展联系密切。目前,我国绝大多数产业集群都属于传统产业集群。

高新技术产业集群,是指在高新技术领域内具有相互关联的项目与企业在一定的区域内聚集,从而形成科技产业从研发、中试、生产、销售以及相互协作、配套的有机组合的网络群体组织。它主要依托大学、科研院所等研究人员比较密集的科研机构的科研力量,科研机构负责高新技术产业的研发,而企业负责高新技术的具体转化应用,使得科研机构和企业相互密切合作,从而大力发展高新技术产业。这类产业集群最大的特征就是高投入、高风险、高收益,由于要以高新技术为基础,因此需要专业化的高科技知识在研发过程中的大量投资。与传统意义上的产业集群相比,高新技术产业集群中的企业以创新为基础,产品附加值高,产业带动性强,可迅速成为区域经济的主导。与此同时,这种产业集聚效应能吸引一大批相关企业的入驻,充分带动区域科技和经济的发展。

资本与技术结合型产业集群,是指将资本和技术紧密结合,主要依托大企业,如日本的大田、德国南部的巴登——符腾堡等。

通常情况下,高新技术企业比传统企业更容易集聚,主要是由于高新技术产业存在不确定性,研发与生产日益分离。各国政府往往对这种基于高新技术的产业给予更多的优惠政策。

(三)按照产业集群的形成类型分类

按照形成类型,可将产业集群分为内生式产业集群、外生式产业集群和高新技术产业集群。

内生式产业集群,是指凭借本地区独特的产业专业化条件和工商传统,依靠民间微观经济主体的自发创新与地方政府柔性化经济行为的默契配合,在民间资本积累的推动下,获得了相对全国其他地区的"体制落差"优势的情况下形成的。内生式产业集群大多是以传统产业为基础,以市场为导向,具有较好的产业关联关系和社会根植性。

外生式产业集群,是指依靠优越的地理位置、优惠的投资政策、丰富的土地资源和充足的廉价劳动力吸引外商投资形成的产业集群。这种建立在相关产业配套能力基础上的外商投资形成的产业集群,突破了建立在劳动力和土地等低成本要素基础上的产业集群的比较优势的局限,实现了比较优势向竞争优势的转变,促进了区域经济的快速发展。外生式产业集群主要是通过提供各种优惠政策、完善的基础设施等条件形成的。

高新技术产业集群,是指主要依托政府的力量和当地的科研实力,形成上、中、下游结构完整,外围支持体系健全,充满创新活力的高新技术产业集群。政府的区位指向性、密集的治理资源、有效的信息传递、良好的环境、便利的交通、便捷的通信、产业的技术关联性都是高新技术产业集群形成的因素。高新技术产业集群与外生式产业集群相似,也是主要通过制定优惠政策、进行制度创新、提供基础设施等条件所形成的。

(四)按照产业集群内企业间的依赖关系分类

按照企业间的依赖关系,可将产业集群分为依托式集群、非依托式集群两类。

依托式产业集群,是指一家或者少数几家大企业居于集群的核心地位,大量的中小企业聚集在这些具有核心地位的大企业周围,从而形成产业集群。

非依托式产业集群,是指不依托某一个或几个大企业,而是自发形成的相关产业聚集区域,形成产业集群。由于绝大多数产业企业都是依托于某一核心主体的,因此,本书主要介绍依托式产业集群。

依托式产业集群具体又可以分为分拆依托式集群和自然依托式集群两类。分拆依托式集群通常是由特大型的企业进行分拆而形成若干个相互联系的中小型企业,从而形成聚集区域内的产业集群。自然依托式集群是众多中小企业以大企业为依托,在其周围聚集,形成配套关联关系,从而形成聚集区域内的产业集群。由于依托的对象有所不同,依托式产业集群可能是依托于某一个或者几个大型企业,也可能依托于高校、研究院所等科研机构,或者依托于政府部门。依托于高科技的产业集群,其创新能力较强,产品更新换代速度较快;依托于政府部门的产业集群,其政策倾向性较强,集群内的企业可享受一定的国家优惠政策,往往形成经济开发区、科技园、工业园等。

(五)按照产业集群的形成方式分类

按照形成方式,可将产业集群分为诱致生成型产业集群、强制培育型产业集群和引导培育型产业集群。

诱致生成型产业集群,是"自下而上"的培育发展,主要由市场需求因素自发驱动,是企业自发聚集而形成的。当某一地区具备了产业集群形成的自然条件、企业状况、技术力量等条件后,政府注意到了这些现象,介入其中并承担相应的职责,并有意识地出台有利于产业集群形成的制度,这一制度诱致更多的企业集聚,形成产业集群。

强制培育型产业集群,是"自上而下"的培育发展,主要由供给因素驱动,是政府通过系统规划,介入其中并承担相应的职责,有意识地在某地建立一个产业集群,并在这一区域内给予相应的税收优惠政策、财政补贴政策等,以吸引更多的企业聚集在此区域,最终达到政府"圈建"产业集群的目的。

引导培育型产业集群,是"上下结合"的培育发展,政府通过观察发现产业集群发展的雏形后,及时介入,进行培育与指导,从而形成产业集群。

（六）按照产业集群的内在关系分类

按照内在关系,可将产业集群分为非正式产业集群、有组织产业集群和创新型产业集群。这是1998年联合国贸易和发展组织秘书处根据集群内企业技术的总体水平、集群变化的广泛性以及集群内企业间相互协作与网络化程度三个标准,做出的产业集群类型的划分。

非正式产业集群,是由若干企业构成的聚集区域,聚集区内的企业规模比较小,工人技术水平低下,技术水平远远落后于产业先进水平,企业间不存在一种高度的信任关系,信息没有得到有效的传播和共享,集群区域内企业的竞争异常激烈,基本上不存在合作关系,缺乏技术创新和产品创新。因此,从真正意义上而言,它不是一种正式的产业集群。

有组织产业集群,是由若干相互关联的企业构成的有组织的聚集区域,聚集区内的企业规模相对较大,通过专业化培训,员工的技术水平有所提高,企业的科技能力不断提高。有组织产业集群克服了非正式产业集群的缺点,集群区域内的企业存在一定的信任关系,信息可以相互交流,具有共同的基础设施和公共服务机构,除了相互间的激烈竞争外,企业之间还存在着一定的合作关系,但合作时间不持续,企业在技术创新和产品创新方面有所加强。与非正式产业集群相比,有组织产业集群是一种真正意义上的产业集群。

创新型产业集群,是由若干中小型企业和大企业构成的具有创新观念的产业聚集区域,聚集区域内的企业从事知识密集型的生产活动,产品设计能力、工艺创新能力和技术创新能力都极强,这也是区别于非正式产业集群和有组织产业集群的最大特征。

除了以上六种分类外,不同的学者还有不同的分类,如根据生产要素可以分为劳动密集型产业集群、资本密集型产业集群、技术密集型产业集群和知识密集型产业集群;根据产业集群发展的驱动力可以分为原生型产业集群和嵌入型产业集群;根据产业集群与市场的关系可以分为生产者驱动的商品链产业集群和消费者驱动的商品链产业集群;根据企业的产业关联方式可以分为垂直关联型产业集群和水平关联型产业集群;根据产业过程可以分为制造业集群、市场流通业集群和服务业集群;根据集群形成可以分为同类中小企业集群、关联集群和混合集群等。

第三节 发达国家中小企业集群发展概况

随着经济全球化的发展,国际分工的不断深化,中小企业的崛起及其集群化发展形成了一股经济潮流。自20世纪70年代以来,发达国家出现了不同程度、不同规模的产业集聚现象。产业集群的发展带动了国家地域的经济发展,它也是发达国家经济发展的重要原因之一。本书主要选择对美国、日本和意大利这三个发达国家的典型中小企业集群发展状况进行介绍。

一、美国中小企业集群发展概况

美国中小企业集群的典型代表就是硅谷和加利福尼亚州葡萄酒业。硅谷坐落在美国加利福尼亚州中部圣克拉拉县(Santa Clara County),这一地区在20世纪50年代还是美国著名的果品生产基地,如今已成为全世界最具创新能力的产业集群之一。20世纪70年代以来,英特尔公司的半导体(70年代)、苹果公司的PC(80年代)、网景公司的Internet(90年代),这三次巨大的技术革命都发生在硅谷。硅谷集中了大量的电子科技和软件公司,很多都是大家熟知的知名品牌,如惠普、雅虎、思科、英特尔、硅图公司、3COM等。硅谷被人们誉为世界高科技创新之都,是目前世界上最具有创新能力的高新技术产业集群。硅谷不仅有老牌的大公司,而且还有教师和学生共同创立的具有个人创新精神的生产性和服务性的中小企业,它们共同构成了高技术产品研发、风险资本、法律服务等相互配套的产业集群。1965年以来,美国成立的100家最大的技术公司有1/3在硅谷,仅在1990年,硅谷的中小企业就出口了超过110亿美元的电子产品,相当于美国电子产品出口额的1/3。2000～2002年,硅谷净增了23800家企业,其中95%以上为中小企业。2010年,硅谷的小企业通过美国小企业创新研发和小企业技术转让项目获得了8900万美元补助,相比2009年和1990年分别增长了3%和22%。① 可见,硅谷的产业集群仍主要依赖于中小企业。硅谷的高科技企业对美国的经济做出了前所未有的贡献,虽然已经经历了四次大起大落,但是它依然能够引领世界的潮流,依然是中小

---

① 绍继勇.中小企业集群与经济发展[M].北京:科学出版社,2007.

企业集群发展的典型案例。

美国加利福尼亚州的葡萄酒产业主要集中在加利福尼亚州戴维斯附近不是很大的区域内,集中了多达 680 多家的葡萄种植基地和酿酒企业,围绕着葡萄的种植和葡萄酒的酿造,周围又聚集了一些葡萄酒设备的制造行业、葡萄酒酒瓶的生产行业、瓶盖和瓶塞的生产行业、商标的印刷,以及专业出版物等附属的行业,如此形成了一个很大的产业集群区域。加利福尼亚州的葡萄酒的生产量几乎是美国葡萄酒的全部,经过多年的发展,加利福尼亚州葡萄酒产业的竞争力已经远超法国,也为地区经济的发展做出了极大的贡献,有效地推动了国家的经济发展。

现以美国硅谷模式为例,说明中小企业集群的特点:

1. 集群模式区别于传统模式

传统的产业集群模式都是某家企业进入一个领域进行生产后,其他企业也模仿进入该领域。企业之间的竞争力主要来源于产品成本的高低,最终成本较低的企业会成为这一领域的龙头老大,而其他企业会由于产品成本较高而缩小市场,甚至失去市场,从而由产品的生产销售商转而成为经销商,形成"龙头＋网络"的合作模式。"硅谷集群模式"是在整个区域内存在几个核心企业,由核心企业带动整个区域的经济发展,核心企业和其他企业之间相互合作竞争。比如,核心企业主要参与各部分软硬件的制造,且产品不同质,中小企业则主要提供芯片和其他应用软件。

2. 法律政策给予大力支持

硅谷主要是高科技的产业聚集区域,而高新技术产业最大的特点便是高风险、高收益,政府为了鼓励高新技术产业的大力发展,往往会出台一些相关的法律政策。硅谷产业集群发展也脱离不了政府的支持,美国联邦政府主要通过制定法律、法规、科技政策、军事订货、研究合同、设置政府实验室和发展研究中心以及对地方研究活动实行直接资助等方式来鼓励和资助硅谷高科技企业的发展。同时,加利福尼亚州政府对有关保护商业秘密的法律比较宽泛,这在一定程度上使得人才的流动和信息的交流更为便利,促使中小企业能够有效地利用人才。

3. 支柱型大企业和中小企业相互协作竞争

硅谷集聚了大量的公司,据统计数据显示,早在 1998 年就已经聚集了 8000 家公司,很多公司在发展过程中不断壮大,很多公司也会破产裂变。通过不断的实践创新,硅谷长期以来不断发展壮大的公司,其在发展过程中并非一成不变,而是会不断进行技术剥离或者形成新的公司,从而大力发展优势产业,为产业集群的深入发展增加新技术和市场力量。对于剥离或裂变的公司和新成立的中小企业间存在着相互竞争、相互协作的关系,它们既共享员工、共享信息、共享技术、共享数据,又相互进行竞争,从而推动企业不断地进行创新、变革,不断提升自身的竞争力,促进企业自身的发展,促进产业集群的不断壮大和集群优势的不断增强。

4. 以市场为导向

虽然硅谷产业集群的发展离不开政府的大力支持,但是其形成的力量主要还是依靠市场力量。政府主要是出台相关政策、法律、法规等,鼓励高新产业的发展,并实施有效的监督和管理,但是政府并不是产业集群发展的主导者。硅谷区域内的中小企业等才是整个产业集群发展的主导者,只有市场需求,才能有效地推动企业的发展、产业集群的发展。

二、日本中小企业集群发展概况

日本中小企业集群主要集中在制造业,尤其是以东大阪市制造业显著。大阪市制造业的发展历史悠久,是典型的中小企业聚集区,所有企业中90%以上都是从业人数小于20人的小企业,在产业特征方面,东大阪市产业集群以金属制品、一般机械器具、塑料制品等传统产业为主,产业发展具有较强的延续性。中小企业在一定地域范围内集聚,可以为企业间的分工协作提供便利,提高工作效率,降低进入成本,扩大集群区域内的企业数量,从而推动当地产业的快速发展。东大阪市作为日本重要的中小企业集聚区,其产业集群的特征主要体现在以下几个方面:

1. 具有全方位的网络化支持体系

东大阪市制造业的产业集群发展在很大程度上是源于一套由政府主导,科研机构、高等院校、中介机构共同参与的网络化支持体系的推动。政府通过给予税收减免政策、出台技术扶持政策、建立企业技术援助中心、成立开发研究会、提供各种服务信息、建立共享数据库等方式有效地吸引企业投资建厂、给予企业技术指导、推动企业高新技术产品的开发、帮助企业扩大市场、给予资金支持、树立品牌效应、增强国内国际竞争力。如此的网络化支持体系对该区域产业集群的发展起到了重要作用,有效地推动着大阪市制造业产业集群的发展,使得集群竞争优势不断提高。

2. 相关产业和支持性产业相互联动促动

日本许多成功产业都是从相关产业中发展而来的,当产业发展开始出现多元化势头时,向相关产业的延伸便成为日本企业发展的必然选择。支持性产业也是创造日本产业集群竞争优势的重要力量,在日本产业中,上、下游企业结合的情形十分普遍,促成结合的动力来自企业内部多元化的压力。不管是大企业还是中小企业,通常都与多家中小型的承包商与供应商形成广阔的关系网。相关产业间的联动、支持性产业的促动,使得该区域内的中小企业始终保持着良好的创新动力。

3. 具有一定的环境氛围

在大阪市制造业集群区域内,具有良好的信誉和诚实的文化氛围。日本本来就是一个对信誉和诚实高度认可和赞美的国家,作为日本的一大城市,大阪市内的中小企业之所以能够长久地生存和发展,就是源于企业之间的高度信任和长期合作。正是这种信任诚实,使得企业之间能够进行技术和信息交流,进行良好的竞争与合作。可以认为,信誉和诚实的人文氛围为大阪市中小企业集群发展起到了良好的助推作用。

三、意大利中小企业集群发展概况

意大利的经济发展以其高度集中化的中小企业而闻名世界,其独特的发展模式不仅为意大利的经济腾飞做出了不可磨灭的贡献,而且也为其他国家中小企业的发展提供了借鉴模式。意大利的中小企业在国民经济中具有重要的作用,据统计,意大利约有中小企业420万家,产值约占全国工业产值的1/3,中小企业的产品出口额占全部出口额的50%以上。目前,意大利中小企业产值占GDP的60%以上。[①] 除此之外,中小企业也是意大利出口创汇的主力军和提供就业机会的主要部门。意大利中小企业主要分布在机械、纺织、制鞋、木器、服装、食品、家具、化学工业和非金属矿产加工业。根据意大利统计局的资料,意大利专业集群地有199个,分布在15个州,呈平衡性分布特征。比较知名的就是普拉特产业集群。普拉特是意大利的一个小城市,是主要的纺织品产地之一。由于历史的原因,普特拉生产羊毛的中小企业众多,且逐渐形成了分散型生产组织形式,在提高整个地区环境适应性的同时,企业之间构筑了以地域为基础的网络组织,形成了富有弹性的"普特拉生产体系模式"。意大利的中小企业在多年的发展历程中逐步形成了适应本国特色的中小企业发展模式,其特点主要体现在以下几个方面:

1. 地理集中化和产业集群化

意大利的中小企业集群的最大特点是大量的同行业的中小企业以不同的地域为中心组成了专业化程度高、协作能力强的有机的集群体。据统计,意大利的产业

---

① 绍继勇. 中小企业集群与经济发展[M]. 北京:科学出版社,2007.

集群地中部地区有84个,占42.2%;西北部地区有58个,占29.2%;东北部地区42个,占21.2%;南部地区15个,占7.5%。其中,纺织品集群地有69个,占34.7%;鞋集群地有27个,占27.3%;家具集群地39个,占19.6%;机械集群地32个,占16.5%;食品集群地17个,占8.6%;除此之外,还有金属制品集群地1个,化学制品集群地4个,造纸和印刷集群地6个,首饰集群地4个。①

2. 企业间密切协作、专业化分工精细

意大利中小企业最大的特点就是中小企业间密切协作,实行专业化生产,其产业集群的模式主要有普拉特模式、百能顿模式和佩扎罗马模式。不管是哪种模式,集群内的所有企业都彼此分工、有机协作,各自从事其中某一阶段的生产,从而构成了企业生产内在联系的网络。

3. 社会服务体系的支撑

产业集群内中小企业的分工协作以及集群的发展,与社会服务体系的支撑力度有很大的关系。意大利的社会服务组织非常发达,为中小企业的发展提供了强大的社会支撑,其社会服务系统包括各级政府为中小企业提供的咨询服务机构、融资机构、科研服务机构;各种行业组织及非行业组织提供的服务机构;中小企业联营的服务机构;等等。以上各类服务机构所提供的服务为中小企业的集群发展提供了有效的支撑,有效地推动着产业集群的不断发展。

4. 家族企业经营管理

意大利的中小企业95%以上都是家族式经营的,家族企业在所有企业组织形态中,有其特殊性。这种特殊性在于家族企业的所有权掌握在以血缘、亲缘为纽带的家族成员手中,许多企业都是靠家族成员的学习和继承而不断发展下来。在家族企业中,家族成员既参与企业经营管理,又参与剩余索取权的分配,所以家族式企业中的家族成员面临逆向选择和道德风险的可能性大大降低。同时家族企业是一个小型的团体,团体内部成员的信息不对称性以及成员间的协调成本大为降低。

第四节 中国中小企业集群发展概况

中小企业集群是经济发展到一定阶段的必然趋势,是推动区域经济发展、提高

---

①绍继勇. 中小企业集群与经济发展[M]. 北京:科学出版社,2007.

区域经济竞争力的有效途径。我国自改革开放以来,中小企业得到了极大的发展,这对产业集群的形成和发展起到了极大的促进作用。近年来,我国中小企业集群已经发展成为我国国民经济中最活跃、最具潜力的经济成分,是经济增长的重要推动力。目前,虽然我国的中小企业产业集群已形成一定的规模,但我国中小企业产业集群还处于发展初期,仍然存在很多问题,包括产业化组织程度低、产品技术含量低、品牌意识淡薄、产业集群发展程度低、缺乏竞争力、产业集群功能缺乏完整性、集群信息化进程滞后等问题。同时,由于我国区域经济的发展,东部地区和西部地区存在明显的差距,所以产业集群的发展程度也有所不同。

一、中国中小企业集群的发展现状

自改革开放以来,我国中小企业发展迅速,中小企业产业集群现象也逐步凸显。20世纪70年代末80年代初,我国东部沿海地区的一些民营企业家通过自发集聚逐渐形成了一批专业镇,这是我国中小企业集群的雏形。纵观我国中小企业集群的发展历程,其大致可以分为两个阶段:第一个阶段是中小企业空间布局由分散走向集中。在改革开放初期,中小企业星罗棋布地出现,随着其进一步发展,布局的分散逐步暴露出一些问题,如没有规模经济、发展速度缓慢、缺乏竞争力、土地浪费、环境污染等。为解决这些问题,企业开始自发地逐步集聚,集中布局,从而形成了企业集群,但这一阶段的企业集群仅仅是空间布局上的聚集,并没有形成相应的产业链,没有取得聚集效应。第二个阶段是中小企业集聚走向产业集群。虽然在第一阶段中小企业为了共享设施、共享信息、共享人才和取得规模效应等聚集在一定的区域内,但并未形成产业链,没有提高区域竞争能力。然而,在此阶段,很多中小企业意识到这个问题,为追求产业集群效应,一些龙头品牌企业不断将一些特定的生产工艺分离出来,形成配套企业,同时其他一些小企业也不断走向专业化,企业集聚区域内的中小企业都是围绕着某一个产业生产,通过群体协同效应降低成本,从而获得竞争优势。

我国东部地区和中部地区的中小企业集群既是发展最早,也是最为集中的地区。改革开放以后,我国东部地区和中部地区产生了许多集体所有制企业、作坊式企业,它们聚集在一定的地域,形成企业集群的雏形,但在发展初期,东部地区中小企业仅仅是地域上的集中,其规模、数量和人员都相对较少,而且集群的产品都是以低端产品为主。到20世纪90年代,随着我国东部地区和中部地区中小企业集群数量的增加和企业自身规模的扩大,集聚效应逐渐出现。加之政府在用地、基础设施、税收等方面提供的优惠政策,吸引了更多的企业进入,在这一时期,东中部地区形成了许多高新区、工业园,企业集群具备了相当的规模、具有了一定的品牌效应。同时,一些专业镇型的中小企业集群也得到了极大的发展,如花都狮岭皮革集群。到2000年以后,政府对中小企业更加关注,出台了很多中小企业发展的政策措施,我国东部地区和中部地区的中小企业集群也出现了高速发展的势头。集群内企业规模不断扩大,集聚效应明显,中小企业集群对地区经济的增长做出了极大的贡献。到2005年以后,由于我国用工荒、电荒、油荒等现象的出现,珠江三角洲的经济发展进入高成本时代,企业发展受到了一定的制约,使得我国东部地区中小企业集群的发展遇到了升级与外迁的问题,面临着巨大的挑战和压力。产业转移成为关注的焦点,根据生命周期理论,在产业集群发展过程中,若没有创新,产业必然会向经济欠发达地区转移,最终从经济发达地区逐渐消失。

我国西部地区产业集群较东部地区和中部地区而言相对滞后,但随着西部大开发战略的深入推进,西部地区也形成了很多中小企业集群。目前,在我国西部地区可以看到一些初步具备集群成长特征的企业网络。按照产业集群形成发展的影响因素不同,西部地区产业集群可以分为原发型、龙头企业带动型和政府主导型三种模式。原发型主要是同一产业或与该产业相关联的大量中小企业自发聚集在一定区域内形成的产业集群。如陕西省户县的纸箱产业集群、云南省昆明市的鲜花产业集群等都是依靠当地创业家精神自发形成的。龙头企业带动型主要是围绕着龙头企业的发展,带动相关辅助产业的产生,从而形成产业集群。如重庆摩托车产业集群、德阳装备机械业集群等都是在龙头企业的带动下形成的产业集群。政府主导型主要是通过政府的规划、引导和扶持,促使大量的企业在一定的区域内集聚,形成产业集群。如陕西西安高科技产业集群、成都集成电路产业集群都是通过政府的招商引资、大力扶持而形成的。西部地区的产业集群,基本上是按照以上三种模式形成的。虽然目前西部地区产业集群得到了一定的发展,但与东部、中部地区相比,其发展相对缓慢,缺乏一定的竞争力。

二、中国中小企业集群发展的特征

中小企业集群是提高区域经济竞争力的有效途径,是经济发展到一定阶段的必然趋势。通过对我国中小企业集群发展现状的分析,可以发现其特征主要表现在以下几个方面:

(一)中小企业集群主要集中在东部沿海地区

根据国家发展和改革委员会对产业集群的统计口径要求,2007年对我国24个省(市、自治区)的产业集群的统计结果可知,我国约有产业集群2000个、集群企业数量90万户、销售收入60452.79亿元、利润4224.51亿元。各省(市、自治区)产业集群数量、销售收入、利润见表4-2。根据表4-2中各省(市、自治区)的产业集群数量可以看出,我国中小企业的产业集群主要集中在东部沿海地区,尤其是浙江和广东两省,其中广东省是我国产业集群最多的省份。对于东部沿海地区而言,其在改革开放过程中率先得到了发展,其市场经济较发达、市场机制较健全,具有良好的经济基础和资源禀赋等,产业集群更容易产生。20世纪90年代中期以后,我国产业集群进入了快速发展时期,我国多个省(市、自治区)都有产业集群,尤其是浙江和广东两省最为典型。

表4-2 全国各主要省(市、自治区)产业集群发展规模汇总

省(市、自治区)	集群数量(个)	集群内企业数量(户)	销售收入(亿元)	利润(亿元)
海南省	3	424	155.8	23.3
甘肃省	4	—	1145	—
新疆维吾尔自治区	6	540	1895.4	548.8
黑龙江省	8	2000	76.5	6.3
吉林省	10	2800	158.4	13.7
广西壮族自治区	10	1508	617.12	29.34
云南省	11	26268	1164.76	82.23
江西省	14	1881	349.2	23.9
天津市	17	5921	944.57	54.3
陕西省	19	7284	1778	176.28
辽宁省	19	10511	791.7	—
重庆市	23	2400	2692.7	134
四川省	39	3236	671.4	54.9

续表

省（市、自治区）	集群数量（个）	集群内企业数量（户）	销售收入（亿元）	利润（亿元）
福建省	49	7652	5513	248.06
广东省	64	101500	6122.94	449.88
安徽省	140	19000	1348.48	99.38
河南省	143	62700	2749.4	—
江苏省	155	76171	13434.85	771.31
湖北省	206	10700	4354	284.23
山东省	220	68000	10663.6	706.4
河北省	238	179000	6575.37	518.2
浙江省	601	308400	15826	—

资料来源：http://www.china-reform.org/?content_455.html.

浙江省是改革开放初期民营经济发展最为突出的地区，也是中国产业集群发展最为迅猛的省份。在改革开放之初，以温州和金华为代表的浙南地区很多企业是以家庭生产经营为单位、以专业市场为纽带、以供销人员为骨干、以小商品生产为主的"温州模式"经济发展道路。目前，浙江省年产值10亿元以上50亿元以下的民营企业群落有118个，年产值在50亿元以上100亿元以下的民营企业群落有26个，年产值100亿元以上的民营企业群有3个。浙江省拥有年产值亿元以上的产业集群区有519个，年产总值达6000多亿元。在浙江全省范围内，可以说处处都有产业集群存在。从专业化类型看，有绍兴的轻纺产业、海宁的皮革产业、嵊州的领带产业、永康的五金产业、乐清的低压电器产业、诸暨的袜业等。这些产业集群的不断发展和壮大，已经成为浙江省经济发展和建设先进制造业基地的重要依托。

广东省的产业集群主要集中在珠江三角洲地区。珠江三角洲是中国经济改革起步较早的地区，产业集群发展也早于其他地区。其典型产业集群主要有东莞电脑产业集群、惠州电子信息产业集群、佛山顺德家电产业集群和石湾镇的陶瓷产业集群、汕头澄海的玩具产业集群、潮阳的针织品产业集群以及中山古镇灯饰产业集群等。在珠三角的珠江东西两岸，分别形成了电子信息设备制造业和家电制造业两大制造业集群。其中，电子信息设备制造业是亚洲电子信息最密集的地方之一，家电制造业是目前我国最大的家电生产基地。

随着国内经济发展格局的变化,产业集群快速发展的势头也呈现出从珠江三角洲到长江三角洲,再到环渤海地区逐步"北上"的发展轨迹。长江三角洲地区产业集群发展则主要是以地区产业园区为主形成的。苏州市、宁波市及其周边地区依托临近上海市这一经济、技术辐射中心,乡镇企业发展较早,经济基础比较好等优势,在20世纪90年代前后建立了一批不同规模的产业园区。这些园区根据自身特点和市场经济发展规律取得了巨大的成就,形成了许多很有竞争优势的产业集群,主要有苏州的高科技产业集群、宁波的服装产业集群等。

随着体制改革进程的推进和经济社会的发展,广大中西部地区产业集群也有所发展,中国产业集群的地域范围表现出从沿海到内地不断扩展的态势。山东、河北、北京等地也涌现了一批产业集群,主要有山东寿光水果蔬菜产业集群、文登工艺家纺产业集群、河北清河的羊绒产业集群、辛集的皮革产业集群、白沟箱包产业集群、胜芳金属玻璃家具产业集群、北京的中关村高科技产业集群等。中部地区有湖北武汉光电子产业集聚、湖南浏阳花炮产业集群、江西赣州稀土新材料集中区等;西部地区有陕西户县纸箱产业集群、四川夹江陶瓷产业集群、重庆摩托车产业也有集群化的趋势;东北地区长春汽车产业、光电子信息产业、大庆石化产业等也出现了较明显的集群化趋势。从总体上看,目前中西部地区还没有充分发挥产业集群的优势,企业之间的联系还比较少,同类或相关企业没有形成有机的整体,地方产业配套能力较低。

(二)集群产业类型以传统制造业为主

目前,我国中小企业产业集群发展主要集中在生产用工量大、技术门槛低的劳动密集型传统产业。劳动密集型传统产业一般风险比较小、投资回报率周期短,在产业技术的要求方面也比较低。由于传统制造产业进入、退出的行政壁垒和经济壁垒比技术和资金密集型的行业要低得多,加上我国中小企业的劳动力资源丰富,使得大批中小企业进入传统制造业后再分工协作从而形成中小企业产业集群。我国产业集群的行业及区域分布如表4-3所示。从表4-3中可以看出,我国中小企业集群主要以第二产业中的制造业为主。纺织、服装、制鞋等传统初级加工制造业的产业集群数量最多,约占我国总数的24.8%。生物、电子信息技术、新材料、文化创业等高新技术行业产业集群的数量也从无到有,取得了一定的发展。

表 4-3 我国产业集群的行业及区域分布

行业门类	行业名称	产业集群(个)	比重(%)	主要分布区域
制造业	纺织业	87	16.2	浙江、江苏、福建、广东、山东
	纺织服装、鞋、帽制造业	46	8.6	广东、浙江
	非金属矿物制品业	39	7.3	山东、河北、福建、广东
	专用设备制造业	38	7.1	浙江、江苏
	金属制品业	32	6.0	广东、浙江、江苏、山东
	农副食品加工业	29	5.4	
	工艺品及其他制造业	27	5.0	
	皮革、毛皮、羽毛(绒)及其制品业	23	4.3	东南沿海、河北、河南、重庆
	交通运输设备制造业	23	4.3	
	电气机械及器材制造业	23	4.3	东北、陕西、湖南、湖北
	通用设备制造业	22	4.1	
	化学原料及化学制品制造业	18	3.4	
	木材加工及木竹藤棕草制品业	17	3.2	浙江、福建、广东
	文教体育用品制造业	13	2.4	浙江、福建、广东、湖北
	家具制造业	12	2.2	广东、福建
	印刷业和记录媒介的复制	10	1.9	
	塑料制品业	10	1.9	
	医药制造业	7	1.3	天津、西安、东北、上海、北京
	有色金属冶炼及压延加工业	7	1.3	京津唐、东北
	仪器仪表及文化办公用机械制造业	6	1.1	东北、陕西、湖南、湖北
	黑色金属冶炼及压延加工业	6	1.1	京津唐、东北
	食品制造业	4	0.7	辽宁、山东、江苏、广东、福建
	通信设备计算机及电子设备制造业	4	0.7	北京、上海、深圳、南京、成都
	饮料制造业	3	0.6	
	造纸及纸制品业	3	0.6	广东、浙江、江苏、山东、福建
	石油加工、炼焦及核燃料加工业	3	0.6	山东、江苏、浙江、广东
	橡胶制品业	2	0.4	
	废弃资源及废旧材料回收加工业	1	0.2	
批发零售	批发业	2	0.4	
农林牧渔	农业	19	3.5	
总计		536	100	

资料来源:http://www.china-reform.org/? content_455.html.

制造业集群在我国发展较快,不同地域的发展有所不同。我国制造业产业集群区域及特点如表4-4所示。从区域分布来分析,东、中、西部地区的制造业产业集群数量比例约为79:12:9,东部地区远远高于其他两个地区,其中江苏、浙江、山东和广东四个省约占全国制造业产业集群总数的54.5%。中西部地区的产业集群尚处于培育期,其中中部地区的河南省、湖南省、湖北省和西部地区的四川省所分布的制造业产业集群数量也较多。

表4-4 全国制造业产业集群区域及特点

区域	规模	分布比
东部地区	3630	78.8
其中:江苏	678	14.7
山东	661	14.4
广东	608	13.2
浙江	561	12.2
中部地区	557	12.1
其中:河南	177	3.8
湖南	105	2.3
湖北	98	2.1
西部地区	418	9.1
其中:四川	112	2.4
广西	60	1.3
合计	4605	100

资料来源:刘世锦.中国产业集群发展报告(2007~2008)[M].北京:中国发展出版社,2008.

(三)中小企业集群专业化程度较高

我国中小企业集群专业化程度较高,主要体现在以专业化分工为基础、以专业化产品为主和以专业化市场为依托三个方面。

专业化分工是指中小企业集群内部,各企业之间有自己明确的分工与地位,有的企业之间构成合作关系,有的企业之间构成竞争关系。我国企业专业化分工经历了企业同质化、工艺化和生产服务三个阶段。在企业同质化阶段,集群区域内的企业都生产相同的产品、产品技术含量低,主要是通过低成本获取市场;在工艺化阶段,产品的生产分为若干生产工艺,企业只专注于自己所擅长的工艺,最终进行产品的组装;在生产服务阶段,集群内的企业进一步分化,形成很多服务型的专业化公司。在我国,专业化分工方面做得比较好的企业集群有成都武侯鞋业集群、广州花都狮岭皮革产业集群等。

专业化产品是指企业集中生产一种产品,并向各类顾客销售这种产品。我国中小企业集群专业化产品生产和销售都取得了一定的成绩,在产品的细分市场上各自有专攻。如顺德乐从、成都新都、东莞厚街都是家具产业集群,但是它们各自有自己的市场细分,竞争并不激烈。

专业化市场是指集群内形成了专门的原材料供应市场、中间产品交易市场以及产成品交易市场。专业化原材料市场的形成,可以降低原料价格,提高资金周转率。花都狮岭皮革产业集群是我国中小企业集群的一个缩影,它以生产钱包、手袋为主业,在集群内形成了"狮岭国际皮革城"这一原材料供应市场、半成品交易市场,它表明专业化市场正成为集群发展的重要依托,这也是我国中小企业集群发展的重要特征。

(四)集群内企业主要由中小型的非公有制企业组成

通过对我国企业集群发展的研究,可以发现我国企业集群主要是由中小企业构成,而且这些中小型的企业大多是非公有制企业。我国产业集群数量比较多的是浙江、广东、福建和江苏四个省份。纵观这几个省的产业集群发展历史,可以看出其产业集群在形成之初,企业投资基本上来源于本地私人资金和外商直接投资两种,国有和集体投资比重很小,这从很大程度上决定了我国产业集群内的企业基本上是由非公有制企业构成。由于我国私人资本普遍偏小,早期的也以港、澳、台资为主,这就决定了我国的产业集群中的企业规模以中小型为主。如福建泉州在20世纪90年代初经过国有企业出售后,现在几乎所有企业都是私营个体、家族企业和外商投资企业;广东东莞纺织和服装产业集群内的企业在2001年总共有6523家,但没有一家国有企业;江苏金坛纺织产业集群内的企业在2001年底共有367家,但也没有一家国有企业。诸如此类的产业集群还有很多,它们共同的特征都是主要是由非公有制企业构成,而且企业规模相对较小。我国产业集群以中小企业为主,并不意味着集群区域内没有大企业或跨国公司的存在,只是中小企业的数量占据大部分而已。按照企业生命周期理论,每个企业要经历发展、成长、成熟、衰退这四个过程,但是不同企业的生命周期长短有所不同。集群内的某些企业随着日益的发展壮大,可能会发展成为大型企业甚至跨国公司,而某些企业则会走向灭亡,但真正发展成大型企业的毕竟是少数,产业集群内的企业规模仍然是以中小型为主。

(五)产业集群主要是自发生成

对我国产业集群发展较早、规模较大、企业数量较多的浙江、广东、江苏、福建等省的产业集群进行研究,发现这些产业集群都是在市场规律的作用下自我发展而逐渐形成的,主要包括"原生型"和"嵌入型"两种类型。所谓"原生型"产业集群,是指主要由区域内部力量或者区域内部资源、技术、市场等因素驱动而发展起来的产业集群,如浙江温州和宁波等地的中小企业集群。浙江省以"原生型"产业集群为主,主要是通过民营企业聚集发展而成,本地企业家精神和工商业传统发挥了重要作用,其自发形成特征明显。所谓"嵌入型"产业集群,是指主要由区域外部力量或要素驱动而发展起来的产业集群,如广东东莞形成的电子信息产业集群。在广东、上海、江苏、福建和天津等省(市),有较多由外资推动而形成的产业集群。江苏省自20世纪90年代中期以来,就成为台资信息产业的主要集结地,目前中国台湾几乎所有的大型信息产业诸如宏碁、宏力、华硕、联电、中芯等都到江苏省投资设点,为江苏省嵌入型产业集群发展提供了条件。除此之外,珠江三角洲和闽南金三角地区的产业集群,诸如广东东莞的电子信息产业集群、上海外高桥新兴产业集群、福建福州东南汽车产业集群、江苏昆山工业园区外资产业集群等,也都主要是在外商直接投资的驱动下发展起来的。综上所述,我国产业集群主要是自发生成的。

(六)产业集群主要是在农村和小城镇兴起

产业集群往往也不是均匀分布的,而是更多出现在一些边缘地区、城市周边地区,中小企业集群也不例外。从我国产业集群分布的城乡区域看,除北京中关村电子信息产业集群等少量集群外,中国绝大多数产业集群都是在农村和小城镇兴起的,分布在城市周边地区,而不是人口和产业更为密集的城市中心区,以"块状经济"为特征。如目前全国授牌的纺织产业特色城(镇)中绝大多数都是以镇为单位;浙江温州的产业集群基本上都是由本地农民企业家通过家庭手工工厂的形式逐步发展起来的;苍南标牌集群在苍南县的金乡镇,东方电器之都在温州市的柳市镇等;在广东珠江三角洲的404个建制镇中,具有产业集群特征的专业镇占了1/4;广东省通过"三来一补"业务发展企业的嵌入型产业集群区域,也是主要以镇、村为单位发展起来,当初外资进入时,正是看重村镇土地成本的低廉,而选择一些村镇建立合资企业。

(七)产业集群内企业分工协作与竞争并存

中小企业产业集群形成与发展的过程,就是中小企业在一个区域内集聚加工生产具有相同性质和互相关联、具有上下游关系的同一产业产品形成特色产业集群的过程。中小企业产业集群的发展与集群内特色产业的发展具有同步性,这些特色产业集群由于主要是中小企业,以单个企业而论,由于企业规模不大,没有规模效应,但是当大量中小企业聚集在一起进行相同产业的生产活动时,集群的产业规模效应就会显现出来,这种规模效应反过来诱使更多的中小企业进入该产业,从而进一步扩大产业集群的规模。实际上,整个产业集群就犹如一个大工厂,在工厂内部各个中小企业就像工厂的某个部门通过各种正式或者非正式的协约进行专业化的经济活动,产业集群内部的中小企业之间由于专业化生产活动便产生了分工协作,正是基于集群内部企业间高度的专业分工协作促进了产业集群的演进与竞争力的提升,同时由于产业集群地理位置上的接近性特征,企业迫于相同企业之间竞争的直接感受,也会使竞争意识大大提高,最终形成企业之间在合作中竞争、在竞争中合作的局面。适度的合作与竞争是产业集群内企业个体及整个集群不断提升竞争力的主要演进机制。

第五章
产业集群视角下西部地区中小企业融资理论分析

从前述可知,中小企业融资无论从内源融资还是外源融资上来看,都陷入困境,不容乐观。本章主要从理论上分析引入产业集群后,对西部地区中小企业带来的融资优势以及分别从内源融资和外源融资两个方面分析产业集群对西部地区中小企业融资的效应。

第一节 产业集群视角下西部地区中小企业融资优势分析

当单个中小企业加入产业集群后,能够形成独特的融资优势,从而降低中小企业融资的难度,以此来拓展中小企业的融资渠道。

一、中小企业集群融资优势的形成机理:外部经济

科斯(R. H. Coase)在1937年发表的《企业的性质》一文中指出,企业存在的根本原因是能够减少市场交易成本。企业组织是有边界的,其边界就是利用企业组织交易方式的成本与通过市场交易的成本相等,正是这个边界决定了企业的购买、生产和销售。作为一种介于等级制的企业组织和完全竞争的市场组织之间的中间性体制组织,产业集群是产业发展成长过程中的一种必然结果,它的存在有其制度的合理性。这种组织恰好能够弥补等级制的企业组织规模有边界的缺陷。这种比

市场稳定、比企业灵活的特殊的产业组织形式,使一群既独立自主又互相关联的企业通过分工协作聚集在一起,再加上集群内信息的有效传播与交流,可以大大提高资源配置的效率和降低企业的交易费用。特别是对于中小企业,产业集群成为促进其成长、成熟的催化剂,产业集群内部的协调效应和自强化机制使得中小企业飞速发展,形成一条完整配套的产业链。这种协调效应和自强化机制,更多的来源于集群所产生的外部经济。

根据马歇尔(Marshall)的"外部规模经济"理论,产业集群这种组织形式带来了外部经济效应,而外部经济性也是产业集群形成的动力之一。此后,一些经济学家,如韦伯(Weber)、迈克尔·波特(Michael Porter)等从区位与聚集的角度对产业集群内中小企业集聚所形成的聚集优势进行了探讨。实证与理论分析表明,一旦引入外部经济,多个企业在局部空间上聚集在一起,会产生一种新的规模经济,即一种空间上的外部规模经济。作为一种规模经济,这种外部规模经济与新古典经济学所讲的企业内部规模经济是不同的,因为后者发生于单个企业内部,而外部规模经济则产生于众多企业在局部空间上呈一定规模的集中,以及由此而带来的交互外部性。在产业集群中,中小企业因专业化分工与合作而紧密地联系在一起,中小企业由于资金少、规模小,因此对外部服务的依赖程度高。中小企业在产业集群中可获得的外部经济有两个来源:①是技术外部经济,即集群内的企业通过其他企业的技术外溢或从边干边学中获得技术和知识,从而带来生产率的提高和成本的下降。这种技术的外溢可以在集群内部自由进行,当技术的外溢使接受方降低了成本或增加了差异化时,技术外部经济就会对竞争优势产生重要的作用。②是货币外部经济,即集群内企业从聚集中所获得的市场规模效应。一个企业具有潜在的可能与处于同一集群内的其他企业共享任何价值活动(如联合采购、共享装配设施等)。如果共享的好处高于成本,而且竞争对手难以在这种共享方面相匹敌,那么共享活动就能产生持续性的竞争优势,因此产业集群像一个巨大的网络系统,处于其中的中小企业的融资环境和营运环境在这种网络的支持下可以不断得以优化。

在产业集群发展的早期,集群内要素资源偏少、商品流动性差,中小企业的发展主要依靠该地域内的资源;各企业之间交流较少,技术知识的外溢效应不明显,企业更多依靠自身积累的资金进行小规模生产,经营分散;集群的知名度较低,企业生产的商品也主要在当地区域销售,销量不高且运输成本等偏高。在这个时期,集群所产生的外部效应有限。随着产业集群的发展,群内企业无论是数量还是规模都有了显著增长,各企业生产的产品种类多、数量大,不但满足了消费者的多样化需求,还吸引了大量客户,可以实现批量销售,降低成本;专业化分工也越来越细,产业链条上集聚了众多企业,每个节点又由多个专业性质的企业进行生产,这样企业就容易获得低成本的要素投入,集群内要素资源和商品流动性加快,集聚外部效应开始迅速增大。

二、产业集群下西部地区中小企业融资优势

(一)集群式融资具有信用优势

阿罗(K. Arrow)认为,信任是一个社会经济构建和运作的润滑剂与交易行为的基本要素。希克斯(Hicks)认为信任是很多经济交易所必须的公共品德。经济人具有机会主义倾向,如果缺乏有效地约束,人是会采取机会主义行为来谋取利益的。在现实的交易中,由于交易双方所拥有的信息往往是不对称的,拥有信息优势的一方可能采取机会主义行为,从而获得额外的收益;而处于信息劣势的一方则可能因此而受到损失,至少会增加监督对方的交易成本。同在一个集群内的中小企业其信息可以得到极大的共享,这种信息呈相对比较对称的状态,可以增加中小企业的信用程度,降低其获得资金的成本。

集群内企业通过分享的专业化协同合作形成了全新的路径依赖,各企业间、企业与金融机构间还可以通过关联策略紧密地联系在一起,形成相互作用、互为依托的"信誉链",通过互相提供帮助、信息共享发展长期客户关系。长期客户关系的建立不仅有助于推动各企业间、企业与金融机构信息对称和信息的沟通流动,加深对彼此价值信念的了解,同时也有助于整个区域范围内信任文化环境的形成。这种信用依存既通过各企业间、企业与金融机构之间多次交易(重复博弈)实现"双赢"结局,也通过各市场参与者之间的信息共享、协同作用、信誉受损及第三方强制执行机制等对失信者进行有效、及时的惩罚来得以实现,他们的许多经济活动依赖于相互之间的信用关系进行。集群内声誉的重要性也使得中小企业不敢轻易逃避债务,集群内部企业之间在生产和经营环节上联系密切,集群内信息传播较快,迫使群内企业脱离集群的成本极高。一旦发生道德风险,企业将难以在集群中生存。因此,群内企业选择诚信的长期收益必然大于违约的短期收益,这必然迫使集群内企业自觉约束和规范自己的行为,提高诚实守信的概率。

(二)集群式融资具有规模优势

在产业集群内,银行通过对同一产业领域的众多中小企业贷款可获得较好的规模经济。中小企业经营灵活,对资金的需求量较小。同时,按照规定,中小企业的贷款利息可以在基准利率上适当上浮30%,因此银行对产业集群内中小企业的贷款收益是同类大企业的1.3倍。同时资金在中小企业运营过程中的流动速度快,循环周期短。这样可以使资金在每一个中小企业内的循环次数增加,货币资金每运动一个周期就会有不同程度的增值。而就整个集群内部的资金流动而言,由于集群企业间的关联度大,资金利用率高,使银行贷款通过资本溢出产生滚动关联和效益倍增效应。部分企业的资金投入会通过产业链和生产经营活动迅速传递和蔓延,某个环节的融资效应会在整个价值链中得以放大,产生乘数效应,从而带动了整个集群的持续融资。这样,整个集群作为一个区域经济实体,其带来的资金规模效应是可想而知的。同样数目的资金如果投放到单一的大型企业中时,其循环的周期就会加长,延迟资金增值的时间和频率。因此,这种方式对比单一大规模的企业来讲,资金的利用效率和周转率都要有很大幅度的提高,充分显示出资金的规模优势,使集群融资进入银企相互促进的良性循环。

(三)集群式融资具有竞争优势,拓宽了融资渠道

单个中小企业的竞争力显然是不强的,它没有办法同资金、技术雄厚的大型企业相竞争。当中小企业集群式融资主体出现的时候,集群内的各个中小企业在客观上被紧密地联系在一起。这些都使集群内的各中小企业形成了一个目标一致的整体。这样的整体可以和外部较为强大的竞争对手抗衡,同时又不失中小企业独有的竞争优势。例如,资金需求量小、资金流动快以及经营灵活等。因此,我们可以拓宽其融资渠道,如在主要银行贷款的基础上,发展直接融资、取得民间融资以及吸引外商投资等。

第二节 产业集群对西部地区中小企业融资的效应分析

前已述及单个中小企业加入产业集群后,会给它带来独特的融资优势,产业集

群具体是如何影响中小企业融资的呢？本节主要从内源融资和外源融资两个方面对此进行分析。

一、内源融资

作为企业资金融通的一个重要通道，内源融资有着低成本、高收益的优势。前已述及，中小企业内源融资主要来源于资本金、折旧基金的资本化和留存收益，其中，留存收益包括留存的盈余公积和未分配利润，这两者都来自企业的利润，而折旧基金的多少与自身的折旧方法选择有关，与企业是否处于集群中并无明显联系。因此，内源融资这一方式所提供的融资能力的大小，主要取决于企业利润的多少。假设产业集群中的企业能获得比集群外的企业更高的平均利润水平，那么我们就可以说，产业集群有助于中小企业的内部融资。下面来分析中小企业产业集群化后对企业利润水平的影响：

假设不存在风险，企业的利润用 Π 表示，$\Pi = TR - TC$，TR 表示总收益，TC 表示总成本。如果现在有 A、B 两家企业，A 企业处在集群内，B 企业处在集群外。对于规模大小和技术水平相同、产品同质的集群内外中小企业来说，利润水平的高低主要取决于销售量的多少和成本的高低。下面就来比较一下集群内外的企业这两者会有什么不同。

(一)销售量的比较

从销售量上看，大量同类企业的集中，容易形成良好的地域产业品牌，当需要购买某种商品时，消费者首先想到的就是生产和销售这类产品集中的地区。因此，集群更能吸引国内外客户和经销商前来购买，而集群外的中小企业难于为外界所知，无法吸引大量客户。成千上万的中小企业通过产业集群这一先进的生产形式形成了强大的产业集聚能量，并且用"聚沙成塔"的方式在世界上培育起了一个个首屈一指的大市场。专业市场的发展可以提高批量购买规模和销售规模，从这个角度看，处于集群内的 A 企业在产品销售上比 B 企业更具优势。

(二)成本的比较

成本主要包括原材料成本、人工成本和销售成本等。对原材料成本来说，当原材料供应商处在集群外时，由于集群中存在着大量同类企业，能提供广阔的市场，因此能提高企业的议价能力，通过合作的方式进行投入品的大批量采购，使得中小企业也可以具有大企业所拥有的议价能力,压低投入品的购买价格,从而降低了企业的生产成本。这样,处在集群中的 A 企业可以用比较低的价格购入原材料,而集群外的 B 企业则无法获得这种好处。更多的情况是,集群内企业存在纵向联系,组成供应链,A 企业原材料的供应商很可能处在集群内,这样 A 企业取得投入品的成本就会大幅减少,由于企业间距离一般都较近,企业可以做到只有少量库存甚至零库存,这又降低了企业的生产成本;对于销售成本来说,集群内大量集中的同一产业企业,可以建立共同的销售中心,吸引国内外客户和经销商前来购买,这比起集群外的 B 企业单独建立自己的销售渠道的成本要低,并且还降低了企业产品的运输成本和库存成本;同时由于产品的生产和销售都很集中,因此集群内的企业只须花费很低的成本就可以达成某种默契,在面对相对较为分散的购买者时,能对价格、质量和交货日期施加相当的影响,特别是在缺少替代品时,企业的议价能力将更为突出。

对人工成本来说,企业的聚集会使得劳动力集中于此,这样,集群内的企业就可以就近寻找合适的劳动力,减少了搜寻成本,并且由于劳动力的供给相当充分,劳动力之间的竞争,使工资水平维持在合适的位置上,在集群内快速流动的劳动力还具有相当高的素质,减少了培训成本。相比较而言,集群外的 B 企业在找寻合适的劳动力时,就要花费较高的成本。首先因为没有同类企业聚集,所以 B 企业必须四处搜寻具有此种技能的劳动力。其次由于劳动力有限,缺乏相互竞争,企业在工资水平上也就难以掌握主动。最后由于缺乏相关经验,劳动力的熟练程度不高,进入企业后还须花费一定的培训成本。

对于生产成本来说,通常在产业链的每一个层面上,都有几十家甚至上百家同类企业存在,倘若某一家企业采用了新的技术或管理方法,其生产成本将有显著的下降,相应的市场竞争力也会随之提高。其他企业为了能与之抗衡,就会主动学习、模仿甚至研发使用更新的技术和管理方法,这就推进了技术进步和管理创新。因此,对于产业集群内同行业的企业来说,彼此间可联合着手市场开拓、产品研发设计等,实现优势互补,运用技术创新平台,让中小企业以低廉的成本享受到产品设计、工艺革新、品质控制、技术培训等方面的服务,提升产业集群的整体竞争能力。

由以上分析可以看到,集群内企业的利润会高于集群外企业的利润,现在让我们放松假设条件,进行进一步的分析。在现实中集群内企业的技术水平并不相同,产品不是无差异的,企业也并不只是价格的接受者,也就是说集群内的各个企业之间也存在着竞争。

在集群内部，同类企业的集中往往带来激烈的竞争，地理的接近性，使得同行业在产品的价格、质量、差异性等方面进行比较。因此，在竞争中，企业一方面要不断改进技术，提高生产率，降低生产成本，进行价格战以扩大市场份额；另一方面还要在产品的质量和差异化上下功夫。在此过程中，集群所带来的巨大需求空间，能让企业更好地了解消费者的要求，为其提供人性化的产品，使消费者对其产品产生依赖，从而降低产品的价格弹性，并且为新企业的进入设置了障碍，这样企业就可以获得更高的利润，在竞争中占据有利地位。而集群之外的企业，尽管也处于市场的竞争中，但是由于跟同行业企业的空间距离，它很难清楚地了解其竞争对手的状况，也不易获得行业的最新信息。因此，在竞争中处于极其不利的地位，技术上落后，生产率低，对价格更没有控制力。

下面再在利润的确定中考虑到风险来进行比较。首先从个别性风险来看，集群所具有的各种特征，使得其中的企业的生产经营具有很大的稳定性。而集群外的企业在生产经营上随意性大，存在比较高的个别风险，这使得集群外企业的利润波动性更大，可以获得的平均利润比集群内企业差。其次集群内外的企业都会面临系统性风险，如宏观经济环境的变化、产业的兴衰等，我们就来分析一下系统性风险对集群内外企业利润的影响，假设 $x_i(i=1,2)$ 为好年景获得的高利润，其中 x_1 是集群内企业可能获得的利润，x_2 是集群外企业可能获得的利润。$y_i(i=1,2)$ 为坏年景获得的低利润，其中 y_1 是集群内企业可能获得的利润，y_2 是集群外企业可能获得的利润。假设企业的一笔投入有两种可能结果，企业要么遇上好年景获得比较高的利润，要么遇上坏年景获得低利润，年景的好坏不是由企业决定的，而是外生于企业的。因此，不论是集群内企业还是集群外企业，它们取得高利润或是低利润的概率是相同的。若遇上好年景的概率为 p，遇上坏年景的概率就为 $1-p$，则企业的预期利润为 $\Pi = Px_i + (1-p)y_i$，其中集群内的企业的预期利润为 $\Pi_1 = Px_1 + (1-p)y_1$，集群外的企业的预期利润为 $\Pi_2 = Px_2 + (1-p)y_2$。下面我们就对两者进行比较：首先，$x_1 > x_2$，一般来说，在好的年景里，对企业产品的需求比较旺盛，价格较高，集群内外的企业销售量都会增加。集群内的企业凭借其高效率的销售渠道和区域品牌的号召力将获得更多的销售量，各种生产要素资源的集中也为企业扩大生产创造了条件，而集群的垄断力也为其控制生产成本提供了帮助，而集群外企业则不具备这些条件，正因如此，在好的年景里，集群内的企业会获得比集群外企业更多的利润，即 $x_1 > x_2$。其次，$y_1 > y_2$，在坏的年景中需求低迷，价格走低，对集群内外的企业都有影响，但是集群的种种优势仍将发挥作用，集群企业客户的稳定性让它们的销售维持在一定的水平，而完善的市场要素可以帮助企业降低可变成本,减少损失,因此 $y_1 > y_2$。综合两方面考虑,在面临系统性风险时,集群内企业所获得的期望利润仍将高于集群外的企业。我们可以得出以下结论:即使在存在风险的条件下,集群内企业也能获得比集群外企业更高的期望利润。

二、外源融资

前已述及,外源融资是企业吸收其他经济主体的闲置资金,使之转化为自己投资的过程。主要包括股票、债券、银行信贷等资金。外源融资又可分为直接融资和间接融资。

(一)直接融资

在直接融资中,我们主要分析产业集群对股票融资、风险投资、商业信用、民间融资中的直接借款、政府金融政策补贴和吸引外资的影响。

1. 股票融资

在股票融资方面,我国的资本市场还处于起步阶段,对中小企业在信息披露、企业规模、治理结构等方面有着比较高的要求,主板市场对中小企业的门槛很高。一般来讲,在中小企业的外源融资中,股票融资的比例很小,对于集群内企业来说,产业集群的优势有助于这些中小企业快速成长,产业集群对中小企业融资产生"公共产品"效应,信息共享和充满活力的群体形象是中小企业形成的"准公共产品",任何集群中的企业都可在该公共产品中获益,而随着龙头企业的不断发展,它更容易获得进入资本市场的资格,从这个角度看,集群内企业在股票融资方面能够比集群外企业先行一步。同时,资本市场带来的巨大资金支持可以给集群内其他企业树立一个良好的示范效应,促使其改变以前融资渠道单一的局面,努力进行多元化融资,此外集群内的中小企业与龙头企业往往形成的是配套合作关系,龙头企业的规范运作及良好的信用状况,能促使与之配套合作的中小企业改善内部财务状况,增强其信用能力,有利于从根本上缓解中小企业的融资难问题。

2. 风险投资

风险投资是指向高风险、高收益、高增长潜力、高科技项目的投资。它集融资与投资于一体,供应资本和提供管理服务于一身,是一种投资于极具发展潜力的高成长性风险企业并为之提供经营管理服务的权益资本。风险投资的运作过程,可以概括为"三个主体、三大过程、四个阶段",即从风险投资的市场主体来说,主要有"投资者—风险投资公司—风险企业"三大主体;从风险投资的运行过程来说,主要有"进入—经营—退出"三大过程;从风险企业的发展阶段来看,主要有"种子期—创建期—扩展期—成熟期"四个时期。对中小型高新技术企业来说,风险投资就是它们融资的重要渠道。风险投资通常以权益资本的方式注入企业,中小企业可以长期使用投资资金,风险全部由投资方承担,因此投资公司对项目的筛选是极其严格的,需要一系列的调研程序和市场可行性调查。

  风险投资家在分析某个投资建议是否可行时主要从三个方面去分析:人、市场、技术。首先分析的是人,主要考察创业者的素质,如是否正直诚实、是否具有责任感以及综合管理能力、营销能力等。其次分析的是市场,主要考察项目的市场需求如何、市场增长潜力如何、进入市场的渠道是否畅通、政策及配套资源和设施的支持力度如何。因为任何一项技术或产品如果没有广阔的市场前景,风险投资通过转让股份而获利的能力也就极为有限,甚至会造成失败。最后须考察产品的技术,判断风险企业项目中技术是否具有独特性,是否是市场中的稀缺产品,技术水平在同行业中处在什么样的地位。

  那我们也从这三个方面来考察集群内的中小企业会具备什么优势。首先从创业者的素质角度看,在集群地区,大量高技术企业的聚集吸引了大量的高级人才,企业管理者的素质较高。同时区域文化对创业者素质的培育具有不可替代的作用,如硅谷内每个人都勇于冒险、不断进取,这就是硅谷的文化。其次从企业市场前景的角度看,集群内存在着频繁的非正式信息交流,各类市场、技术、竞争信息在集群内集聚,一方面使创业者更容易了解市场和技术的变化,寻求和把握市场机会;另一方面也使风险投资家获得了了解目标企业的市场、技术状况的良好渠道。最后从中小企业所拥有的技术角度看,集群内的中小企业通常配备了比较完善的基础设施,政府比较着重支持,信息比较畅通,因此企业项目的技术在同行业中一般处于领先地位。正因如此,处于产业集群中的中小型高新技术企业能够比游离的企业更容易获得风险投资家的青睐。

  3.商业信用

  商业信用是随商品交易而产生的信用。中小企业通过原材料赊购和产品预售等可以获得商业信用的融资,对资金的融入方,主要体现为"应付款项"和"预收款项"。商业信用的直接资金来源是存在交易关系的企业,区别于银行信用的特点,只能是在互相充分了解和信任的企业之间和在有商品交易的情况下进行,范围受到比较多的地域和行业限制,超出一定的地域或者行业的范围,需要获得银行信用的支持。对集群企业来说,由于根植性所产生的约束力,无论它是提供信用的一方还是接受信用的一方,都十分重视信誉。因此,提供信用的一方愿意通过提供商业信用来表明自己产品的质量,而接受信用的一方的机会主义倾向很低,也愿意及时地还清欠款;另外,由于集群企业的业绩较好,富裕程度高,它们相互之间提供商业信用的能力也相应较高。非集群企业则不具备以上条件,集群外的中小企业往往具有比较强的机会主义倾向,欠债不还并不会对其造成什么损失,企业转移到另一个地方就又可以继续经营。此外,在经营业绩上,非集群企业一般不如集群企业,因此可以获得的商业信用的数量就会相对较少,并且期限很短,只有如此,才能保证信用提供者的利益。

4. 民间融资中的直接借款

民间融资中的直接借款主要是指从业主或主要股东、亲友、职工等利益关系主体的直接借款。民间融资一直是个人投资创办企业的主要融资方式,也是中小企业最基本的原始资本和创业资本来源,在大力发展民营经济的条件下更是如此。企业能取得多少民间资金中的直接借款,主要取决于利益关系主体的多少以及它们能够并且愿意提供的贷款的数量。首先,集群内的中小企业大量聚集,与相关机构也有长期联系,再加上血缘、亲缘关系,社会关系比较丰富,潜在的贷款来源比较多。集群外的企业虽然也有自己的社会关系,但是由于它是游离的,其所交往的人及各类组织都比集群内的企业少得多,社会关系也因此相对简单,潜在贷款源较少。其次,贷款者是资金的富余者,因此贷款者提供贷款的能力与其资金的富余程度密切相关,而资金的富余程度又与贷款者的富裕程度相联系。前面已经分析到,在产业集群内企业具有的种种优势,会使集群内企业具有比集群外企业更高的利润获得率。因此,集群内企业的各个利益主体贷款能力也随之增强。最后,贷款者贷款的意愿还与贷款的风险和收益相关。对集群企业来说,贷款者与借款者之间存在合作关系,贷款给它们的风险是比较小的,但收益确有一定的保障。主要有三个原因:①由于集群企业地理的根植性,企业十分重视信誉,不会轻易赖账不还,这减少了贷款者贷款的风险。②对于那些有资产抵押的借款者来说,产业集群中大量同类企业的聚集,也为那些具有专用性的资产提供了一个良好的抵押物市场,专用性资产的变现将变得容易,这也降低了贷款的风险。③贷款的收益也因集群企业的良好效益而有了保证。综合以上几个方面的分析,可以看到集群企业的业主或主要股东、亲友、职工等利益关系主体更愿意贷款给企业。

5. 政府金融政策补贴

中小企业数量众多,但规模都不大,因此单个企业对区域经济发展的贡献小,不能凸显其竞争优势,往往得不到政府的重视和扶持。而产业集群往往是地方经济的一个重要增长点,地方政府出于发展本地经济和提升集群国际竞争力的需要,会采用降低税率、税费减免、低息或贴息贷款、就业补贴、研究与开发补贴、出口补贴、产业发展基金、科技创新基金、风险投资基金等形式给予直接或间接的金融支持来扶持中小企业的发展,以形成中小企业的规模优势。政府的金融支持,可以在相当程度上缓解中小企业融资难的问题。

6. 集群内中小企业易吸引外资

产业集群本身就代表着市场和商机,是一种很好的项目"孵化器"和企业"孵化器"。一些有眼光的人能不断地在这里找到投资的空白地带。产业集聚尤其是产业关联度较高和发展前景好的中小企业集聚为外资提供了投资的机会。产业集群内企业的经营稳定性强,经营风险较集群外企业小得多,克服了单个中小企业经营不确定性强、破产风险大的特点,降低了投资方的后顾之忧,也降低了借款方的借款风险,同时企业集聚的信息扩散,能节省外资搜寻信息的成本,降低其投资的风险,获得较高的收益。外商投资容易在企业集群的范围内形成路径依赖。路径依赖是指由于初始投资条件和报酬递增机制的作用,使得外商的区位选择形成定式。中小企业聚集使产品和服务具有互补性和配套性,能使中小企业形成群落式的发展,也会加强资金、技术、专业人才的集中,优化产业配套条件,从而方便外资把握行业现状和发展前景,减少进入的不确定性。产业集群一旦形成并具有一定的竞争优势时,政府必定会以某种方式介入,如政府会加大相关宣传教育和基础设施建设的投入力度,完善法律法规及制定倾斜性支持政策,所有这些优越条件使外资特别青睐中小企业聚集区域。当首批进入的外资赢得第一次的区位竞争优势以后,便能够吸引新的资本加入。通过先行企业的示范作用带动外部资金的注入,中小企业也从外商投资中获得了资金的支持。

(二)间接融资

在间接融资中,我们主要分析产业集群对银行信贷、民间融资中的非正规金融机构借款、吸引外资以及政府金融补贴的影响。

1. 银行信贷

信息不对称就是指交易的一方参与者拥有另一方参与者所不拥有的信息。在信息不对称情况下,会出现逆向选择和道德风险问题,从而影响交易的顺利进行或者增大交易成本。与大型企业相比,中小企业大多数信息不透明,中小企业融资市场信息严重不对称,资金供给方无法了解需求方的信息,中小企业融资的逆向选择和道德风险同时存在,这加大了中小企业融资的难度。银行在向单个企业贷款时,往往会因银企间的信息不对称性导致银行交易成本增加、信贷风险上升。银行为了保证自己的利益,必须尽可能地将贷款分配给低风险者,以降低自己的贷款成本,提高自己的收益。产业集群中的中小企业具有信用、成本优势,更易获得银行信贷。

(1)有利于降低银行的信贷风险。首先,集群内的中小企业分布在产业链条的各个环节上,供给链和价值链将它们有机地联系起来,企业个体的发展与集群整体的发展之间就形成了较强的相关性,这样企业个体的风险就部分地转化为整个中小企业群的风险,而整个中小企业群的风险又在很大程度上体现为集群所处产业的风险。一个产业具有自身特定的发展规律和可预测性,银行就可以通过分析产业所处的发展阶段和预测产业未来发展趋势来把握产业风险,在风险发生之前采取有效的措施来控制信贷风险。其次,在产业集群模式下,中小企业集群是围绕着一种或者几种相关的产品来进行生产,而且区位相对集中,同时对地域的依赖性比较强,银行可以十分容易地通过行业协会、政府产业规划等多种渠道收集和掌握有关中小企业更多、更完备的信息,同时中小企业为了更好地拓展自身业务,必将加强企业间的各种联系,以自身的相关信息来换取集群内的信息支持,并树立良好的信用形象。集群企业及相关机构被锁定在同一领域之中,长期互动与合作,具有广泛的人脉关系,资信渠道多样。金融机构不仅可以通过传统手段观察企业前景状况,还可以从上、下游企业关联机构以及亲戚朋友中获得更为完整的企业资信背景。这样银行在评价中小企业信用等级时就能获得信息的准确对称,从而增加银行信贷的机会。另外,也可以削弱普遍存在的"信用误区",增加每一个中小企业的信用度,进而增加整个中小企业集群的信用度。这样有助于金融机构足够的信息积累,大大降低资信信息的不对称性,减少因防范信息不对称风险发生而做出的事前逆向选择和信贷配给,增加了中小企业的融资机会。再次,通常中小企业在中长期发展战略目标上存在滞后性与盲目性,过分地追逐利润使得它们将短期利益放在首位,一切适宜于中长期发展而不利于短期获利的发展战略都被拒之门外,由于经营风险而导致的金融风险也会增加。但是产业集群内企业的"地区根植性"特征有利于降低违约率。一方面,集群内中小企业通过专业化的分工和协作紧密地结合在一起,并由特殊的社会网络相维系,依赖于集群专业化市场,迁移的机会成本高;另一方面,每家企业作为产业链上的一个环节,如果有违约行为,信息会在其上、下游及同行间迅速传播,而且传播速度往往较快。由于集群内企业间交易常以商业信用为纽带,信誉不好的企业交易成本高,在集群内很难生存。同时,集群企业的根植性也使得企业与银行的合作具有长期性,这种长期关系的建立有助于推动企业与银行之间的信息交流和沟通,而且也有助于整个区域范围内债信文化的形成,从而有效地遏制机会主义的产生。最后,集群给灵活的产权和设备转让市场的信贷风险提供了事后弥补的机制。由于产业集群中的中小企业要么是生产相关产品,要么是生产同一类系列产品。因此,这在无形中形成了一个抵押物或质押物的一级市场,提高了抵押物或质押物的质量,抵押物或质押物的流动性增强了,很多比较专业性的抵押物在产业集群中就能很容易表现出价值来。这样,在企业由于经营不善不能还贷时,银行就可以把其抵押物直接卖给集群中的其他企业,从而合理地分散了信贷风险。同时,对于同行业内的多个中小企业,它们之间交往频繁,彼此了解颇深,具有共同的地缘文化和价值观念,并且长期的交往也形成了庞大的社会网络,如果均存在资金短缺问题,便可以自发组成一个群体,进行共同融资,即"抱团贷款"融资。"抱团贷款"融资可以把集群内贷款有难度的中小企业联合起来,组成联保人,在缴存一定的贷款联保保证金后就可以获得贷款。银行或信用社分别向这些加入联保的企业授信,如联保企业中一户需要贷款,其他企业可为之提供担保。

(2)有利于降低银行的交易成本。信贷交易成本是银行与企业在信贷交易过程中人力资源和物资的耗费,包括获取信息成本、核实信息成本、监督贷款用途成本及其他交易费用。银行在放贷时,为保障自身资金的安全,往往要综合考察企业的贷款用途、发展前景、还款能力和信誉度等资料,需要耗费大量的时间和人力资源。在和单个企业进行信贷交易时,银行往往要耗费大量的人力和物力对企业的信用程度、发展前景等进行核实和预测,直接导致交易成本过高,这在很大程度上降低了银行的贷款意愿。但是,中小企业集聚成群后可以有效降低信贷的交易成本。首先,降低了贷前的信息收集成本。针对单个游离中小企业的小额资金需求,银行需要花费额外的信用评估与监督成本,对企业前景预测的费用相对较高,从而会降低银行的贷款意愿。但对于具有区域品牌和地理位置优势的集群企业,群内中小企业由于大多从事同一个行业,融资需求较为接近。由于大数定律的作用,银行只须对该集群产业进行市场调查,节省了对单个企业的调查分析。银行也容易从当地的行业协会、会计师事务所、律师事务所等中介机构和地方政府的产业规划中获得企业的更多完备信息,可节省不少成本。其次,降低了贷后的平均监管和服务成本。由于贷款企业所处的产业领域相同,银行在贷前和贷后所使用的技术具有同质性,因而随着贷后银企业务往来的增多,银行在获得规模经济后会倾向于支持企业集群的信贷活动。此外,银行给同一集群的众多企业贷款,贷前调查、贷时审查、贷后监督都可以"批量"进行,通过业务流程的标准化,也可以大大降低每笔贷款的管理成本。银行成本降低,收益提升,也就意味着中小企业融资成本将随之下降,并获得更多的交易优势。

2.民间融资中的非正规金融机构借款

民间融资中的非正规金融机构借款主要是通过一些民间金融组织如地下钱庄等进行的融资,属于间接融资。非正规金融组织与商业银行一样,一方面从居民、企业那里吸收资金,另一方面购买企业发行的债券或者直接向企业和个人发放贷款,跟商业银行贷款不同的是它缺乏最基本的法律保障和约束,能在关系密切互相了解和信用关系良好的个人之间进行。跟取得商业银行贷款类似,集群中的中小企业在取得非正规金融机构借款时同样具有优势。单个企业往往很难得到民间融资,但产业集群内的中小企业则容易获得。产业集群的发展拉动了当地的经济增长,使居民节余资金增长,无论是亲友借贷还是共同出资筹办小额贷款公司都会成为可能,间接促进了民间信用的活跃。集群内企业具有区域竞争优势和良好的前景预期,投资者认为能获得较好的投资收益,因此会吸引更多的融资中介组织和风险投资基金的眷顾,增加了企业融资的可选择性和融资金额。随着区域内的资金容量增强,这一市场开始向各方辐射,有效地带动了社会闲散资金的流动,为集群企业提供了强大的资金供给。根据经济学家德姆塞次和鲍莫尔等的"可竞争市场"观点,即某一行业内,若厂商很少,但价格超过成本就会有许多厂商进入该产业,中小企业一旦形成产业集群,其资金市场会逐步演变为"可竞争市场"。在正规金融机构获贷困难的情况下,中小企业自然而然会另外寻找资金的供给者,这样一些民间钱庄就应运而生。而且民间钱庄对中小企业具有信息上的优势,能较好地控制信贷风险。所以说,集群为非正规金融活动的开展提供了土壤,而事实上,那些非正规金融活动频繁的地区通常也正是集群所在地区,而这些来自非正规金融组织的贷款也主要提供给集群地区的中小企业。

(三)融资结构

融资结构指企业在取得资金来源时,通过不同渠道筹集资金的有机搭配以及各种资金所占的比例。具体来说,是指企业所有资金来源项目之间的比例关系。企业的融资结构不仅揭示了企业资产的产权归属和债务保证程度,而且反映了企业融资风险的大小。从国外中小企业的融资结构来看,通过学者对中小企业的融资结构做的实证研究,如在美国,对于中小企业来说所占比重最大的融资渠道分别是内部所有者融资(业主对企业的出资及贷款)、商业银行贷款和企业间的商业信用。在我国,2005年《中小企业发展问题研究》联合课题组发表的《2005年中国成长型中小企业发展报告》显示,目前中小企业首选的筹资方式中,利用企业积累的自有资金占比48.41%,通过银行贷款来扩大生产规模的占比38.89%,其他形式筹资占比不足13%,通过发行股票和债券进行融资仅占2.38%。① 这说明我国中小企业多把内部融资作为首选的融资模式,银行贷款次之,而由于股票和债券融资门槛太高致使股权融资、直接债务融资运用得极少。这种融资模式体现在中小企业资本构成上,即风险大、成本小的负债资本比重较高,而风险小、成本大的权益资本比重较低,导致潜在的财务风险较大。从负债结构内部来看,短期债务负担过重,对偿债能力带来不利影响。另外,中小企业经营情况波动较大,高负债和低盈利会使每单位利润承担较多的财务成本,对财务杠杆产生负面作用,容易引发财务危机,而高昂的贷款利息也会影响中小企业的业绩表现,使其在融资互动中缺乏竞争优势,难以与大型企业相抗衡,从而进一步加剧了其在融资中的困难。

在集群内的中小企业,考虑到集群带来的融资优势,融资结构上会有相应的变化。陈晓红、刘剑(2003)对我国中小企业融资状况进行了问卷调查,在调查中他们发现,浙江诸暨、江苏镇江、江苏丹阳以及上海等地区,中小企业的资产负债率明显低于我国其他地区的样本企业。通过观察不难发现,上述负债率较低的地区也是我国产业集群比较兴旺的地区,通过前面的分析,对于产业集群中的中小企业来讲,产业集群会给它们的融资带来影响,各种融资渠道的地位会发生改变。首先从中小企业的内部融资看,集群中的企业能够获得比集群外企业更高的期望利润,这提高了企业通过内部融资满足资金要求的能力。其次从获得金融机构贷款看,集群也有助于降低融资成本,降低银行贷款风险,从而增强企业获得贷款的能力。最后从中小企业融资的其他渠道看,集群企业在获得商业信用以及民间融资等方面都具有优势。在这些融资方式中,与金融机构贷款相比,内部融资、商业信用以及民间融资成本都比较低,当其他融资成本较低的融资渠道都变得畅通时,金融机构贷款这种融资方式的地位就会大大下降,由此可以得出这样的推断,产业集群内的中小企业的资产负债率会低于集群外中小企业的资产负债率。所以从理论上的分析是和现实相符合的,也就是说,产业集群会使中小企业融资渠道多元化,降低其资产负债率,缓解融资难的困境。

---

① 荆纪.2005年成长型中小企业发展报告[J].中国工商,2005(11).

第三节　产业集群不同发展阶段对西部地区中小企业融资机制的影响

在集群经济中,每个中小企业都是其组成部分,而一旦形成了集群经济,这种集群的生存方式就变成了每个企业生存与发展的外部环境。因此,企业的融资机制会随着产业集群环境的不断变化而变化。

一、中小企业集群的孕育与形成阶段

在产业集群的形成阶段,一定区域范围内几乎所有企业生产或提供基本相同的生产或服务,这一区域类似某种产品生产基地,区域内企业相互之间合作的主体往往是家庭成员或亲朋好友,并不一定形成稳定的产业分工联系。这是产业集群发展的初级形态。在此阶段,融资体制中金融抑制程度比较深,中小企业在金融市场特别是资本市场没有生存、发育的条件,因而不存在直接融资的方式。同时我国银行部门等金融机构具有国家行政政策的影子,严重偏好于国有大型企业,对中小企业的金融供给十分有限,中小企业在很大程度上被隔离在正规间接融资之外。再加上企业自身刚刚开始接受市场信息,了解市场运作,对企业的管理和经营都处于半通不通的阶段,对信用评级和外部资金环境没有深刻认识。这样一来,我国形成期中产业集群内的企业大多数是以家庭为单位的中小企业,由于缺乏正规金融机构的支持,这些家庭工业最初的资金主要来源于非正规方式融资。即创业资金主要来自业主的自我积累,另外还有少量的基于血缘、亲缘关系的民间借贷。根据对广东省中山市小揽镇五金产业集群的抽样调查,在产业集群的形成阶段,产业区域的集中布局在空间上的分布表现为十分明显的地域专业化特征,主要是以血缘、亲缘关系为纽带进行产业扩散。从融资方式上来看,群内中小企业的创办资金来源主要以自有资金和向亲友借贷的方式筹集资金,自己资金比例达到了72%,亲友借贷为53.1%,分别在资金来源中位于第一位和第二位。[①] 由于社会关系网络的封闭性和排他性,这种非正规融资的融资能力十分有限,难以达到一些行业的资

---

① 赵祥.产业集群融资机制的变迁[J].经济与管理研究,2005(1).

本规模要求。因此,这种内生的产业集群需要选择能节约资本的投入结构,在劳动力相对丰富的条件下,用廉价的劳动力去替代稀缺的资本。可以看到,我国传统的产业集群大都选择一些投资少、技术含量低的劳动密集型行业。

二、企业集群的成长与扩散阶段

当集群内中小企业慢慢适应集群环境,产品有了一定的市场,并且开始共享各种公共设施,企业之间密切分工协调发展时,产业集群即步入成长期。企业集群的成长过程也就是产业的对外扩散和传播过程。企业集群在成长的过程中,不断从环境中取得资金、人才及技术资源,并开始产生溢出效益,这些效益流向上、下游企业。产业扩散带来的直接后果就是同一产业在同一区域的集聚,而同一产业的集聚同时也会导致一些与其有经济和技术联系的相关企业集中分布,于是就形成了一个以某一优势产业为主导、其他相关产业配套发展的企业集群。这一类集群是由第一阶段的集群发展而来的。这一阶段集群与第一阶段集群的根本差异在于,企业内部分工实现了外部化或社会化,集群内企业形成了密切联系。

成长期产业集群内的中小企业的产品有了相对稳定的销售市场,企业内的生产系统和管理系统也较为规范化、科学化,因而成长期也就是发展期。在这个时期,企业急需资本扩大生产规模,更新技术设备,多数企业都处于资本饥饿状态,要求有新的资金来源,同时这一阶段由于企业间发展起密切的分工关系,促使过去建立在社会关系基础上的信任向以商业关系为基础的信任转变。在这种信任关系发展的基础上,企业间以延迟或提前支付货款为表现形式的商业信用大量出现。同时银行体系逐渐改革,市场可贷资金有所增加,成为中小企业外部融资的首选来源。我国自 20 世纪 90 年代初期开始,逐步形成了以国有商业银行为主、股份制中小商业银行为辅的金融体系,金融服务的渗透能力有所提高,信贷发放具有自身可控性。但是金融市场并没有形成清晰的分层结构,使银行向实体经济渗透方面的意志不强,金融市场主体发展仍有不成熟之处。因此,金融抑制的情况依然存在,在很大程度上延缓了中小企业在信贷市场融资。在此阶段,证券市场建设逐步向前推进,为中小企业外部股权融资提供了可能。随着 20 世纪 90 年代初期证券市场体系建立,债券市场、股权市场逐渐发展起来,为企业拓展外部融资模式奠定了基础。虽然推出了中小企业板,但上市门槛依然较高,上市数量较中小企业的总量而言显得杯水车薪,同时企业债券发行门槛也非常高,中小企业发行债券也比较困难。这种情况下,集群内融资中介组织应运而生,作为集群企业与正规金融市场的桥梁,它增加了正规金融供给,有效地扩大了中小企业正式融资的比重。例如,随着产业集群的不断发展,在地方政府的支持下涌现出担保公司,担保公司的介入打破了银行与小企业关系的僵局,大大减少了金融机构与企业之间由于信息不对称等造成的诸多成本,降低了金融机构的信贷风险,有力推动了金融机构对集群内企业的信贷规模和授信额度,帮助集群内中小企业向多元化融资转变。

三、产业集群的成熟阶段

随着产业集群发展进入到第二阶段,特别是伴随着部分核心企业的出现,地方生产系统逐步根植于当地的社会文化网中,最终形成具有国际竞争优势的稳定的区域经济系统即产业集聚的高级集聚。这个时期的中小企业在一定程度上来说已经步入正轨,经营、财务等各方面也有所完善,发展前景渐渐明朗。企业之间高度分工协作,与外部的经济联系更加广泛;产品极具市场竞争力,在国际上占有一定的市场份额;集群内不仅聚集着数量众多的生产性企业,而且衍生出技术研发、信息咨询、金融服务、物流配送、交易市场、检验检测、人员培训等专业化服务业;基础设施高度共享,从而使该区域成为某类产品的生产制造中心、贸易中心、研发中心和创新中心。这一时期的产业集群基本上能达到银行安全性、收益性与流动性的贷款原则要求。企业资金需求的急剧扩大,仅靠内部融资已不能满足企业扩大规模、开发新产品、寻找新市场的资金需要。这就促使企业积极寻求正式融资渠道,并有力推动产业集群内部正式融资制度的创新。对于政府层面,开始专门针对产业集群提出政策措施,加大对产业集群的财政和金融支持力度,国务院 2007 年发布的《关于促进产业集群发展中的若干意见》中规定:政府统筹相关部门的政策,形成共同扶持产业集群发展的合力;各项财政专项资金向产业集群公共服务平台和龙头企业倾斜,并在有条件的地区设立产业集群发展专项资金,重点用于产业集群发展环境建设。并进一步加强产业集群与各类金融机构的对接与合作,搭建产业集群新型融资平台。对于银行等金融机构,商业银行尤其是集群内的银行对企业信息有了较清楚的了解,选择有效益、有还贷能力的企业所需的流动资金贷款给予优先安排、重点支持,对资信好的企业给予一定的授信额度。但是中小企业获得银行资金融通的机会还是明显不及规模较大的企业,且在企业快速成长的同时,企业的负债率、融资成本逐渐提高,由此带来的财务风险也急剧扩大,同时外部直接融资中民间非正规金融的比重也有所增加。可以看到,这一时期,企业自有资金所占比重呈下降趋势,而以银行贷款为主的正规金融和非正式融资所占比重逐步上升。

但总的来说,我国民营企业不论处在哪一个发展阶段,其融资来源很大程度上都严重依赖于内部融资。

四、产业集群的衰退阶段

这一阶段集群中企业大量退出,只有少量新进入者。企业集群进入衰退阶段最重要的标志是失去对市场的灵活反应,缺少应变的内源力。在这一阶段,集群企业大量向其他优势地域或行业转移,企业数量趋于下降,核心企业逐渐退出集群,企业对市场的反应能力下降,集群发展缺乏内在动力,竞争优势逐渐削弱。在这一时期,由于集群内企业资产回报率降低,金融资源会撤出原有的资金,在这一过程中,会用到并购、重组、股票回购、重组等形式,而这就需要大量的资金,理论上说最有效的途径就是通过资本市场,在资本市场上进行资本运营,通过产权、股权交易实现资产重组。然而,目前我国的实际情况是:资本市场体系还不够健全,银行主要考虑给企业贷款的安全性时也难以给产业集群衰退期的中小企业贷款。因此,处于衰退期的中小企业往往陷入进退两难的境地,在这个阶段,资金的需求主要是用于二次创业,可以采用资产变现、并购和重组以及融资租赁、信托租赁等方式进行融资。

第四节 中小企业集群式融资的博弈分析

从上面的分析可以看到,处于集群中的数量众多的中小企业若能以集群的形式组织起来,会具有融资优势,能比较有效地解决资金短缺的问题。中小企业集群整体通过银行融资时,中小企业集群与银行均以各自的利益最大化为目标,所以彼此之间的合作存在着一定的竞合关系。那么,怎样将彼此的目标趋于一致就是中小企业集群与银行共同需要面临的问题。通过博弈模型的分析可以很好地诠释中小企业集群和银行是怎样达到目标一致的。

一、中小企业个体与银行间的博弈关系

我们先建立一个没有处于集群中的个体中小企业与银行之间的博弈模型。在

信贷市场中最理想的状态是信贷市场具有完全信息,同时由于政府提供良好的信贷支持,担保手续简便且免费;发生企业赖账情况时,以高效的司法体系维护正义,而且费用极低,因此交易费用可以看作零。在此模型中,我们给出如下假设:①银行和企业是所有的博弈参与者,是理性的;②双方可以动态博弈,即一方做出决策后,另一方可以相机行事;③银企双方对于每种情况下的收益情况是了解的,而且对于对方在自己决策以前的行动具有完美信息;④银行收回贷款的交易成本忽略不计;⑤银行和企业间相互的信息掌握是完全的。同时我们假设银行的本金为1,企业利润和银行利润各为1,违约惩罚为1。

我们可以建立一个完美且完全信息下中小企业个体与银行的动态博弈,如图5-1所示。在这个博弈中包含两个子博弈,描述了银行贷款的全过程,在原博弈中,银行作为决策方,可以选择贷款或者不贷款,如果选择不贷,则该过程结束。如果选择贷款,原博弈又产生了一个子博弈,博弈方为企业。企业可以选择还款或不还款,如果企业选择还款,则该博弈结束。从银行的角度而言,则表现为该企业信用较好,存在进一步合作的可能性,该博弈达到动态均衡。如果企业选择不还款,则该子博弈又产生了一个二级子博弈,博弈方在银行,银行可以选择容忍或追究,如果银行选择容忍,则该博弈结束,银行损失了自己的资金。从图5-1看到,A,B,C,D是博弈过程可能的结果点。其中,A表示表示银行不贷款,B表示银行贷款—企业还款,C表示表示银行贷款—企业赖账—银行容忍,D表示银行贷款—企业赖账—银行追究。

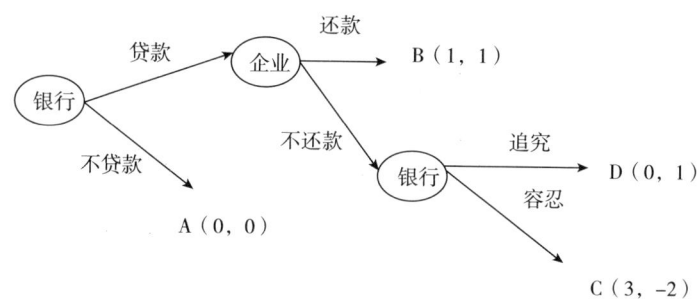

图5-1 完美且完全信息下中小企业个体与银行的动态博弈

收益集如表5-1所示,其中,C点企业不还款,银行容忍,因此银行损失了本金和利息共为2,这是银行所最不愿意看到的;相反,企业独吞了资金产生的利润和银行的本息,实际企业所获的收益为3,对企业而言,这是其能够获得最大收益的手段。D点企业不还款,银行追究,假设通过法律手段解决问题的交易成本可以忽略,同时由于企业抵押、担保等的存在,因此银行的正当权益获得保护,获得收益为1;相反,企业因为不履行承诺,受到惩罚,因而其获得收益为0。

表 5-1 完美且完全信息条件下个体中小企业与银行博弈模型

企业＼银行	不贷款,不追究	贷款,追究	贷款,不追究
还款	—	—	(1,1)
不还款	(0,0)	(0,1)	(3,-2)

在上述的博弈过程中,在二级子博弈中,银行在容忍和追究两种选择的情况下,会理智地选择追究,如果银行选择追究,这种威胁是可信的,企业在一级子博弈时绝不会选择不还款,因为如果选择不还款,不符合其利益最大化原则,因而企业必定选择还款,如果企业在一级子博弈时选择还款,银行在初始博弈所做出的选择必然是贷款,因为这符合银行利益最大化原则。因此,在该动态博弈的四种情况中,情况 B 构成的策略组合应该是一个纳什均衡。可现实的情况是,不可能出现在司法介入时而交易成本为零的情况,司法部门也可能由于信息不对称等原因而不能及时帮助银行追缴贷款。因此我们进一步假设,银行只能知道自身得益的概率,因信息不对称的存在,银行可能做出错误的贷款决策。如果企业违约,银行追究时交易双方均需付出交易成本,并且在原来假设的基础上,交易费用为 0.5,成功收回贷款的概率为 0.5。建立博弈模型如图 5-2。跟前一个博弈模型相同,在这个博弈模型中也包括两个子博弈,主要的区别在二级子博弈过程中条件发生变化,如果银行在企业赖账的情况下选择追究,双方必须付出交易成本。交易成本存在影响了双方的收益组合。同样 A,B,C,D 是博弈过程可能的结果点。其中 A 表示表示银行不贷款,B 表示银行贷款—企业还款,C 表示表示银行贷款—企业不还款—银行容忍,D 表示银行贷款—企业不还款—银行追究。

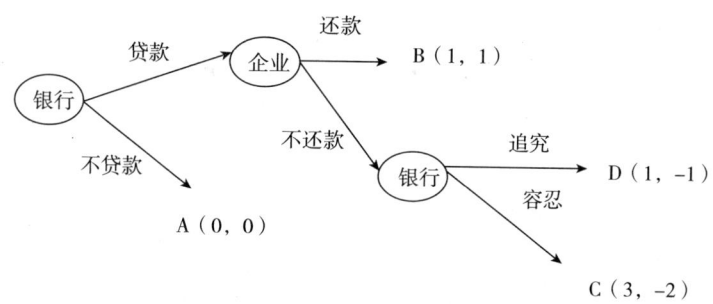

图 5-2 不完全但完美信息条件下个体中小企业与银行动态博弈

其收益集如表 5-2 所示,在 D 点,现实中由于贷款担保或抵押不足、司法系统效率欠高等原因,交易费用不可能为零。银行在追究的过程中支付 0.5 的交易成本,企业因为不履行承诺,受到惩罚,经过计算,收益集为(1,-1),与前一个博弈模型不同。银行第二次决策,银行选择追究这种威胁是不可信的,因此企业在此决策点会选择不还款,因为如果选择不还款,银行蒙受损失为-2。因此,银行在初始决策时所做出的选择必然是不贷款,因为这符合银行利益最大化原则。所以,在该动态博弈的四种情况中,情况 A 构成的策略组合应该是一个子博弈完美纳什均衡。通过以上分析可以看到,在现实中由于昂贵的交易费用和低效的司法制度增加了银企交易成本,因此银行就可能会选择不向中小企业发放贷款,而出现了"惜贷"行为。

表 5-2 不完全但完美信息条件下个体中小企业与银行博弈模型

企业\银行	不贷款,不追究	贷款,追究	贷款,不追究
还款	—	—	(1,1)
不还款	(0,0)	(1,-1)	(3,-2)

二、集群内中小企业同银行的博弈关系

如果中小企业以集群的方式整体向银行融资时,情况就会有所改变。通过前面的分析,我们已经看到,产业集群中的中小企业在融资时具有信用、成本、规模和

竞争等方面的优势。在产业集群中,中小企业在做出决策时,需要考虑到的一个非常重要的因素就是信誉,由于产业集群内企业的"地区根植性",每家企业作为产业链上的一个环节,如果有违约行为,信息会在其上、下游企业及同行业间迅速传播,这样就会导致信誉不好的企业交易成本高,在集群内很难生存。同时由于产业集群中的中小企业生产关联度高,在企业由于经营不善不能还贷时,银行就可以把其抵押物直接卖给集群中的其他企业,从而合理地分散了银行的信贷风险。下面来看一下集群内中小企业同银行之间的博弈关系,首先做如下假设:①银行和集群内企业是理性的博弈参与者;②双方可以动态博弈,一方做出决策后,另一方可以相机行事;③银行知道自身得益的概率,企业清楚自身的得益情况;④信息对称性良好,银行做出错误贷款决策可能性较小;⑤如果企业违约,银行追究时交易双方均需付出交易成本;⑥如果企业违约,银行追究时得到示范效应,企业则对称受到声誉损失。在这个模型中,我们假设银行本金为1,企业利润和银行利润各为1,违约惩罚为1,发生不还款情况时交易费用为0.5,银行向企业追债过程中,企业的声誉损失为$-a(0<a<1)$,银行对集群内企业产生示范效应收益对称存在为a;企业成功收回贷款的概率设置为p(p为大于1/2小于1的常数)。其博弈模型如图5-3所示。这个博弈模型中同样包含两个子博弈,跟前一个博弈模型主要的区别在于D结果点,当企业不还款,银行选择追究时,一定概率下成功收回贷款,企业则受到惩罚和信誉损失。这样银行追债成功的收益为$p×(1)+(1-p)×(-2)-0.5+a=3p+a-2.5$;对于企业来说,一旦逃避银行的债务,那么它不好的声誉,会使企业业务受损为a,加上交易费用0.5和违约惩罚-1,则企业被动还债的收益为$p×0+(1-p)×3-0.5-a=2.5-3p-a$。

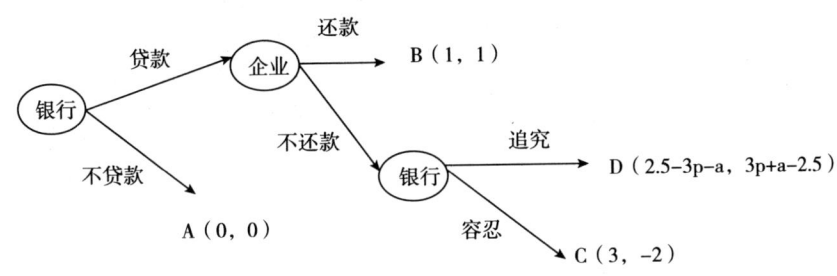

图5-3 不完全信息下集群银企信贷博弈

收益集如表5-3所示,在集群条件下的银企博弈,银行同样采用的是威胁策略:如果企业不还款,就追究其责任,并以追究责任为承诺迫使企业不敢赖账而达到双赢的目的。如果银行的威胁承诺是可信的,那么就得到预期的子完美博弈纳什均衡B点即银行借贷,企业还款;如果银行追究行为不可信,那么银企以不合作结束博弈行为。下面我们就来比较一下企业在这两种情况下的利润:从博弈模型中看到当企业诚实守信,按时还本付息时,其利润为1,当企业贷到款之后,选择逃债时,其利润为$2.5-3p-a$,我们用$2.5-3p-a-1=1.5-3p-a$,因为$0<a<1$,p为大于1/2小于1的常数,因此$1.5-3p-a<0$,即$2.5-3p-a<1$,也就是说,当中小企业选择诚实守信、按期还本付息时,其收益要比赖账多,所以出于理性的选择,中小企业会按时归还银行本息。

表5-3 不完全信息条件下个集群银企博弈模型

企业\银行	不贷款,不追究	贷款,追究	贷款,不追究
还款	—	—	(1,1)
不还款	(0,0)	($2.5-3p-a$,$3p+a-2.5$)	(3,−2)

跟前面对单一中小企业与银行间的博弈模型的相比较,可以发现无论是单一中小企业还是群内中小企业失信都对企业自身有一定的影响。不同的是,单一中小企业在借贷发生时如果失信,对银行的影响将是非常大的。但是如果中小企业形成集群后,群内中小企业的失信成本要远远高于单一中小企业的失信成本,即其失信成本会被集群效应放大。集群中的中小企业融资时最好的状态是集群整体在银行那里不失信,与银行配合还债形成"共赢"的态势。中小企业集群融资成功,银行在其融资中获益。

三、集群内中小企业间的博弈模型

集群效应可以缓解中小企业融资的压力,给中小企业融资带来一定的优势,但处在集群中的中小企业到底是选择独自融资还是联合融资才对自己更有利,我们须进一步进行分析。从前面内容看到,当集群内的中小企业形成一个整体,将独自分散的融资力量集聚时,形成在信用、还款能力、融资能力等方面都强大的一个有机动态整体,以吸纳集群内外部资金供集群内中小企业生产经营使用。因此,我们假设集群内的中小企业独自融资收益为1,合作融资时,由于更进一步地利用了产业集群的融资优势收益为3,对博弈模型进行进一步的假设:①集群内各个中小企业是理性的博弈参与者;②双方可以动态博弈,一方做出决策后,另一方可以相机行事;③企业清楚自身的得益情况;④信息对称性良好,企业做出错误贷款决策可能性较小。建立静态博弈模型如表5-4所示。从博弈模型看到,中小企业形成集群后,每个中小企业独自融资仍然存在着困难,即使有收益也会非常小,所以当中小企业都各自为战、独自融资时,收益为(1,1);若其他中小企业合作融资,而有个别的中小企业单独融资时,银行出于抵御风险的考虑,宁愿选择为形成有机联系的多家中小企业整体贷款。此时,单独融资的中小企业的收益仍然是原来的1,但其他合作融资的中小企业则能各自获得收益为3;最后出于利益最大化的理性选择,中小企业均选择了合作融资达到了纳什均衡,就形成了各中小企业的收益最大化(3,3)。

表5-4 集群内中小企业合作博弈模型

中小企业 \ 中小企业	合作融资	独自融资
合作融资	(3,3)	(3,1)
独自融资	(1,3)	(1,1)

更进一步的,我们假设在合作融资经营好时,收益为L_1,经营差时,收益为L_2,其中$L_2<L_1$,合作融资时当企业按期归还本息时,成本为C_1,不按期归还本息时,成本为C_2,考虑到失信成本,其中$C_2>C_1$,我们建立一个动态博弈树,如图5-4所示。在此博弈树中,将集群内的中小企业作为决策方,可以选择加入合作融资或者不加入,如果选择不加入,则该过程结束。如果选择加入,博弈方为银行。银行可以选择贷款或不贷款,如果银行选择不贷款,则该博弈结束。如果银行选择贷款,博弈方在加入合作融资的集群内中小企业后,当其经营好的情况下,有两种情况,一种是中小企业选择及时还本付息。其利润可以计算出等于L_1-C_1,该中小企业由于及时归还贷款而使其获得良好的社会信用,比较容易继续获得贷款从事生产经营活动、扩大生产规模等。另一种是中小企业选择赖账。此时的利润是L_1-C_2,因为$C_2>C_1$,此时,该企业要承受由于失信带来的损失,如无法再获得贷款、被合作伙伴抛弃等。当其经营差的情况下,也有两种情况,一种是中小企业仍然选择还款付息。这时中小企业的利润是L_2-C_1,此时,该企业的利润可能为负,尽管短

期的利润可能比较低,但其良好的信用可以使其进一步融资,从而扭亏为盈。另一种是中小企业选择不还款,这时中小企业的利润是 L_2-C_2,这时企业不仅承担了巨大的失信成本,导致利润的降低,而且由于失信于合作伙伴未来取得资金的前景更是堪忧。从上面的分析中看到,在产业集群中的中小企业,在合作融资时,中小企业的最优选择仍然是主动还款。不论是其经营好与差,主动还款均可以为其带来利益。

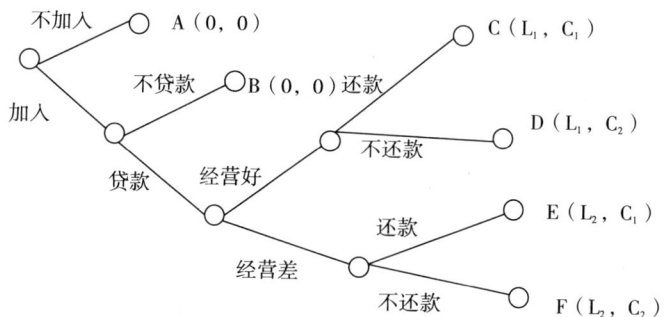

图 5-4 集群内各中小企业间的动态博弈树

第六章
西部地区中小企业集群融资存在的问题及风险防范

从前一章中我们看到,从理论上分析,加入产业集群后的中小企业在内源融资和外源融资两个方面都比单个中小企业更具融资优势。然而,在现实当中,中小企业集群融资的优势还不明显,没有发挥出应有的融资效应。本章主要针对西部地区中小企业集群融资存在的问题及风险进行分析。

第一节 西部地区中小企业产业集群现状及存在的问题

产业集群对地区经济的发展具有重要的意义,不仅有助于促进产业结构的调整和升级,而且可以强化区域经济的优势和特色,提高区域内产业间的协作与竞争,使得区域经济良性循环。在国家实施西部大开发战略的各项政策扶持下,西部地区的基础设施得到较大改善,中小企业集群得到了一定的发展,经济实力明显增强,但与我国东部地区相比还有很大差距。

一、西部地区中小企业集群的现状

我国东部地区的产业集群发展起步较早,发展速度较快,特别是长江三角洲和珠江三角洲的产业集群发展,使得当地经济高速发展。我国西部地区资源丰富、市场潜力大,但由于自然、历史、社会等原因,经济发展相对落后。随着西部大开发的不断推进,目前我国西部地区一些自然条件、人文环境以及经济基础较好的区域也出现了一些初具产业集群特征的雏形。如西宁的纺织产业集群;重庆的摩托车产业集群;西安的高新技术产业集群;云南的昆明及周边地区所形成的与花卉高度相关的中小企业集聚;云南、贵州、四川等省区旅游线路上出现的旅游产品企业集聚;云南的烟草产业集群;四川德阳的装备机械产业区;六盘水—攀枝花的煤炭—冶金工业基地;新疆的克拉玛依—乌鲁木齐的石油化工基地;陕西的高新技术产业集群、苹果产业集群;成都—重庆—贵州的"制药业走廊"基本已经呈现雏形,出现了中小企业自然集聚而形成的制药企业生产体系和原材料供应体系;四川泸州、贵州怀仁等地所形成的小酒厂集聚,在酿酒技术、原材料基础建设与供应等方面都有一定的研究开发实力;内蒙古的牛奶产业集群。这些区域的产业集群雏形为西部地区产业集群的形成和发展奠定了基础。这些产业集群都正在快速发展,同时也引导和带动了产业集群在西部地区的繁衍,对区域经济的发展起到了一定的带动作用。但总体来说,西部地区的产业集群发展起步较晚,已经形成的产业集群还处在初级阶段,集群数量较少,只占全国产业集群分布的10%左右,而且发展规模和水平也普遍滞后,与东部地区产业集群相比还不成熟。西部地区产业集群大致可以分为以下三类:

(一)大型企业配套形成的产业集群

这类产业集群的特点就是在大型企业集团附近,都有相关企业和机构的繁殖和衍生。在西部地区较有代表性的就是重庆摩托车产业集群。重庆的摩托车行业最初仅嘉陵一家,目前已发展成为大大小小摩托车整车和发动机生产企业18家、配套企业数十家。自20世纪90年代末以来,精通、恒胜、新感觉、广捷、宗庆等又一批摩托车生产企业相继成立,同时与之适应的社会中介机构如专利代理所、技术交易中心、西南信息中心、科技情报研究所、生产力促进中心、科技情报学会、科技咨询协会、知识产权研究会等也应运而生。重庆市目前有170多家摩托整车生产厂,3000多家摩托车配件厂,还不包括不计其数的摩托车修理厂。

(二)信息化浪潮推进的高新技术产业集群

高新技术产业集群是指在高新技术领域内具有相互关联的项目与企业在一定的区域内聚集,从而形成科技产业研发、测试、生产、销售以及相互协作、配套的有机组合,一改以往园区项目的物理堆砌现象。作为产业集聚的支撑,以政府出台的相关扶持政策和服务措施为基础,并在"集群"的外围辅以科技人才生产、生活所必需的餐饮、购物、健身、娱乐等设施。这类产业集群实际上是由大学、科研机构等机构孕育形成的,典型代表就是陕西省的高新技术产业集群。陕西省的高新技术产业主要包括西安高新技术产业开发区、西安经济技术开发区、宝鸡高新技术产业开发区和杨凌农业高新技术产业示范区四个国家级开发区和渭南、咸阳两个省级高新技术产业开发区。这些产业集群在电子信息、计算机软件、先进制造技术、新材料、生物医药、航空航天技术、光电一体化技术和节能技术等高新技术领域优势突出。

(三)民间自发形成的产业集群

我国的许多产业集群都经历了由小到大、从自发到自觉的发展过程。在西部地区较为典型的就是云南省的花卉产业集群。云南省生物气候多样、地形复杂,生物资源具有热带、亚热带、温带和寒温带气候的物种,一年四季可生产不同季节、不同生物气候带的花卉品种,为云南省花卉产业的发展提供了优越的条件。目前,云南省已形成了以昆明市为主的温带鲜花产区,以西双版纳、元江、元谋等地区为主的热带花卉产区和以迪庆、丽江为主的冷凉球根花卉产区三大主产区。花卉产业集群发展极大地带动了县域经济的发展。

与东部沿海地区产业集群相比,西部地区产业集群主要存在以下不足:①西部地区产业集群数量不够多。总体来看,西部地区的产业集群与东部沿海地区相比,还是处于零星分布状态,其数量较少,对地方经济的发展尚未起到重要支撑作用。②产业集群的竞争力不够强。集群内部的分工协作、资源共享、技术创新的机制还未形成,集群的规模不够大,集群整体竞争力较弱,市场占有率都还不够高。③产业价值链的低端化。西部地区现有的优势产业或主导产业主要是能源、原材料和重化工业等资源密集型产业以及一些国防工业。后者由于其特殊性无法形成集群,而前者这种单一的资源密集型主导产业和初级加工方式极大地限制了产业链的延长,而产业链缺损又造成产业分工层次低、产品附加值低。④产业集群发展的路径比较单一。西部地区的产业集群主要是依托现有产业基础和区域资源基础而自发形成的,通过市场拉动、创新推动、投资促进、知识溢出等其他方式形成产业集群的案例很少,从而导致产业集群的发展缓慢。⑤产业集群多为内生型。西部地区既无吸引外资优势,也无高科技资源优势,因此大多数地区只能依靠自然条件或者该地拥有手工制作某产品的传统自发形成产业集群。如陕西渭北苹果特色产业集群、广西贵县糖业产业集群、宁夏的清真食品产业集群、内蒙古的乳制品产业集群等都是靠这种方式发展起来的。

二、西部地区中小企业集群的特征

通过对我国西部地区中小企业集群现状的分析,可以看出西部地区中小企业集群呈现出以下特征:

(一)西部地区产业集群规模不断扩大

近年来,我国西部地区中小企业集群规模呈现出不断扩大的发展趋势。企业集群是一个内部有机联系、不可分割的整体,其规模程度有横向规模和纵向规模之分。从经济学角度理解,纵向规模是指企业内部一体化程度的高低,也就是企业内部所包含的生产环节的多少;横向规模是指企业重复生产同种产品的数量大小。企业集群的纵向规模是指产业链条上各个不同却又紧密相连的链环的多少;企业集群的横向规模是指汇聚在一个链环上的承担相同生产任务的不同企业的多少。西部地区产业集群无论是从纵向规模看,还是从横向规模看,都呈现出了扩大趋势。以四川省为例,进入 21 世纪以来四川省的产业集群快速增长,集群数量、规模和结构都发生了显著的变化,形成了纺织业、机械制造业、陶瓷、鞋业、家具、装备、电子信息、软件业等四十多个产业集群。其中,四川省夹江的陶瓷集群,共有企业 115 家,占四川省产量的 70%,后相继形成了电力、天然气、机械配件、色釉料、包装、运输、页岩开采等相关配套企业 360 多家。此外,西部地区其他省(市、自治区)也出现了很多产业集群,成都—重庆—贵阳的"制药业走廊"已渐现雏形;四川泸州、贵州仁怀小酒厂集群形成规模;云南昆明及周边地区的花卉企业集群较为成熟;四川、贵州、云南形成旅游产品生产企业聚集区等。

(二)西部地区农业生产专业化不断深入

农业生产专业化是西部地区产业集群形成的一个最基本的要素,没有农业生产的专业化,也就不会有西部地区产业集群的诞生,所以这是界定西部地区产业集群的一个重要特征。农业生产专业化包括三种类型:①农业经营主体的专业化。农业经营主体包括农业企业和农户,这些农业经营主体在市场经济的指引下,逐步摆脱"小而全"的生产结构,主要生产市场需要的农产品,使得作为农业生产的主体不断走向专业化。②农艺过程专业化。农产品的生产过程不再是由一家农户或者经营者全部承担,而是将农产品生产全过程中不同工艺阶段由若干优势的专门经营主体分别完成,发挥个体优势,增强产品竞争力。③农业生产地区专业化。各地区充分利用各自优势,重点生产具有优势的农牧产品。西部地区在农业产业化发展的进程中产生的"农业产业带"和"农产品基地"等就是具有中国特色的农业生产地区专业化的表现形式。如周至县的猕猴桃种植基地、彬县的大枣种植基地、陕西礼泉县的苹果种植基地等。

(三)西部地区产业集群所涉行业逐渐增多

随着西部大开发战略的实施,我国西部地区产业集群所涉行业逐渐增多。西部地区最为主要的产业集群是资源密集型的产业,绝大多数产业集群的形成是依靠丰富的自然资源,如四川省的陶瓷业、盐化工、天然气化工、水电有色金属产业集群;甘肃省的黑色金属、有色金属矿产形成的制造产业集群;内蒙古自治区依据其矿产资源形成的集群等。这些依靠自然资源形成的产业集群对自然资源的依赖程度很高,产业集群的后续性差,地域较分散。还有部分产业集群是以种植、养殖、农产品深加工为主,如蒲江的特色食品业集群。此外,西部地区还有部分以纺织、皮鞋、服装、家具为代表的劳动密集型产业和部分机械及装备制造业产业集群。同时,高新技术与新兴产业集群的发展也在西部地区起步,如电子通信设备、生物制药、医药制造、汽摩配件、化学建材等行业。由此可见,西部地区产业集群所涉行业呈现出逐步增多的趋势。

(四)西部地区产业融合显著

西部地区产业集群最为突出的一个特点就是产业融合更加明显。所谓产业融合,是指由于技术进步和放松管制,不同产业或同一产业不同行业相互渗透、相互交叉,最终融合为一体,逐步形成新产业的动态发展过程。产业融合是在经济全球化、高新技术迅速发展的大背景下,产业提高生产率和竞争力的一种发展模式和产业组织形式。在不同的产业领域内,产业融合以不同的方式演进,最终促成整个产业结构的高度化、合理化,并构架出融合型的产业新体系。西部地区产业集群的发展体现了产业融合的思想,主要有三种类型。

1.传统三次产业之间延伸融合

延伸融合即要通过产业间的互补和延伸,实现产业间的融合。西部地区产业集群的链条包纳了第一产业、第二产业和第三产业,传统三次产业的延伸融合包括农业种植和养殖、工业加工、服务业和交通运输业之间的融合等。农业发展是基础,工业发展是主力,第三产业是农业和工业产业协调发展的纽带。这三次产业之间是相辅相成、密不可分的,它们的融合度越强,说明西部地区产业集群的凝合力

第六章 西部地区中小企业集群融资存在的问题及风险防范

就越强。

2.传统产业内部的重组融合

重组融合主要发生在具有紧密联系的产业或同一产业内部不同行业之间,是指原本各自独立的产品或服务在同一标准元件或集合下通过重组完全结为一体的整合过程。通过重组型融合而产生的产品或服务往往是不同于原有产品或服务的新型产品或服务。西部地区传统产业内部的重组融合主要表现在农业内部种植业和养殖业的融合、林业和牧业的融合、工业内部如制造业与印刷业等上下游关联产业的融合。

3.高科技产业对传统产业的渗透融合

即高新技术及其相关产业向其他产业渗透、融合,并形成新的产业。例如,信息和生物技术对传统工业的渗透融合,产生了诸如机械电子、航空电子、生物电子等新型产业;电子网络技术向传统商业、运输业渗透而产生的电子商务与物流业等新型产业;高新技术向汽车制造业的渗透将产生光机电一体化等新型产业。当前最具代表性就是农业高科技化、设施农业的发展。设施农业通过采用工程技术,改变自然环境,为动植物生产提供相对可控制的温度、湿度、光照等环境条件,进行有效的农业生产。总之,高新技术向传统产业不断渗透,成为提升和引领高新技术产业发展的关键性因素,高新技术及产业发展有利于提升传统产业的发展水平,加速了传统产业的高技术化。我国西部地区的产业集群也体现出了高科技产业对传统产业的渗透融合。

(五)西部地区产业集群空间布局较为分散

与我国东部沿海地区产业集群空间布局相对集中的特征相比,西部地区的中小企业集群在空间布局上相对较为分散。这种相对分散的布局的形成,一方面是由于西部地区的地理形态陡峭嶙峋,使得新入企业在进入集群区域时,选择地址存在一定的困难,很难聚集在一个相对集中的区域,如四川省由于其地理环境的特殊性,其产业集群相对分散;另一方面是由于政府部门对产业集群不够重视,缺乏有效的规划,很多地方政府就是由于没有正确理解产业集群这一机理,盲目地建立所谓的工业园区,盲目选择目标集群产业,人为地将若干缺乏产业关联和分工协作关系的企业放在一起,最后导致园内企业相继搬走,园区成为一片空地,造成土地等资源的极大浪费,这在很大程度上不利于西部地区产业集群的发展。如重庆巴山地区和石小路地区较为分散的汽摩集群等,规模布局就相对分散,没有相对集中在中心城镇。

(六)循环经济的企业化模式初显

循环经济就是在物质的循环、再生、利用的基础上发展经济,其原则是资源使用的减量化、再利用、资源化再循环,生产基本特征是低消耗、低排放、高效率。目前,我国西部地区很多省(市、自治区)已将循环经济的思想渗透到集群企业的管理实践中,积极创建具有特色的企业循环经济模式。实现循环经济的企业化进程,一般有企业间循环经济模式和企业内部循环经济模式两种,我国西部地区产业集群主要采用企业内部循环经济模式。如2003年陕西省礼泉县工业办公室合资开发果渣综合利用项目,总投资1200万元,采用先进技术建设果渣生产果胶、拇指糖及高蛋白饲料生产线各一条。① 果肉用来加工果脯,果汁用来生产饮料。随着集群的不断深入发展,企业间循环经济模式将是西部地区产业集群发展的必然选择,如内蒙古科尔沁玉米生化产业集群。

三、西部地区中小企业集群存在的问题

我国西部地区的中小企业集群起步相对较晚,虽然目前已形成一定的规模,但仍然存在很多问题,包括产业集群缺乏植根性、产业链发展不完善、专业分工和内部协作程度低、创新动力不足、区域品牌缺乏、制度建设和配套设置不健全等问题。

(一)产业集群缺乏植根性

产业集群中的企业、机构不仅在地理位置上接近,更重要的是它们之间具有很强的本地联系,这种联系不仅是经济上的,还包括社会的、文化的、政治的等方面。产业集群的植根性决定了集群企业及其相关辅助、支撑机构的经济行为植根于相同或相近的社会文化氛围和社会网络环境中,根植于共同的制度环境和市场环境中。基于相同或相近的地域文化背景和制度环境如文化传统、交易规则、价值观念、当地语言等,集群企业及其相关机构之间就会产生集群特有的相互理解、信任与合作的关系。西部地区大多数产业是通过各种税收优惠政策、低廉的劳动力价格优势等方式,吸引产业链上、下游企业的聚集,从而形成的集群;还有少部分产业是由政府直接投资形成的,但由于政府对产业集群的理解不深入或者没有足够重视等原因,这种形式形成的产业集群只是空间上的聚集,而没有形成内在的机制和

---

① 咸阳统计局.2004年咸阳统计年鉴[M].北京:中国统计出版社,2004.

产业关联性,因而缺乏强烈的根植性。随着我国改革开放的不断深入,西部地区空间上的企业聚集就表现出很大的脆弱性,当某一区域的土地成本、劳动力价格等区位优势及税收优惠政策发生变化时,这一区域内的一些企业就可能向出台更优惠政策的其他地方转移。这种转移导致各地区产业结构形态上的趋同,甚至演变成地区之间低水平产业的恶性竞争,使得集群经济难以持久。

(二)产业链发展不完善

产业集群形成的产业链中,上、下游企业建立的长期战略联盟合作关系,在一定程度上降低了市场不确定性以及机会主义行为带来的交易成本,不仅能够提升集群内企业的竞争与合作,而且还可以降低产品的各种成本,降低生产运营的风险,提高经济效益。虽然我国西部地区小型纺织、造纸、酒厂、煤窑、水泥、火电、钢铁等企业较多,但专业化分工程度低,产品附加值低,产业的生产组织方式与产业集聚背道而驰,产业链的连续性和整合性不够,企业之间的关联度低,联系不够紧密,没有建立长期的战略联盟合作关系,缺乏配套与协作,专业分工难以向纵深发展,无法通过上、下游产业之间的互动和外溢机制来促进西部地区内产业关联集群的形成与发展,不仅难以形成企业网络,而且难以形成企业间的竞争和协作关系。尤其是西部地区的工业体系以重工业为主,这使得整个产业链发展不完善,主要表现为:轻工业以及重工业内部加工工业发展水平低,工艺技术水平落后,从而形成上游产业与下游产业之间的技术断层和原材料产品结构与加工工业对原材料的需求结构之间严重错位,大部分原材料输往区外,而加工工业所需的大部分原材料又从区外输入。如陕西省铜川县盛产煤炭,由于注重产品数量的规模,产业发展目标比较单一,同时缺乏深加工,产业链断裂。西部地区产业链不够稳固,产业链的缺损现象,已经影响了相关配套企业的发展,无法实现上、下游产业之间的协同发展,这阻碍了整个产业集群的壮大与升级,难以提升产业集群的市场竞争力。

(三)集群企业专业化分工和内部协作程度低

产业集群的一个重要特点就是在集群内部的企业之间既有纵向的产业链上、下游关系,又存在横向的分工协作和竞争关系。西部地区现有产业集群的专业化程度低,企业组织结构不合理,没有形成专业化分工与协作的地方性合作网络。我国西部地区的很多产业集群都是在政府和国家政策扶植的基础上依赖自然资源而形成的,主导产业与辅助配套产业没有形成专业化的社会劳动分工和上、下游产业的紧密相连。同时,资源密集型的产业集群也极大地限制了产业链的延长,产业分工层次低,上、下游产业的纵向分工程度低。缺少高度精细化的分工协作,不仅影响了主导产业的生产经营效率和竞争力的提高,而且影响了配套产业的快速发展,从而阻碍了产业集群整体竞争优势的提高。同时,产业集群分工协作体系的不完善也使得企业之间的人才交流和知识溢出遇到障碍,给政府的政策和措施的制定和实施带来了困难。

(四)产业集群创新动力不足,缺少竞争优势

产业集群的创新能力一般是指集群内的企业在社会网络系统中对学习能力、发展能力、竞争合作能力和创新能力的有机整合能力。包括对知识、技术、资金、关系、经验等的整合。持久的集群创新能力是产业集群得以持续发展的先决条件,而技术创新能力又是提高区域竞争力的核心要素。西部地区大多数企业专业化程度低,生产技术落后,产品种类少、层次低;技术开发能力和创新能力相当薄弱,缺乏技术创新的资金和优秀人才。对于一些规模较大的产业集群,也仅仅是相关企业在同一地理位置上的集聚,并没有发挥产业集群的网络效应,产业集群在技术创新上的正外部性还远没有表现出来。对于部分比较成熟的产业集群而言,由于其主要是靠国家政策扶持形成,因而也缺少本身的发展动力。例如,云南省的花卉产业主要是靠经验进行栽培和经营,研究、开发、示范、推广四大要素处于自发、零散的组织状态,没有自主知识产权和具有市场竞争力的花卉品种和技术,难以进行跨区域市场开发。再加上西部地区高素质人才相对缺乏、产品配套不完善、公共产品供给不足、技术创新风险大等原因,导致西部地区产业集群缺乏技术创新的政策环境、产业环境、社会文化环境和技术创新机制,创新动力不足,还不能依托技术创新形成产业集群的竞争优势。因此,整体创新能力较弱,缺乏应有的激励机制是西部地区产业集群存在的主要问题。

(五)技术含量低,缺乏区域品牌

我国西部地区中小企业集群主要依赖资源,从而忽视了技术的提升和区域品牌的建立。西部地区的中小企业集群普遍技术开发能力薄弱,主要靠模仿其他企业或集群的技术,很少进行独立的开发和创新,使得集群竞争力较弱。与我国东部沿海地区企业集群相比,西部地区的区域品牌较少。区域品牌是特指某个地区的特色产业集群,它象征着该产业集群的历史与现状,是区域产业集群的代表。如东部地区的温州已赢得了中国鞋都、中国锁都、中国印刷城等称谓,区域品牌的兴起对当地的经济发展起到了极大的促进作用。然而,我国西部地区的产业集群区域

品牌的建立则比较滞后,如成都武侯鞋业集群,它赖以生存的资源禀赋正是当地大量的廉价劳动力,然而发展至今,一直都是以贴牌企业为主,没有自己独立的产品品牌。因此,西部地区产业集群的技术含量低,缺乏区域品牌也成为产业集群发展中存在的重要问题。

(六)制度建设和配套设置不健全

制度因素对于产业集群的发展具有重要的影响,不仅是产业集群迅速成长的有力保障,更是产业集群保持竞争力以及可持续发展的重要支撑。西部地区大多数产业集群是自发形成的,但是政府在集群培育和引导集群发展中扮演着十分重要的角色。西部地区的产业集群的发展具有特殊的时代背景,依靠国家扶持成长起来的产业集群中国有大中型企业的比重较大,导致集群内部的生产效率和资源配置效率较低。政府对产业集群的认识、支持力度、引导方式等都对产业集群的发展起到极大的推动作用。很多发达国家都针对产业集群制定并实施了针对不同集群的集群倡导计划,实践证明也取得了较好的效果,而在国内无论是东部沿海地区,还是西部落后地区,基本上都没有完整的集群倡导计划出台,仅停留在对集群发展给予资金和政策的优惠政策,以此来推动地方集群的发展。在我国西部地区,各级政府对产业集群的作用重视不足,认识还停留在初级阶段,在如何培育集群、引导发展、宏观调控等问题方面缺乏深入研究,未制定有效的产业集群发展扶持政策。行政管理体制以及经济社会体制上的割裂性,也导致我国西部地区产业集群的网络体系并不完善,缺少规模大、技术开发能力强、产品市场占有率高的龙头企业带动,政府政策支持不到位,公共培训中心、新技术推广中心、质量检测中心、信息中心等中介配套服务体系还不完善。

第二节 西部地区中小企业集群融资的现状及存在的问题

中小企业集群融资的发展状况与中小企业集群发展情况是密切相关的。从本章第一节中我们已经看到西部地区中小企业产业集群已经初见成效,这为其融资提供了良好的基础。但是与我国经济发达地区相比,西部地区集群内中小企业大多处于成长的初级阶段,集群规模相对较小,整体融资优势尚未充分发挥出来。

一、西部地区中小企业集群融资的现状

具体来看,目前西部地区中小企业集群融资体现出普遍存在资金缺口、企业主自有资金是中小企业的主要资金来源、银行信贷在集群内中小企业的外源融资中占据最重要的地位和民间融资是支持中小企业资金运转的重要外部资金四个方面的特征,现分析如下:

(一)集群内中小企业普遍存在资金缺口

西部地区产业集群大部分处于成长初期和成长中期,且多为劳动密集型产业。由于金融制度的约束和自身的缺陷,这些增加了其获得金融支持的难度。例如,据2008年四川银监局课题组调查,四川的大多数中小企业都缺少资金,其中缺口5000万元以上的占8%,缺口1000万~5000万元的占24.2%,缺口500万~1000万元的占25.6%,缺口100万~500万元的占30.8%,缺口在100万元以下的占11.4%。即50%以上的中小企业资金缺口在100万~1000万元。①

(二)企业主自有资金是中小企业的主要资金来源

企业的融资方式主要分为内部融资和外部融资,集群企业内部融资的形式主要包括:企业自有资金积累、企业之间货款相互拖欠即利用商业信用和集群内部企业之间的相互借贷。据不完全统计,目前在西部地区中小企业集群企业中,无论是处于创业初期还是成长期甚至是处于成熟期,集群内企业的资金构成主体仍为内部融资,合计已经超过了80%,在内部融资内部来看,又主要靠自有资金的积累。

(三)银行信贷在集群内中小企业的外源融资中占据着最重要的地位

西部地区90%以上的中小企业在资金出现短缺时会选择向银行申请信贷资金。银行信贷资金在企业集群融资中仍占据着重要位置。例如,2008年四川省银监局对273家中小企业的调查发现,有94.1%的中小企业向银行求助,向亲朋好友、高利贷求助和其他融资方式分别占4.03%、0.37%和1.47%。但是从总体上看,集群内企业所获得的商业银行融资十分有限,集群经济的快速增长并未完全得

---

① 四川银监局课题组.四川省中小企业融资状况调查报告[J].西南金融,2008(11).

到金融机构的有效支持。在四川省银监局的调查中,39.6%和19%的中小企业的融资要求不能得到有效的满足,四川省中小企业资金缺口大约2000多亿元。①

(四)民间融资是支持中小企业资金运转的重要外部资金

由于中小企业整体处于资金紧缺的大环境之下。在如银行信贷、金融市场上市等正规的融资渠道行不通的情况下,民间借贷是一个较好的选择。尤其在中小企业创业初期可以通过民间融资来满足一部分其长期固定资产投资和流动资金需求。民间融资的形式为:直接借贷、通过中间人借放款、互助会、典当行等。

二、西部地区中小企业集群融资中存在的问题

从上述现状来看,西部地区集群中小企业融资依然不容乐观,没有充分发挥出产业集群对企业融资的优势。具体来看,主要有以下几个问题:

(一)集群内中小企业联合融资意识不强,缺乏协作能力

西部地区中小企业产业集群中很多企业是由家庭作坊式起家,企业主小农观念根深蒂固,单个企业过分关注自身的发展,集群内部关系松懈、组织化程度较低、群体内部的凝聚力薄弱,忽视了集群互动带来的融资效应。产业集群内的企业间合作偏低,缺乏专业化分工与协作机制,集群发展的资金供应渠道也未真正建立,这样就会危及集群的自我发展和竞争力的提升。如在生产方面的联系仅限于原材料或货物的赊销方面,互助担保融资的中小企业数量有限等。因此一旦遇到资金缺乏或生产经营风险问题,这些中小企业很可能面临破产风险。

(二)集群内企业自身建设缺失,管理不到位

西部地区中小企业集群规模偏小,生产技术与生产组织简单,劳动密集型产业的比重较大。集群出产的产品及提供的服务,整体技术含量较低,缺乏技术创新,自身建设缺失。在缺失持续发展动力和竞争优势下,集群的融资效应很难发挥出来。同时集群内中小企业普遍存在着公司治理结构不够健全、管理欠规范等问题。虽然一部分企业在致力于建立现代企业制度,但是家族式的管理依然占据了很大比重。在管理决策权方面,企业主仍然扮演着重要角色。集群内企业的内部管理

---

① 四川银监局课题组.四川省中小企业融资状况调查报告[J].西南金融,2008(11).

制度尤其是财务管理制度不健全,随意性很大,难以保证其财务信息的真实和完整,这会影响商业银行对其贷款的正确判断。企业提供的财务信息难以真正取信于金融机构,也就难以获得金融机构的贷款。

(三)集群区域内银企之间缺乏一定的互动

如前所述,集群内的中小企业与银行进行沟通更具优势,但是受旧的经营观念的影响,银行机构习惯于等客户上门开展业务,不会主动进行信息沟通。这样造成的结果只能是银行方面资本过剩,而中小企业资金缺乏,形成资金利用不均衡。银行机构应该打破那种旧的传统经营方式,走出来主动与中小企业互动,这样才能实现资金的有效利用,使银企双方都有利可图,即银行机构可以从中获取一定利润,而同时中小企业也得到了融通资金可以扩大生产规模。

(四)金融机构对集群内企业"惜贷",集群特定金融产品收效欠佳

近年来各个银行开始重视中小企业融资,逐步开拓了中小企业信贷市场,但总的来说,其主要的贷款对象仍是大企业、大集团。

1. 银行信贷政策和意识存在偏差

在信贷政策上,银行对中小企业信用等级的评定及其授信要求过于严格,信贷管理制度执行硬化,贷款须经层层审批,这不能适应中小企业贷款"频"、"急"、"小"的需求。在意识上,银行看不到中小企业集群在融资方面的潜在优势,忽视了集群内的中小企业与单个游离的中小企业之间的差异。这些都会影响到集群融资效应的发挥。

2. 银行对中小企业提供资金的成本很高

银行为企业提供贷款的成本分为固定成本和边际成本,单位贷款的处理成本随着贷款规模上升而下降。银行对众多的中小企业所提供资金进行管理,成本过高,收益就会降低,所以金融机构一般更愿意为贷款规模比较大的企业提供贷款。

3. 银行给中小企业提供资金的风险较高

由于银行与集群内中小企业间的信息不对称,使得企业对于融资前的资信和融资后对信贷资金使用情况等方面比银行拥有更多的信息,便出现了信贷市场的信息不对称。这会造成企业一方利用其信息优势在事先的谈判、签约过程或事后的资金使用过程中损害银行的利益,出现信贷市场的逆向选择和道德风险问题,使银行承担更大的风险。银行为了规避风险,加强了信用管理,提高了贷款门槛,使中小企业望而却步。

4.集群特定金融产品收效欠佳

近年来,各大银行针对集群内中小企业融资需求特点,实施了部分金融产品的创新。针对产业集群内中小企业相对固定的货物与资金往来,围绕产品生产、销售提供金融服务,改变原来点对点方式,转为点对线、点对面方式,从关注静态跟踪转向企业经营动态跟踪,推出"1+N"的贸易融资产品,把上、中、下游企业和融资有机结合起来,还推出了相应的票据融资业务。这些金融产品在一定程度上解决了部分中小企业的资金需求。但是,目前银行多围绕产业集群的核心企业开展工作,为其上、下游企业提供贸易服务,即"1+N"或"N+1"服务。而产业链中核心企业只是少数,还有大量为"N"企业做配套的中小企业,这些企业间接向核心企业提供(购买)产品,难以享受到"1+N"或"N+1"的金融服务。

(五)集群内中小金融机构发展缓慢

根据中小企业的特点建立专门的机构,是许多市场经济国家所普遍采用的一种金融支持手段。虽然我国2003年已出台了《中华人民共和国中小企业促进法》,但还是没有建立专门针对集群内中小企业的金融机构。中小企业由于资产规模小、抗风险能力弱、贷款需求急、金额小、需求频繁、不确定性高,在国营大型金融机构进行融资的可能性很低。如果能专门针对中小企业建立集群内民营金融机构,因为其对本地的中小企业比较熟悉,运作灵活,可以为中小企业开辟新的融资渠道。但目前由于我国金融市场的不完善,金融机构抵御风险的能力还不是很强,政府金融监管部门对民营中小银行进入要求就会很高,同时对已有民营金融机构的经营范围更是有严格限制,其主要只能从事传统的存贷款业务。这使得民营金融机构的发展严重滞后于当地经济的发展,影响了民营金融机构为企业集群发展提供必要的服务。

(六)信用担保体系建设滞后

金融机构目前对集群内企业主要提供抵押贷款和担保贷款。从抵押贷款来看,由于中小企业自身业务特点和资产评估服务的不规范,使其缺乏可抵押物,难以提供足值抵押。在担保贷款方面,中小企业的高风险及自身信用不足也使企业很难获得第三方担保。中小企业信用担保体系是缓解中小企业的融资难、担保难的重要举措,是世界各国扶持中小企业的通行做法。为解决中小企业的融资问题,1998年底中小企业信用担保体系试点在全国陆续展开,目前西部地区中小企业担保机构虽然已经初步建立,在一定程度上缓解了中小企业的资金不足问题,但是中小企业信用担保体系还非常不成熟,企业、政府和银行的关系还没有理顺,具体表现在:①信用担保体系覆盖范围太小,目前为中小企业担保的机构大多在大城市,中小城市较少。②贷款担保机构的资金规模及业务量有限。当前贷款担保机构的可运用资金规模不大,累计担保责任仅为可运用担保资金总额的2.5倍左右,保责任余额为可运用资金总额的1.3倍左右。同时担保机构在与银行的合作中,因信用度低而得不到银行的认可。③我国中小企业行业协会在企业融资中的作用不明显。据了解,在众多产业集群中,行业协会大多属于政府管理体系,并不是真正的行业协会。④信用担保机构担保风险过高。目前中小企业信用担保在与协作银行的合作过程中风险承担的比例过高,大多数协作银行要求担保机构承担100%的风险。在国外,信用担保业务实行比例担保,一般担保机构只承担70%~80%的贷款责任。因此担保机构出于自身利益的考虑,减少了与银行的协作,甚至不愿与银行协作,这在一定程度上也减少了中小企业寻找担保机构担保的机会。⑤担保机构、信用评级机构、担保基金以及信用信息服务平台的建设与产业集群的规划发展结合不紧密,各类机构的业务工作存在多点开花、广域撒网的问题,导致脱离单个产业集群的融资需求特点,不能在中小企业融资服务上形成实际的互动,使得集群内的中小企业信用担保机构不能充分满足中小企业的融资需求。

(七)集群内中小企业融资渠道单一

从前述中看到,西部地区集群内中小企业主要依靠内源融资和外源融资中的银行借贷,而对于其他的融资渠道却使用很少。具体表现在:

1. 资本市场体系不健全,缺乏为中小企业提供服务的小型资本市场

目前我国资本市场中,虽然设立了中小企业板和创业板,但其上市标准和信息披露要求也是比较高的。同时,在市场上挂牌的费用也很高,集群内单个企业规模太小,难以负担。随着我国国有企业大量股份制改革的进一步深化,将会有大量的大型国有企业进入证券市场筹集资金,这就使中小企业想在证券市场上上市筹集资金难上加难。同时我国还未建立以中小企业为主的直接融资市场,因此集群内的中小企业仍被排斥在资本市场之外,没有发挥出资本市场的巨大融资作用;从国外来看,多层次的资本市场是集群中小企业直接融资的重要渠道。比如美国,其资本市场包含了多个层次,其中纳斯达克小型市场、小额股票挂牌系统、粉红单市场三个层次的市场是专门为中小企业的资本交易提供服务的,入市标准也逐层降低,在最低层的粉红单市场,企业不需要任何条件即可上市。

2. 集群内中小企业集合发债受阻

目前,我国资本市场发育得还很不成熟,对企业发行债券有非常严格的要求且不准许企业私募发行债券,因此通过发行债券来进行融资对于集群内中小企业来说几乎是不可能的。在这一背景下,可以通过政府及相关部门的支持,将一些优质中小企业聚集起来发行集合债来解决融资问题。中小企业集合债,是由一个机构作为牵头人,几家企业一起申请发行的债券,也就是"捆绑发债"。这一形式的发债在我国某些地区已经有了一定的探索。2008年1月31日,《深圳市中小企业集合债券组织发行实施细则》正式公布,此项《细则》规定了企业申请发行债券的条件、发债流程等内容。这一《细则》的提出给其他城市和地区的中小企业集合发债做了一定的参考并起到了良好的带头作用。尽管中小企业集合发债有以上诸多优势,但是我们在发债过程中还是遇到了许多问题,阻碍了其发展。首先是审批难。中小企业资金需求在时间上要求快,但目前我国相关机构对发债审批时间过长,严重影响了企业的发债积极性。其次是缺乏信用评级。目前我国信用评级制度还不完善,导致一部分中小企业没有取得信用评级机构和银行的信用评级,这会直接影响到投资人的利益,是中小企业能否发债的前提。最后是担保难。由于集合债券本身具有结构复杂、发债主体多元、风险高、参与发债企业信用级别相对较低等特点,有实力的大型企业集团往往不愿参与其中,即使愿意担保要价也比较高,这样会增加融资成本。

第三节 产业集群风险影响集群内企业融资及其防范

从前述可以看到,产业集群内由于存在完整的产业链、地域临近等优势,可以有效促进集群内企业的融资,但是任何事物都有两面性,产业集群在运作过程中,由于各种风险因素相互作用,存在发生不同程度的各种损失的可能性,进而会影响到集群内企业的融资。根据风险来源,可以将产业集群风险分为两种类型:内源性风险和外源性风险。

一、产业集群风险

(一)内源性风险

内源性风险源自产业集群本身和内部企业因素,是由于产业集群内主体之间的不和谐因素导致内部生态环境紊乱所形成的风险。这一类风险主要有网络性风险、结构性风险和自稳性风险。

1. 网络性风险

网络性风险是指在由各行为主体、资源环境、经济活动所构成的网络中,因主体的过度专业化、物资资源缺乏、道德败坏和信任缺失等原因给集群带来的危害。西部地区中小企业集群基本上局限在本地区范围之内,以血缘关系或亲密朋友关系为纽带,基于信任关系和信息共享来协调管理。同时中小企业规模相对较小,生产工艺先进性也较差,产品知名度低、依附性强,市场竞争能力特别是主导市场的能力较弱。在产品销售的市场空间一定的情况下,企业之间的竞争加剧,这种非扩展信任可能由于企业间合作半径小、竞争激烈、网络关系不稳定导致恶性竞争,限制了产业集群持续发展。

2. 结构性风险

所谓"结构性风险",是指产业集群将其资源高度集中于单一或有限几个相关产业,不及时地进行开拓创新,导致集群结构过于僵化,很快进入衰亡状态。结构性风险在资源性产业集群中表现尤为突出。西部地区产业集群大多是基于相似结构的个体私营企业的集聚而非专业化分工的产业协作,缺少与集群外市场尤其是区域外市场的有效联结,并且在一定程度上过度依赖集群内单一或少量的核心企业,这些产业在发展过程中,同时也面临着集体衰退的风险,因此面临的结构性风险很高。

3. 自稳性风险

自稳性风险的实质是认为企业之间各方面的紧密联系导致集群自我发展逐步走向僵化,最终通过引发其他风险而导致产业集群的衰退。产业集群内的企业借助地域临近的优势,可以相互学习,资源得以共享,提高了整个集群内企业的生产效率。同时这样的紧密联系诱发了集群内各企业在产品战略、市场战略、经营战略等问题上表现出战略趋同的集体行为。当集群内企业体验到在集群内部交易的方便和顺畅后,便逐渐对和集群外部企业或机构的交易活动产生排斥,产业集群便成为一个封闭系统,这时产业集群比其他经济实体更容易获取协同效应与溢出效应,直接导致技术创新的不合理扩散,具体表现是集群内大量企业都坐享其成,不愿投入研发资金进行自主创新,而是完全模仿或复制创新企业的创新产品。整个产业集群总体的创新能力持续下降,导致产业集群逐步走向衰退。

(二)外源性风险

外源性风险源自产业集群外部环境,是由于集群外部的不确定性而导致产业集群所处的客观环境恶化而形成的风险。这一类风险主要有周期性风险、政治性风险、同业竞争性风险和结构性风险。下面重点介绍周期性风险和同业竞争性风险。

1. 周期性风险

周期性风险是由于经济的周期性波动,给产业集群带来的衰退风险。周期性风险与国家的经济状况密切相关,同时会受到国际经济变动的冲击。西部地区由于产业集群的封闭性,集群内的企业在面临外部经济波动的时候,反应僵化,对外应变能力表现出很大程度的不足。会受到外部经济周期性变动的冲击,成为经济危机下的受害者。如2008年的金融危机使以出口美国为主的企业受到了严重的打击,甚至导致很多中小企业倒闭。

2. 同业竞争性风险

在集群内部竞争性风险主要指的是同行业竞争性风险。产业集群内部聚集大量同类企业,地理空间临近、拥有相同的生产技能、原材料的状况大体相同、技术水平相差无几、对顾客及市场的了解也相似,出于对市场份额的争夺,同业竞争在所难免。西部地区产业集群普遍存在着"一乡一品,一县一业"的情况,因此在多数企业起点低、规模偏小以及广泛存在低水平重复的情况下,很容易出现过度竞争的情况,同时产业集群内部的专业化分工必然受到限制,这阻碍了产业链的延伸,危及集群的自我发展和集群竞争力的提升。

二、产业集群风险的防范

产业集群风险的产生会导致产业集群的衰退,在产业集群衰退的情况下,集群内企业收益下降、风险上升,一方面会使得企业内源融资受到阻碍,另一方面由于企业经营状况不佳,很难吸引外部投资者对企业进行投资,向金融机构申请贷款又没有足够的资产作为担保,很难获得贷款,也就是说外源融资同样面临困境。企业缺乏资金难以发展壮大,这样就形成了恶性循环,对集群内企业的各个方面包括中小企业的融资都会产生负面影响。因此在推行集群策略时,应尽可能采取引导、规范集群发展的策略,增强产业集群抵御外源性风险、化解内源性风险的能力,破除产生集群结构性风险的基础,促进区域经济的协调持续快速发展。

(一)内源性风险的防范

1. 加强专业化分工的同时化解资产专用性过强带来的潜在风险

集群经济在一定程度上说就是专业化分工经济。但同时,专业化程度的提高,增加了企业资产的专用性,减弱了企业应对外界环境变化的能力。当某一环节的专用性资产出现问题时,就可能产生"多米诺骨牌效应"而带来整个集群的衰落(吴晓波、耿帅,2003)。要化解此类风险,需要形成合理的集群结构,在保证资产专用性相同或类似的企业一定数量的基础上,其上游企业也要多来源、多数量,专业化企业的产品要根据其工艺、专业确定。此外还可以运用虚拟组织,构造产业战略联盟,用外部资源支持集群企业内部发展战略。其目的是为了实现与外部战略伙伴的资源或优势互补,弱化或消除企业价值链经营的趋同性。

2. 促进互信合作的同时规避封闭自守

产业集群应该建立在信任的基础上,缺乏信任就会提高交易成本,不利于集群的发展。然而,当集群内企业习惯于"信任"的网络化交易之后,它们逐渐不想或是不敢与集群外部企业或机构进行相关交易活动。久而久之,产业集群便成为一个封闭系统。规避集群封闭自守风险的方式在于加强集群的开放性。政府应通过宣传、教育提高民营企业家的开明、开放的现代企业经营意识,同时注意培育开放合作、鼓励创新、不怕失败的集群文化。

3. 共享外部经济性的同时驱除创新惰性

由于地理空间临近,与其他经济实体相比,集群显然更易获取协同效应与溢出效应。然而,由于集群内部知识与技能的高度外部溢出性,就有可能使得大量企业都想坐享创新外部溢出的好处,而不愿自行研发投入进行创新。政府可以从以下几个方面来增强集群内部企业的持续创新能力。首先是构建产业集群的科技创新平台,形成具有较强创新能力的科技创新网络。其次是要树立企业是技术创新主体的观念,健全企业技术开发机构,引进和培养专业技术人才,增加技术创新方面的资金投入,建立一些研究机构。最后是建立鼓励创新基金和知识产权交易市场与风险投资基金,促进研发、生产与开拓市场一体化,扶持创新活动。

4. 发挥地理位置临近优势的同时避免战略趋同

由于地理空间上的临近,处于集群产业价值链同一环节层次上的多个企业,因拥有相同或类似的生产技能、原材料状况、技术水平及对顾客和市场的了解程度，在它们面临相同的机会与威胁的时候，会做出相似甚至相同的战略决策，从而导致战略趋同影响其获得成功的机会。因此，政府部门不但要营造适合集群内企业交流的氛围，更要为集群内企业与集群外企业交流搭建桥梁，为企业实施不同的战略营造观念上的条件。

（二）外源性风险的防范

1. 周期性风险的防范

周期性风险在外生性风险中是影响最大的。它可能发生在产业集群生命周期的任何一个阶段，并且会同时导致所有部门的产量下降，加速衰退效应，尤其是对关联性密切的产业集群危害更大。我们应该在政府和行业协会层面建立完善的风险预警机制，及时对风险进行预测，从而督促集群内企业采取相应的预防措施。同时企业自身要建立相应部门，研究国内外市场波动、技术与人才状况，识别风险，及早采取措施防范与应对。

2. 竞争性风险的防范

各地政府应该努力培养本地集群的竞争力。首先可以通过品牌建设有效地应对同行业竞争性风险。其次实施"走出去"和"引进来"战略也能够有力提升产业集群的竞争力。通过"走出去"和"引进来"，可以带来更新的技术水平、管理经验和新的思想，从而还能在一定程度上减弱集群的封闭自守风险。

第七章

中小企业集群融资模式选择分析

在探讨完中小企业集群的融资优势之后,本章将详细研究处于集群中的中小企业究竟要怎样组合才能融集到资金这一问题,探讨中小企业集群融资的主要模式。

第一节 互助担保融资模式

互助担保融资模式区别于目前在我国处于主导地位的政策性担保融资模式,是指集群内中小企业自发组织担保机构,以自愿和互利为主要原则,只为成员企业的贷款提供信誉和资金担保,向银行融资以解决中小企业的资金问题的一种融资模式。本节主要对其操作流程和具体融资模式进行介绍。

一、信用担保体系概述

互助担保属于信用担保体系中的一种,世界上最早的担保机构于1840年出现在瑞士,其担保形式很多,主要有融资担保、货物买卖履约担保、诉讼保全担保、招标担保和工程履约担保等。所谓中小企业信用担保,是指经同级人民政府及政府指定部门审核批准设立并依法登记注册的中小企业信用担保专门机构与债权人(包括银行等金融机构)约定,当被担保人不履行或不能履行合同约定债务时,担保机构承担约定的责任或履行债务的行为。在一个中小企业信用担保体系中,主要有这样几类担保机构:第一类是国家财政支持的中小企业贷款担保基金、再保险基金及再保险基金服务,其资金来源主要依靠财政注入资金和向社会发行债券,也可吸收中小企业出资和社会捐资。这一类担保机构是承担中小企业信贷担保任务的支持力量。它的主要任务是对地方的各类中小企业担保机构提供保险、再保险及再保险服务,确保各级各类中小企业担保机构的正常运行。第二类是政策性担保,是指以政府出资为主建立的中小企业信用担保机构,是政府间接支持中小企业发展的政策性扶持机构,不以盈利为主要目的,是中小企业信用担保体系的核心。在实施过程中政府财政出资是主要的依赖对象,且政府每年划拨给担保机构的资金非常少,因此用于中小企业信用担保的资金规模相应的非常有限,远远不能满足中小企业对担保基金的需求。第三类是商业化运作的民营投资担保公司,这类担保公司一般由企业、社会个人出资组建,具有雄厚的资金实力、专业化的管理水平,以独立法人商业化运作,除经营中小企业担保业务外兼营投资等其他商业业务。这种模式的原理类似于保险,担保机构基于自身的经营风险的考虑,非常重视对项目风险的防范和控制,且担保费用过高使得一般中小企业不愿意接受。第四类是互助担保,这是一种会员制的担保机构,由中小企业凭借自身的力量联合出资,发挥联保、互保的作用。对于小额的贷款中小企业互保机构可以通过会员之间资金融通的方式自行解决,即自发互助。而对于大额贷款,中小企业互保机构则可以代替会员出面解决,即信用互助。对于自发互助,虽然操作简便,参与门槛很低,但由于参与的企业要为发生的贷款损失承担全部的连带职责和风险,因此自发互助在中小企业融资中的应用越来越少,现在更多使用的是信用互助。我国中小企业互助担保联盟建设可以追溯到 1992 年,在重庆成立的私营中小企业互助担保基金会,在上海成立的工商联企业互助担保基金会。随后,国家出台了一些促进中小企业信用担保体系建设的政策和法规,促进了中小企业互助担保联盟快速发展。从 1998 年开始,我国中小企业信用担保体系正式启动,运作模式为"一体两翼",其特征是以政策性担保机构为主体,约占 95%;以互助性和商业性担保机构为两翼,并且政策性、商业性担保机构事实上已被推崇为信用担保体系建设的重点。

二、互助担保融资模式的特点

从以上分析来看,政策性担保和商业化运作的民营投资担保公司在运作过程中存在着一些问题,在产业集群平台下运用互助担保融资模式,会员企业共同出资组建互助担保基金,为会员企业的贷款提供担保,与其他担保类型相比,互助担保模式主要有以下几个特点:

（一）可降低信息不对称性带来的风险

在集群内部建立互助担保机构，成员一般由同一或相近区域或行业的企业组成，这些成员之间经常有业务往来，对彼此经营状况有一定的了解，降低了由于信息不对称带来的风险。在处理风险方面，互助担保机构的基金来源是机构中的会员企业，会员企业遵循着风险共担的原则，拥有较好的风险分散机制，当它们遇到风险时，风险最终会被机构中的会员企业分担，对于潜在的被担保者，因为风险较小所以容易被接受。

（二）降低监督成本

政策性担保机构的监督方为地方各级政府，这样不仅增加了监督成本还浪费了很多资源。在信用互助担保框架下，为了会员的共同利益，集群中各企业之间会实施自我监督，有利于形成自动剔除不良企业和项目、吸收优秀企业加盟的内在机制，这样做提高了监督的有效性。

（三）银行对企业的信任增强

政策性机构在选择担保对象时，处于劣势的民营中小企业由于自身公司实力的原因，可能会筹集不到所需资金，但通过加入互助性担保组织，中小企业利用相互之间的互助担保避开了自身在融资上无法逃避的劣势，在信用互助条件下，对于银行来说，既有专门的组织负责为其成员的贷款提供担保和与银行磋商，又有专门的基金为其成员贷款或损失提供担保，银行因此而具有了充分的条件提高对参与信用互助的中小企业的信任水平。

（四）集群内企业经济实力的增强

从前面的分析可以看到，通过加入产业集群，中小企业可以获得更多的利润，从而有更多的自有资金。当这些企业加入互助担保机构时，它能拿出部分资金成立互助担保基金，实现信用互助，解决信贷缺口，争取更大的发展。因此，集群内企业经济实力的提高是互助担保产生的基础。

三、互助担保融资模式的具体操作

(一)互助担保融资模式的组织机构

如图7-1所示,互助性担保机构的最高权力机构是会员大会,其主要职责是选举产生理事会和监事会及对机构中重大事件做出决策,一般每年举行一次。在其下面有两个机构:监事会和理事会。其中理事会的主要职责是负责日常工作的组织、评估会员资信度和会员企业贷款项目的评审决策。监事会负责对核实会员企业资料及对贷款项目进行监督。在理事会下面设置了秘书处,它是理事会的下属机构,协助理事会处理日常事务,帮助理事会对会员企业进行监管。这些机构共同组成了互助担保机构,维持了其日常运作。

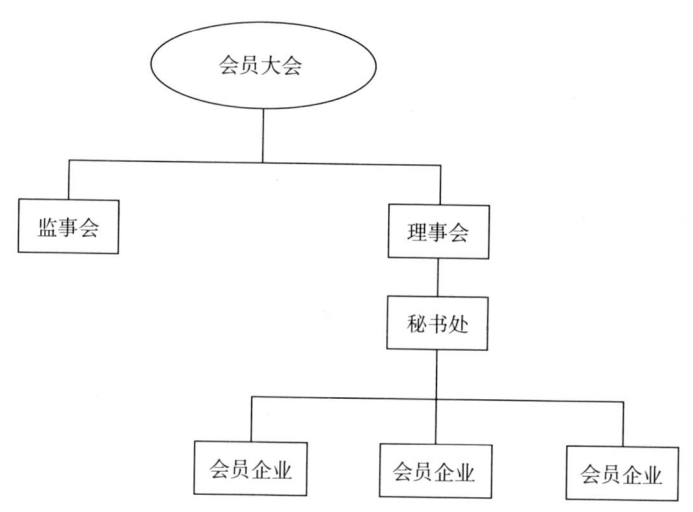

图7-1 互助担保融资模式的组织机构

(二)互助担保融资模式中融资的具体流程

1. 会员入会,交纳担保基金

新入会成员至少须由两名老会员推荐,并须提供符合担保机构需要的基本资料,如企业法人营业执照、企业法人资格认定书等。根据企业提供的信用评估资料,监事会对其资产状况、财务状况、经营状况等实地考察核实后交由理事会,并与理事会一起按照内部设定的资信度标准对其进行评级,会员资信度在日后贷款审批时会用到。会员单位按企业净资产的一定比例或一定的份额交纳担保基金,该担保基金全部存入协作开展担保贷款业务的合作银行,对担保基金实行专户管理,不得用于股票、企业债券等高风险投资领域,不直接用于贷款,利息用于担保机构的滚动发展。此外企业在入会时需交纳一定的入会费,用于担保机构日常事务的开支。

2. 会员贷款流程

会员企业有贷款需求时,先向秘书处递交申请书,按照贷款申请标准的规定,对于每一等级的资信度,设定相应的担保金放大倍数。当企业的贷款金额在此放大倍数以内时,对在规定额度内的贷款项目,秘书处组织理事会成员进行评审讨论后即可放贷。如A企业存入担保金10万元,其资信度对应的放大倍数为2倍,那么当其贷款需求在20万元以内时,经理事会讨论通过后即可由互助担保机构的全部担保基金向合作银行申请贷款。如果企业的贷款金额超过这一额度的限额,如A企业需要贷款金额超过20万元,秘书处就交由监事会,由监事会决定是否组织外聘专家和专业评估机构进行评审,最后的评审结果交由理事会决策。贷款发放后,监事会与合作银行共同负责对贷款会员企业进行跟踪调查。借款企业在还本付息后,整个贷款流程完成。在整个贷款流程中,做到了事前、事中、事后控制三步建立的风险防范机制,可大大降低贷款风险。首先是贷款前,在入会时,担保机构就通过对中小企业提供的相关材料进行严格的审查和核实并评定出企业的信用等级,将资信度低、经营状况差的企业排除在外,加大风险的事前控制力。其次是贷款时,当企业的贷款金额在此放大倍数以内时对在规定额度内的贷款项目,秘书处会组织理事会成员进行评审。如果企业的贷款金额超过这一额度的限额,还要由监事会决定是否组织外聘专家和专业评估机构进行评审,这一系列举措加强了风险的事中控制。最后是贷款后,监事会作为监督机构,对贷款项目进行跟踪监督,能及早发现风险并做出反应,做好风险的事后控制。如图7-2所示。

目前,集群企业互助担保模式在地方已有实践。太仓市是苏南地区一个经济总量最小的县级市,2005~2007年,太仓市以私人投资兴办的个体、合资、合伙等类型的小企业发展很快,全市注册资金在500万元以下的私营企业每年以近1000家的速度增加,但因为集群内大量中小企业缺少有效资产抵押,加之信用担保机构发展滞后,获得银行贷款支持等融资能力较弱,贷款难的情况普遍存在。2007年5月,江苏省太仓市璜泾镇化纤加弹产业集群成立了苏州诚联担保有限公司。该担

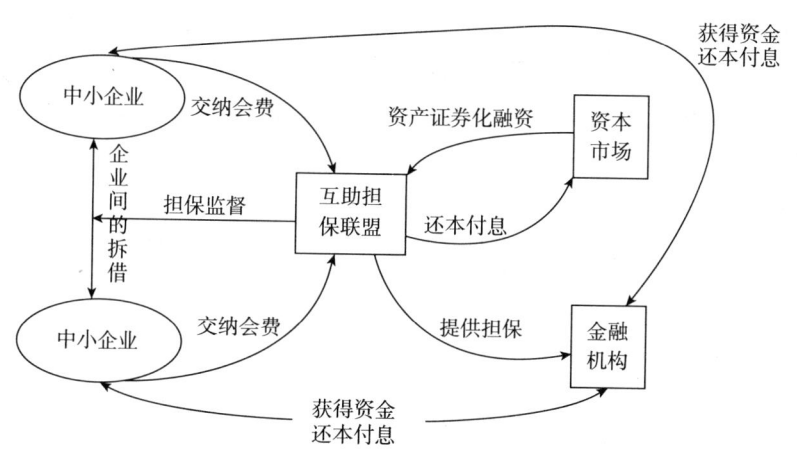

图 7-2 互助担保融资模式融资的具体流程

保公司是由当地化纤加弹产业集群的龙头企业苏州雅华化纤有限公司联合 12 家具有一定规模实力、经营情况良好的企业注资 3100 万元成立的。根据行政批准,担保公司的最高担保额为注册资本的 5 倍。该担保公司成立后,当年就为会员企业提供了 1.24 亿元的贷款担保,其中会员企业锦凯公司当年就成功融资 2000 万元,在一定程度上解决了群内众多中小企业的融资难问题。化纤加弹企业纷纷效仿,截至 2008 年 6 月底,全市集群融资担保机制下的互助型担保公司已开办三家,为 45 家成员企业担保融资 3.17 亿元,帮助集群内企业在宏观紧缩政策下实现稳步发展。在调研了诚联互助担保公司的成功经验后,苏州市工商局决定在璜泾镇展开试点,开始全面指导创设区域性互助担保公司。由此,2009 年 5 月,太仓市璜泾中小企业互助担保有限公司应运而生,互助担保的集群融资模式进一步得到推广。此外,2007 年中国建设银行浙江分行和阿里巴巴公司合作推出的网络互助联保。在联保中规定:工商注册时间满 18 个月或企业主本人从事本行业 5 年以上;上年经营无亏损;三家或三家以上的企业组成一个联合体并承诺互相为联合体内其他企业担保,都可以申请贷款,贷款额度从 3 万元到 200 万元不等。如果一家企业到期无法归还贷款,则需要另外两家企业共同替第一家还款付息。此项业务一经推出,得到了大批急需贷款而又苦于无法获得担保机构担保的中小企业的热烈响应。不到一年时间,中国建设银行浙江省分行通过阿里巴巴已经为 200 多家中小企业发放了 5.7 亿元的无抵押、无第三方担保贷款。为了强化风险控制,中国建设银行与阿里巴巴各出资 2000 万元共同建立风险池,用以补偿可能发生的损失。截至 2007 年 8 月 19 日,中国建设银行已对 205 家中小企业客户累计发放贷款 5.84 亿元,回收 5 家,金额达 628 万元,从未发生一笔不良贷款,风险池动用记录为 0。

第二节　区域主办银行模式

目前,银行借贷在我国中小企业融资体系中占有重要的地位,在区域主办银行模式下,集群内的中小企业可以更快地与银行建立联系,可以获得更稳定的资金支持。本节主要介绍区域主办银行模式的特点及优势。

一、主办银行制的起源与特点

第二次世界大战后,日本采用了产融结合的主办银行制曾成功地解决银企之间的巨额不良债权债务问题,促进了日本经济的恢复和发展。

(一) 主办银行制的起源

第二次世界大战后,日本经济受到重创,由于大企业很难从战争的阴影中恢复过来,促使中小企业大量产生,并成为当时日本经济的主体。因此日本号称"中小企业的王国",日本是实行中央集权制的国家,政府讲究对经济实施积极的干预。第二次世界大战后,政府为中小企业的发展建立了一些专门机构和发布了一系列政策,主要包括:①建立了中小企业局,为中小企业提供发展资金。②1953 年依据《中小企业金融公库法》设立中小企业金融金库,主要向中小企业提供设备贷款和周转贷款,侧重于支持重要产业。③1949 年依据《国民金融公库法》设立的国民金融公库,为零星企业提供维持生产的小额周转资金贷款。④1936 年成立工商组合中央金库,主要向中小企业团体提供贷款。在中小企业的发展过程中,日本政府认为日本中小企业过小过多,因为过度竞争而导致其实力弱小,所以日本政府的政策理念是通过各种手段以实现中小企业的规模化和集约化,这种政策也使得日本产生了众多的中小企业集群。

在支持中小企业的发展过程中,日本的中小企业融资体系建立起来,并随着第二次世界大战后日本经济从恢复到高速发展再到低速运行的轨道逐步完善起来的,同时它又是与日本政府产业政策的调整同步而行的。同样在体系的建立过程中,政府起到了主导作用。主办银行制度兴起于第二次世界大战后初期的日本,20世纪60~70年代趋于完善,对当时的日本经济增长起到了重要作用,主办银行制的融资方式可以很好地运用到中小企业集群融资中。

(二)主办银行制的特点

具体来讲,日本的主办银行制融资模式主要有以下显著特征:

1. 主办银行是企业的最大出借方

日本同一家企业的外部资金来源一般均来自同一家商业银行,它们长期保持非常密切的关系,因此主办银行对于企业的经营状况有着深入和准确的了解,可以促成二者的"双赢"。主办银行向交易企业承诺当企业需要贷款时,向交易企业提供稳定的资金供给;而主办银行建立支付结算账户,即企业一般把自己的现金交易集中在主办银行的结算账户进行交易,同时企业也将其主要的贷款要求集中于主办银行中,随着贷款数量的稳定增长,主办银行的收益扩大。

2. 银行与企业交叉持股

一般情况下,主办银行都是交易企业的重要股东,主办银行可以通过向交易企业派遣人员协助主办银行了解监管交易企业的财务状况并且稳定交易企业的经营权,这时主办银行和交易企业变成了利益共同体,使两者的互利共赢关系更加牢固。同时,交易企业可以更加顺畅地获得主办银行的资金支持和更加周到的其他服务。如果当交易企业陷入经济危机时,主办银行会采取一定的方式补救。如单方面放弃对交易企业的债权,或者如果企业经济危机的产生是由于经理层经营不善,甚至舞弊造成的,主办银行有权要求更换经理层成员,甚至自身介入稳定经营。

3. 银行提供信息与管理资源

主办银行和交易企业之间的业务往来并不仅仅是贷款一项,还包括清算汇兑等中间业务、咨询等附加业务,甚至包括承销企业债券等业务。主办银行制度将各种银行交易都集中于主办银行中,扩大了主办银行的业务量,使其在竞争中处于优势地位,也使得合作双方关系更加密切。

二、主办银行制在中小企业集群融资中的应用

从20世纪90年代开始,我国学者就提出要借鉴日本的主办银行制度模式来解决中小企业融资难问题。我们可以比较容易地将主办银行制的融资方式拓展到

中小企业集群融资的模式中来。

（一）区域主办银行模式的含义

我们把中小企业集群当成一个整体，在中小企业集群内设立区域主办银行，通过吸纳民间闲置资金和社会投资为集群内的中小企业提供信贷等金融性服务的一种融资模式。区域银行可以持有中小企业的股份，同时，企业也可以在银行入股，这样就可以将银行和企业密切地联系在一起，就形成了区域主办银行模式。

（二）区域主办银行模式的优势

和主办银行制相同，区域主办银行模式也会带来集群内企业和银行的"双赢"。

1. 对集群内企业

中小企业集群与商业银行建立主办银行关系后，最显著的好处就是可以顺畅地获得长期、有保证的资金供给，并且获得合理的贷款利率，节省贷款费用。除了能够得到贷款外，由于银企双方在一定机制的作用下建立起长期、固定的权利义务关系，还会得到更多的综合服务，如专业咨询业务，咨询业务有利于中小企业集群整体核心竞争力的增长，并且有利于降低中小企业集群整体财务危机的发生率。另外，当中小企业集群发生财务危机时，主办银行还会积极地采取措施帮助小企业集群渡过难关。以上的做法可以对中小企业集群的整体发展起到一定的保障作用，有效地降低集群内企业破产的可能性。

2. 对主办银行

主办银行与中小企业集群建立主办银行关系后，可以针对中小企业集群开展包括存款、贷款、结算在内的许多业务，随着中小企业集群的发展壮大，商业银行各个方面的业务量和利润也会逐年地上涨，成为稳定的利润增长点。同时主办银行派遣人员在中小企业集群监督管理机构出任董事，能提高监督的效率和准确性，降低信贷监督的成本。在中小企业集群发生财务危机时，主办银行可以及早采取措施，从而可以降低因中小企业集群内某些企业甚至集群整体财务进一步陷入严重危机时给商业银行造成较高的挽救成本。

目前，在我国现行金融环境下，推行区域主办银行制度仍具有很大的局限性。从上面可以看到，主办银行制度的一个主要特点是银企间的产权融合。正是这个特点才使得银行降低了贷款风险，实现了银行与企业的"双赢"。但目前在我国，《商业银行法》规定商业银行不能向企业投资，这使我国的银行不能通过持股和控股对企业形成产权约束。因此，法律法规方面的限制使得即使在集群内建立了契约性主办银行,银行仍然难以对企业形成有效的监督和约束,这种约束机制一旦不能形成,银行向企业贷出的庞大的信贷资金无疑具有极大的风险。

第三节 集群整体联合融资模式

集群整体联合融资模式是指集群中的各相关企业通过内部有机的关系整合,以一个整体的方式进行融资,然后将所融资金在整体内部进行分配,进而实现集群内部各企业的融资愿望。集群内企业可以自发组织,通过公司的形式设立一个联合融资机构。本节主要对集群整体联合融资模式的组织结构及运作流程进行介绍。

一、集群整体联合融资模式组织结构

集群整体联合融资公司是一个独立的法人组织,区别于政府。集群内企业通过合伙或者参股的形式,缴纳一定数量的基础保证金加入该联合融资公司。当成员企业资金需求数量达到一定的标准时,由集群组织联盟以一个整体的方式向银行贷款、发行债券或者其他方式筹集资金,同时每个企业根据合约以及本次缴纳的保证金比例获得相应的融资。在贷款或债券到期时,由集群组织联盟统一偿还。

从组织结构上来看,集群组织联盟采用市场化运作模式。联盟资金独立于政府和出资人,按市场化、有限责任原则经营和管理,以有限公司的形式出现,公司董事会席位由各会员企业以所占股权比例多少来分配,董事会主席和执行董事由董事会选举产生。聘请具有专业管理知识的总经理管理联合融资公司。根据集群组织联盟的具体业务,它可以设如下机构:①保证金管理机构。主要负责管理各个成员企业缴纳的保证金,成员企业需要缴纳基础保证金和融资保证金两部分。其中基础保证金是加入集群联合融资公司的必要条件;融资保证金是涉及每次具体的融资活动时继续缴纳的资金。②信贷管理机构。主要负责银行借贷融资的管理。在会员企业产生银行借贷融资需求时,统一与银行交涉,获得贷款,并按比例发放给集群公司内相应的会员企业。③其他融资管理机构。主要负责不采用银行贷款方式,而是采用发行债券或者上市、租赁等途径来筹集资金时的相关管理工作,如联系协同证券机构共同完成融资。④服务管理机构。主要负责为会员企业提供咨

询服务,协调会员企业间关系,定期组织企业家沙龙,加强企业家们的联系等工作。⑤监管机构。主要负责监督联合融资的日常工作并实行跟单制,监管资金的使用情况,实时监控中小企业的运营状况,及早发现风险并做出反应。

二、集群整体联合融资模式的运作流程及具体实现方式

集群组织联盟不同于互助担保机构,它提供包括信贷、发债、上市、租赁等多种融资途径在内的综合性融资服务。其运作流程和具体实现方式如下:

(一)运作流程

集群整体联合融资模式的运作流程主要包括组建集群组织联盟、会员企业融资流程和对集群组织联盟的风险监控三个方面。

1. 组建集群组织联盟

政府通过减免税收、资金扶持、贴息等政策鼓励引导中小企业集群内的龙头企业牵头,吸引关联企业,本着"自愿"、"互惠互利"的原则,组建集群组织联盟。联盟的资金可以有两个来源:企业缴纳的会费和政府政策扶持提供的启动资金。

2. 会员企业融资流程

当会员企业产生融资需求时,由这些企业向集群组织联盟提出申请,联盟对此进行评估,拟定融资方式,经过公司理事会和会员大会批准,决定采取何种融资途径。如果采取的融资方式是统一向银行借款,那么信贷管理机构负责具体融资工作,首先根据提出申请的会员企业的融资需求额度和历史信用评级要求其缴纳本次融资保证金,在收到会员企业的保证金后,集群组织联盟向企业发放融资凭证。该融资凭证记载了会员企业可获得的融资额度和应付责任。同时,集群组织联盟开始向银行等金融机构提出贷款申请,经过银行的评级以及独立监督机构的评级后,获得银行的信贷资金。然后,由集群组织联盟根据融资凭证向相应的企业发放贷款。如果采取的融资方式是银行借款以外的融资方式,则应由其他融资管理机构负责融资,包括通过资本市场融资及发行债券等方式的融资。具体步骤与向银行借款相似。

3. 对集群组织联盟的风险监控

监管机构依据监督管理规定和科学评估细则认真评估中小企业的信用状况和资产价值,可聘请专业中介公司来完成评估任务。在资金投放后,监管资金的使用情况,实时监控中小企业的运营状况,及早发现风险并做出反应。集群组织联盟本

质上是整个集群企业的代言人,因此对其的评级和监督也应该充分进行。可以由独立的监督机构对集群联合融资公司评级,同时在开展业务时,银行等金融机构则针对业务进行评级。业务结束后,银行还可以继续对集群联合融资公司进行事后评估,并将评估结果反馈给独立的监督机构,作为下次业务的参考。

(二)具体实现方式

集群整体融资的具体实现方式有多种,根据学者的研究和集群企业的实践情况,这里主要介绍以下四种:

1. 集合发债模式

根据国家规定,一般企业要发行债券,净资产必须高于6000万元人民币,同时单个中小企业由于受到信用、规模等因素的影响,难以获得较高的信用评级,因此难以在债券市场进行直接融资。但对于集群内的中小企业可以通过集群联盟组织,联合成一个有机整体作为债券发行主体,确定债券发行额度、债券名称,统一组织,形成集合发行的债券融资模式。它是以银行或证券机构作为承销商,由担保机构、评级机构、会计师事务所、律师事务所等中介机构参与的新型企业债券方式。这种模式可以有效利用集群内企业的整体资信优势和集群内企业相互监督等优势,提高了资信评级和信用度,降低了评级成本和融资成本,减少了信用风险。因此,这种模式是极有可能成功的。中小企业集合发行企业债券是我国债券市场上的标志性事件,也是一次有益的创新尝试,在我国集合发债模式筹资已经有了一定的实践:2009年,大连市中小企业集合债券的发行人由大连尚艺玻璃集团有限公司、大连巅峰集团有限公司、大连民勇集团股份有限公司等8家中小企业组成,发行人注册资本从275.3万元到2.24亿元不等,主体信用级别从BB级到BBB+级不等。大连港集团有限公司对这期债券第一个债券存续年度至第三个债券存续年度内应支付的债券本金及利息提供全额、无条件、不可撤销的连带责任担保。大连港集团是经大连市人民政府批准的国有企业。由于大连港集团有限公司具有很高的信用级别,这次债券的综合信用级别定为AA级。这期债券共计筹资5.15亿元,为6年期固定利率债券,附投资者回售选择权及发行人全额赎回权,票面年利率为6.53%。在大连市中小企业集合债券的发行案例中,我们可以看到,单一发行人不具备发行资格,集合在一起就符合了债券发行要求。同时,在发行过程中利用信用增级技术,由于大连港集团有较高的信用级别,最终集合发债的信用级别被评定为AA级。中小企业集合债券有效地规避了中小企业发债主体资格不够、发行规模偏小、发行成本过高等弱点,使中小企业发行债券成为可能,为解决中小企业融资难问题提供了新的途径。

2. 团体贷款模式

中小企业团体贷款是指银行对由一组借款人通过内部选择而组成的一个团体进行贷款,同时要求每一个借款人对团体内的其他成员贷款的归还负连带责任,只有整个团体的债务都得到偿还,团体成员才能继续获得追加贷款。尤里斯(Joris)教授创立的Grameen银行被誉为团体贷款的典范,它的还款率平均高达95%以上,甚至达到100%。与传统贷款相比,团体中的中小企业需要缴纳一定的风险保证金,银行分别向这些加入联保的企业授信,根据授信余额与参加联保企业缴纳的风险保证金比例不同,各成员企业共同承担连带责任。团体贷款模式所规定的连带责任实际上起到了无形抵押物的效果,从而激发团体成员之间的横向监督来保证这种无担保贷款保持较高的还款率。同时连带责任的规定促使集群内企业在自愿组合选择团体成员时,注重对各成员的生产经营、历史信誉等资信状况进行审查。中小企业集群中经过筛选组成的团体因成员相互之间知根知底,可以有效排除有不良信用记录以及经营不善的企业进入团体,使风险防范关口前移。它是横向监督理论在信贷市场中的一个典型运用。在我国,光大银行的"中小企业阳光呵护计划"考虑到产业集群的背景,提出了集聚型统一授信模式。该模式作为光大银行模式化经营的高级阶段,通过对集聚型中小企业的区域环境、创新能力、价值链合成、发展潜力的综合评估,向重点区域内集聚型中小企业提供一揽子综合授信。

3. 园区融资模式

园区融资模式是指将产业园区作为一个整体向金融机构贷款的融资模式,由于产业园区的成立和规划从一开始就有政府的参与,因此,这种融资模式有一个特点就是有政府的支持,一般中小企业向银行贷款都有一定的难度,由于政府的支持,使得产业园区的中小企业融资更加容易而且可以获得较优惠的利率。这种融资模式主要适用于在政府产业政策规划下的园区企业,并且产业园区内的产业链条应十分紧密,集群内中小企业之间应有所关联,只有这样,政府在招商引资的过程中才不会盲目,才会有一定的针对性,产业集群效应才会更加明显。2012年,大连市高新园区与国家开发银行大连分行开展合作,搭建以大连万融中小企业服务公司为依托的融资平台,提供具有推广性的模式化融资渠道。大连万融公司作为统贷平台,代表区内中小企业向国家开发银行提出贷款申请,利用其在人员、技术、地域方面的优势,重点选取区内成长性好、科技含量高的中小企业向其支付贷款资金,用于企业经营运转。同时通过引入专业担保机构解决科技型中小企业可抵押实物资产少的融资"瓶颈",建立社会化的风险控制网络。目前,园区受益企业20

多家,授信额度达到3亿元。

4. 整体上市模式

集群内聚集了大量的中小企业,其中包括一些具有可持续发展能力和潜力的优质中小企业。这些企业在发展初期需要资金的支持,可以在集群内部进行各相关企业有机的整合,以筹资金额为依据,将几只单个筹资额不大的新股捆绑在一起同时发行,并在发行前进行公示,说明发行家数及筹资总额。上市后再将所融资金在集群内部重新分配,满足集群内各个企业的融资需求。通过集群上市融资,可以促进资本共享,发挥资金规模效应。但是由于我国资本市场还不发达,上市门槛较高,基于产业集群背景的打包上市融资模式尚未付诸实践。

可以看到上述四种集群整体融资模式在实践中已经有了一定的探索应用,但均存在推广性不强、服务内容单一、融资成本高等问题,有些模式则只是提供了概念性的路径选择,并未提出具体的操作方式。

第四节 政府引导基金融资模式

作为创业投资领域的主体之一,政府的作用是极其重要的,不仅应充分发挥其宏观指导与调控的职能,还应当直接参与资本的进入,完善市场体系,做好创业投资的监管,规范投资行为。近年来,政府在创业投资领域的角色发生了转变,由直接投资者转变为间接投资者,不再直接投资设立创业投资公司,而是设立政府引导基金,引导更多的资金进入创业投资领域,进而引导这些资金的投资方向。

一、政府引导基金融资模式的特点及主要方式

政府引导基金亦称"母基金",是由政府出资,并吸引有关地方政府部门,金融机构、投资机构和社会资本,以股权或债权等方式投资于创业风险投资机构或新设创业风险投资基金(子基金),以支持企业创业发展的政策性工具。在我国,2005年国家发展和改革委员会等十部委联合颁布了《创业投资企业管理暂行办法》,其中第22条明确规定:"国家与地方政府可以设立创业投资引导基金,通过参股和提供融资担保等方式扶持创业投资企业的设立与发展。"由此开始了政府引导基金管理的探索。2008年,国家发展和改革委员会同财政部、商务部制定了《关于创业投

资引导基金规范设立与运作的指导意见》,该《意见》借鉴美国、以色列、澳大利亚等国家发展政府引导基金的经验,指出政府引导基金是由政府设立并按市场化方式运作的政策性基金,主要通过扶持创业投资企业发展,引导社会资金进入创业投资领域,引导基金本身不直接从事创业投资业务。

据不完全统计,2010年底我国已设立的各类地方政府创业投资引导基金近50家,引导基金的总规模大约有400亿元人民币。其中,国家级政府引导基金有2家:①财政部、科技部于2007年6月共同设立科技型中小企业创业投资引导基金,该引导基金2008年、2009年基金规模约2亿元;①②国家发展和改革委员会、财政部联合于2009年10月发布了《关于实施新兴产业创投计划、开展产业技术研究与开发资金参股设立创业投资基金试点工作的通知》,推动利用国家产业技术研发资金,联合地方政府资金,参股设立创业投资基金,该基金规模为10亿元。其他的引导基金都是省(市、自治区)级政府设立的,主要包括省、直辖市、区政府以及高新区等设立的引导基金。在政府引导基金的区域分布上,在经济发达的东部地区引导基金设立较多,而中部、西部经济欠发达地区设立的引导基金较少,据统计,目前西部地区设立政府引导基金的省(市、自治区)主要有重庆市、四川省、陕西省和内蒙古自治区。

(一)政府引导基金融资模式的特点

政府引导基金既不同于商业性风险投资母基金,也不同于政府直接支持技术创新的资助基金,主要具有以下特点:

1.是非盈利的政策性基金,实行政府引导,市场运作

政府引导基金是由政府设立并按市场化方式运作的政策性基金,主要通过扶持创业投资企业发展,引导社会资金进入创业投资领域。引导基金不属于经营性国有资产,是承担政府职能的公共资金。政府不参与引导基金的具体运作,政府引导基金由与商业性投资机构合作成立的子基金进行市场化运作,其是按照有偿方式运作,而非通过拨款、贴息或风险补贴式的无偿方式运作。引导基金是政府公共财政政策上的一种制度创新,是一种投资领域中公私合营的模式。引导社会资金进入中小企业集群不同发展阶段,从而有效解决中小企业集群的融资难题。

---

①曹珺.我国政府引导基金的风险管理研究[D].上海:复旦大学硕士学位论文,2011.

2. 体现财政资金的杠杆作用

政府引导基金运用了经济学中的杠杆原理,通过少量的政府资本撬动巨大的社会资本,增加创业投资的资金供给,拓宽了中小企业集群融资的资金来源,调动民间基金、外资、保险、银行等作为投资主体,形成政府资金引导、各种社会资本共同参与的多元化融资格局。通过这种方式吸引更多沉淀在民间的资本跟进,实现财政资金的杠杆放大效应,能极大地激发某一区域的经济活力。由政府引导并出资参与、引进民间创投机构资本和管理,吸收民营资本入股的创投模式正在成为国内创业投资发展的重要方向。同时各类子基金投资企业的信息互通,可灵活介入企业集群发展,能够有力推动企业集群的升级。

3. 投资的导向性作用明显

引导基金本身不直接从事创业投资业务。引导基金旨在增加创业投资资本的供给,克服单纯通过市场配置创业投资资本的市场失灵问题。实践中,处于种子期与初创期的公司都具有较高风险,很多创投机构包括海外基金倾向于投资中后期的项目,能够为初创企业提供资金的"天使投资"也不活跃。通过设立引导基金,引导社会资金投资处于初创期的企业,可以培育一批符合政策导向、以自主研发为动力、有较好市场前景的初创期企业快速成长,从而带动我国高新术产业的发展。通过运用创业投资机制,利用创业投资机构的综合能力,对处在生物医药、集成电路、软件、新能源与新材料等领域的企业加大扶持力度,培育出一批以市场为导向、以自主研发为动力的创新型企业,提高我国自主创新能力,带动我国以自主创新为主的高新技术产业的发展。

4. 动态分配,保证使用效率

政府资金在各类子基金中的分配比例,根据市场失灵程度和各地企业集群生命周期的实际情况可以进行动态调整,从而可以影响引导基金中的各类子基金的数量和规模,保证投资基金的使用效率最大化。如果本地区的企业集群处于形成期的占多数,那么就应加大形成期子基金的政府资金投入比例,成立多只子基金以吸引更多社会资本投资于形成期的企业集群;当本地集群发展后,升级步入成熟期,相应子基金的数量和规模要进行及时调整。

(二)政府引导基金参与投资的主要方式

从世界各国或地区创业投资引导基金在运作上的实践来看,主要采用参股支持和融资担保两大参与模式。

1. 参股支持模式

以以色列、澳大利亚为代表的参股支持模式是引导基金运作的最基本模式,引导基金主要通过参股方式,吸引社会资本共同发起设立创业投资企业或混合基金。所谓参股就是由政府出资组建母基金,母基金承担出资业务,以参股方式与社会资本共同发起组建子基金即创业投资基金,母基金主要职能是引导社会资本进入创投领域并对所投资的创业投资企业加强财务监管。在这个过程中,具体的投资决策和经营管理由创业投资管理团队进行,最终以出售基金的形式实现退出。1993年1月,以色列政府拨款1亿美元,正式设立YOZMA基金,该基金定位为"母基金",目标是引导民间资金设立更多的商业性创业投资基金,放大对创业企业的资本支持,并培育创业投资专业人才队伍。所有子基金均采取有限合伙制,政府作为有限合伙人不参与子基金的日常投资决策,以确保子基金的商业化运作。YOZMA基金通过参股支持,引导民间资金共设立了10家商业性创业投资基金。在合资成立的子基金中,以色列政府参股比例不超过40%,私人投资者占股比例60%以上,这样政府的1.5亿美元就带动了1.5亿美元以上的私人资本。在政府引导基金的引导和带动下,1998年以色列累计有90家以上的创业投资基金投资于高新技术产业,基金规模达到35亿美元,实际投入高新技术企业的资金约30亿美元,极大地推动了高新科技产业的发展。

2. 融资担保模式

融资担保是指引导基金为已设立的创业投资企业提供担保,支持其通过债权融资增强投资能力。引导基金根据信贷征信机构提供的信用报告,对历史信用记录良好的创业投资企业,可采取提供融资担保方式,支持其通过债权融资增强投资能力。这种模式在信用体系比较健全的国家和地区比较适用。具体担保形式主要是以货币形式向创业风险投资基金提供信用担保,按照商业准则,创业投资基金应将股权作为反担保或作为质押提供给政府引导基金,对引导基金的货币资本亏损承担责任。此外,引导基金还可以采取保证、质押和定金的方式,为创业投资基金的融资担保申请商业银行贷款、发行债券、办理票据贴现等融资业务提供保证。美国和德国是采用该模式的典范。美国于1958年开始实施的"小企业投资计划"是全世界设立最早的政府引导基金,也是提供融资担保支持最为成功的模式。美国SBIC计划由中小企业管理局作为计划的管理机构,负责选择合格的创投基金管理公司,通过政府拨款为其提供融资担保,并监管创业投资基金的运营。自20世纪80年代初以来,SBIC计划的实施带动了私人资本投资中小企业的热潮,并确定了20世纪70年代美国创业投资的经营模式。美国有超过25个州建立或正在筹建某种形式的州政府资助的风险基金。截至2001年,美国的中小企业投资公司通过将近14万个项目向约9万家中小企业提供了巨大的创业资本投资,培育了苹果电脑、英特尔、联邦快递和美国在线等一大批世界级创新企业。

3. 其他模式

除上述两种主要模式外,政府引导基金还可以采用阶段参股、跟进投资、风险补助以及投资保障等其他形式支持企业创业投资。阶段参股即引导基金向创业投资机构参股,并按事先约定条件,在一定期限内退出,参股期限一般不超过5年,并且不参与日常经营管理。主要支持设立新的创业投资机构,以扩大对科技型中小企业的投资总量。跟进投资即引导基金与创业投资机构联合投资于初创期中小企业,5年内退出,投资收益用于向创业投资机构支付管理费和效益奖励。此种方式主要支持已经设立的创投机构,降低其投资风险。风险补助即对已投资于初创期中小企业的创投公司予以一定补助,增强创业投资机构抵御风险的能力。补助资金不超过实际投资额的5%。投资保障即创投机构挑选出有潜在投资价值,但有一定风险的初创期中小企业,此时由引导基金对这些企业先期予以资助,并由创投机构向这些企业提供无偿创业辅导,辅导结束后创业投资机构向这些企业进行股权投资,引导基金再给予第二次补助。这种方式主要解决创投机构因风险而不敢投资的困惑,适合做科技企业"孵化器"等。

二、政府引导基金的运作流程

政府引导基金的运作流程从设立到退出一共经历了以下的7个步骤:

(一)明确政府引导基金的出资主体,确定设立引导基金

可以设立国家引导基金和中小企业发展管理局,由财政部、科技部、国家发展和改革委员会等部门抽调一些人员组成。管理局首先应该对本地中小企业集群发展状况进行科学调研,在此基础上决定应该设立的政府引导基金。国家财政出资授权科技部建立引导基金数量控制在1只比较合适,可以有效地对国家科技计划和火炬计划等资金形成很好的补助;由于一些国有大型企业每年都有较多的剩余净利润,因此可以由中国石油、中国移动、国家电网等自然垄断行业的国有企业专门成立3~5只行业引导基金,专门投资于产业相关行业,进行产业链的引导投资,以引导相关产业的快速升级。此外,地方政府可以和国家开发银行等政策性银行合作设立引导基金,资金来源主要是各省(市、自治区)的财政资金和政策性银行的

资金。对于地方政府设立的引导基金,由于数量较多,必须进行适当的规范。

(二)精选合作的专业管理团队

委托管理是国内外政府引导基金普遍采取的模式,在确定设立的政府引导基金后,政府需要选择创业投资基金作为专业管理团队。创业投资基金是经政府有关授权机构审查通过的投资于特定目标企业的创投机构,是主要由非政府资本出资的商业化创业投资基金,由专业的私人管理人员进行管理。政府面向国内外公开招标有合作意向的专业管理团队,在预选的团队范围内,召开专家评审会,全面审查论证合作团队资质,在确定为合作伙伴后,政府要与其签署相关法律文件,由管理团队具体负责基金的募集工作。选择外部专业化的管理机构进行管理,专业化的团队管理更为规范,经验更为充足,有利于提高基金资金的使用效益,进一步降低投资运作风险。

(三)募集首期政府引导基金

在政府财政资金出资完成后,该管理团队按照"多、快、好"的原则募集资金,按照约1∶1或1∶2的比例募集国有、社保或保险优质资金,组建首期政府引导基金,实现1~2倍的财政资金放大。

(四)成立决策委员会

基金组建后,成立由管理团队代表、机构投资者代表、区政府代表在内的决策委员会。各类子基金合作者的筛选首先由专业管理团队进行,并由决策委员会最终决定是否出资。区政府代表对是否向这一子基金出资享有一票否决权。同时,政府成立非营利事业法人机构负责基金的日常管理事务,执行决策委员会的决定。在选择子基金时,应考虑子基金的注册资本或认缴是否有一定规模;子基金的管理团队是否在国内外有一定的知名度。

(五)设立不同类型的子基金

确定子基金合作伙伴后,该引导基金向优秀子基金出资,一般按照1∶10的比例向其出资,可与优质基金共同发起设立针对中小企业集群不同发展阶段的10~20只子基金。政府资金在各类子基金中的分配比例,根据市场失灵程度和各地企业集群生命周期的实际情况来确定并进行动态调整。子基金设立后以每只子基金3亿~10亿元规模测算,可带动社会资本规模预计为30亿~200亿元,即至少可带动10倍的社会资本规模,实现财政资金的第二次放大。

（六）实施投资后跟踪管理

专业管理团队对投资后的子基金实行跟踪管理,包括子基金的投资方向、资金运作状况等,建立数据库并形成专题报告,定期向政府、机构投资者等投资人提交跟踪报告,出现问题及时解决。

（七）政府资金退出及可持续发展

子基金通过上市、股权转让、并购等模式退出时,政府引导基金投入子基金的资金按照协议约定方式退出。同时相关管理机构根据首期政府引导基金的运作情况,及时总结经验教训,进行下一期基金募集,实现政府引导基金的可持续发展。

第五节 "蛛网"融资模式

单一的每个机构个体为解决中小企业融资困境的作用非常有限,本节介绍的"蛛网"融资模式是把不同的机构通过集群内的社会资本有机地组织为一体,这样就能更好地发挥支持中小企业融资的作用。

一、湖南省汨罗市中小企业集群融资信用联合体运作模式

汨罗市地处湖南省东北部,是我国再生资源集散地,再生资源回收加工是汨罗市的主导产业。自2000年2月以来,汨罗市委、市政府为解决自发市场盲目竞争的负面影响,引导和推进再生资源产业的快速发展,出台了一系列优惠政策,并先后投入巨资在新市镇团山一带建起了再生资源交易市场和再生资源工业园。截至2007年,汨罗市再生资源行业的中小企业已发展到100多家,个体经营户近2000家,从业人员3万人。其中,再生资源加工企业68家,已初步形成了再生铜、再生铝、不锈钢、塑料回收加工四大板块。汨罗市再生资源产业的发展依托于相对完善的产业集群。但是,其发展一直受到资金匮乏的制约。

为进一步提升传统再生资源产业,充分利用汨罗市作为全国三大再生资源市场之一的优势,2003年汨罗市政府建设了汨罗江生态工业园,作为再生资源的加

工基地和平台。2004年,经当地政府批准,汨罗市再生资源行业信用协会成立。作为一个自律性的非营利社会团体组织,在信用协会成立的当年,就为规范会员的经营行为做了大量尝试,为当地社会信用提供了一个较好的合作平台。2005年,通过当地政府的推动、国家开发银行湖南省分行的引导和行业信用协会的协作,成立了专为中小企业提供融资服务的信用联合体。该信用联合体内部以"一所一会三公司"为组织形式,"一所"指财务服务所,指汨罗市再生资源行业财务服务所,主要履行管理服务职能,在整个信用联合体中起主导作用。"一会"为行业信用协会,是指汨罗市再生资源行业信用协会,其主要职能是向担保公司和国家开发银行推荐贷款的企业,并定期对会员企业的信用记录和信用等级进行检查,同时监管集群内的会员企业,以防止信用风险的发生。"三公司"分别为资产公司、担保公司和会计公司,即汨罗市中小企业信用担保有限公司、汨罗市恒源资产管理有限公司和汨罗市财智会计咨询公司。其中,资产公司负责发放贷款及回收贷款本息,是承贷主体;担保公司则对信用联合体的会员企业进行信用评级并确定担保限额;会计公司隶属于当地财政局,为行业所有纳税人企业代理会计记账。其中,担保公司是信用联合体的核心,各个单位各司其职、互相配合,共同构成了既能创造融资机会,又能有效防范信用风险的融资平台。此外,汨罗市产业集群内还设立了信贷资金监管领导小组以及银行贷款安全监督领导小组,分别负责对"一所一会三公司"和受贷企业进行稽核和检查,对不能按期归还贷款的企业或个人采取措施确保贷款安全。

信用联合体采用会员制作为信用基础,只有信用好、具有一定生产规模、管理较为完善、愿意共担风险,并且具有行业信用协会会员资格的企业才可以加入联合体。在信用联合体的运作中,首先加强了信用建设。集群内中小企业得到信用联合体贷款的首要前提是该中小企业必须是行业信用协会的成员而且必须有良好的信用、管理比较完善、规模比较大,愿意共担风险。其次分散了融资风险。财务服务所以税收征管和会计委派为纽带,通过会计公司的财务服务市场化运作,有效地提高了中小企业财务信息的公开度和透明度。在此基础上,通过互助性担保公司的担保、资产管理公司防范自身承担的贷款风险、企业间联合互保等机制,有效地分散了贷款银行的风险,通过风险的分散,较好地利用了各方主体的内部监督作用。最后制定了有效的内部管理机制。为了使各部门之间更好地沟通和合作将各机构的负责人交叉。例如,行业信用协会的会长同时兼任担保公司的董事长,这样可以有效避免各部门由于过于偏袒自身利益而影响整个信用联合体的运作效率。其具体的组织结构如图7-3所示。

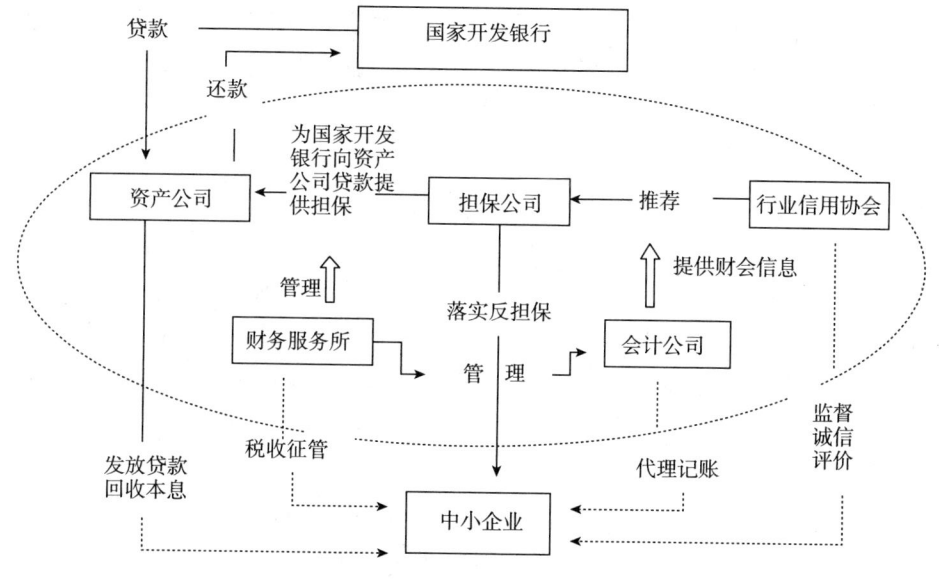

图 7-3 信用联合体的组织结构

从 2004 年开始,汨罗市采用该模式为再生资源集群内中小企业进行融资支持。截至 2007 年底,国家开发银行已累计向汨罗市中小企业发放贷款 4.54 亿元,贷款余额 1.46 亿元。[①] 信用联合体在创造平等融资机会、支持地方产业等方面的作用得到了大力体现,中小企业的融资需求得到了较好的满足,集群内企业数量由 2004 年的不到 200 家发展到目前的 1000 家左右。通过资金的投入,集群内中小企业的规模迅速发展壮大,2005 年该集群还被列为国家循环经济试点重点领域。自此,汨罗市循环经济发展进入了新一轮高速增长的轨道。

二、"蛛网模式"的运作

从汨罗市中小企业集群融资信用联合体运作模式的分析中,我们可以总结得到中小企业集群融资的"蛛网模式"。"蛛网模式"指在该模式中,由于单一的机构个体如担保公司、行业协会和征信体系对解决中小企业融资困境的作用非常有限,但将这些机构通过集群内社会资本有机地组织为一体时,就能够较好地发挥其作用。"蛛网模式"的主体类似于信用联合体,主要包括贷款银行、中小企业和各个中

---

① 谈新放,傅芳荣,杨凯军.开发性金融实证:汨罗模式[J].地方财政研究,2006(7).

小企业的融资服务机构等,各个机构共同构成一个稳定的融资生态系统,它们之间密切联系,彼此依存,一旦某个环节出现问题,就会影响整个信用体系的发展。

(一)信用协会的组织和运作

信用协会主要负责在集群地区内的征信体系构建、信用环境建设以及信用文化提升中,其作为行业自律组织,可由政府出面组织成立或者挂靠于某一政府部门,也提倡由企业自发成立。其具体运作程序为集群内企业要想获得担保公司的担保必先"入会",成为信用协会的会员。申请企业先提交基本资料,将企业的经营状况、发展趋向等基本情况向协会进行汇报。获取所有股东的一致同意后,入会企业需缴纳一定的会费,作为信用协会日常管理费用准备,不会再退还。信用协会对所有会员企业每年或半年进行一次资信评级,通过资信评级进一步核实企业真实情况,确定企业的信用等级,并作为贷款申请决策和担保放大倍数的参数。评估部对评级结果按优良中差进行分类,对于资信级别为优的企业可以向银行推荐。对于资信评级为差的企业,信用协会应协同部分专家进行诊断,找出其薄弱点及问题,并向其提出相应的改进建议。会员入会一年后可以提出退会,退会时应向协会提出书面申请。通过协会获得担保的会员,在履行还本付息全部责任后方可提出退出申请,经董事会批准按程序办理退会手续。除协助担保公司进行信用管理,信用协会还应充分发挥行业协会的功能,一方面要收集散布的产业信息、推广出口、开拓国际国内市场、为中小企业融资提供担保等;另一方面要充当中小企业的代言人,与政府打交道,争取政府对产业政策的支持。

(二)担保公司的运作

设置有限责任公司制的互助担保公司,公司的具体运作严格在股东会、董事会领导下和赋予的权利范围内,按市场原则进行经营。其资金来源主要有中小企业,其出资须占到1/2以上,这体现了中小企业在互助担保中融资互助的主体作用;政府主要在担保机构建立和发展初期实力较弱时给予扶持,当担保机构发展壮大,取得足够多的经营净收益时,政府可逐步从担保机构出资成员中退出,这样能有效避免政府过多地干预担保决策;银行共同出资,其利益与互助担保机构经营的好坏联系在了一起,能有效避免银行在发放贷款时可能出现的损害担保机构利益的道德风险问题。为了实现互助担保基金的保值增值,应允许互助担保基金在保证安全性的前提下,进行投资增值。除投资国债外,还可以投资收益比国债高、风险比较小的稳健型开放式基金。

其具体运作程序为会员企业提出担保贷款申请,报担保公司立项,担保公司根据企业的资信等进行综合调查研究后,提出担保建议,上报董事会,董事会召开会议进行讨论和发表意见,经全体董事一致同意后,与银行签署担保协议。项目审批后,企业需缴纳担保费和项目风险保证金,保证金在企业还款后退还,如果违约则不退还。信用担保机构应该加强对在保项目的监督和管理,建立贷款项目跟踪机制。担保机构可以有限介入企业治理,向被担保企业派驻财务总监,对受保企业贷款项目的生产经营情况,特别是资金流量、财务状况、人事变动和经营管理等方面进行跟踪监测,并提出意见和建议,及时采取风险防范措施。担保机构还可以与银行紧密合作,充分利用其贷款风险预警系统,通报情况,在受保人违反合同相关条款或者出现信用恶化信号时,共同采取防范措施,适时中止贷款和担保合同,力求把风险消灭在萌芽状态。建立债务追偿制度,对于不能在规定期限内偿还贷款的,可给予一定的延期。通过各方努力仍不能清偿的,做违约处理,对于违约惩罚应写入担保章程,明确规定并执行。

(三)监管机构的运作

可以以集群地区的地方金融办为监管机构,监管人员通过非现场监管收集各种工作及财务报告、与平台的管理者进行审慎会谈等手段,了解各"蛛网"平台的运作状况、风险程度等;根据非现场评价的结果,确定现场检查的范围和频率,进行现场检查;现场检查结束后,要利用现场检查得到的信息重新对平台进行风险评估,提出整改措施。本次对平台的评估结果又可以决定下一次现场检查的范围、重点等。

第八章
西部地区推进中小企业集群融资的政策建议

产业集群这种组织形式不仅能够有效提高区域竞争力,而且为集群内的中小企业带来了融资便利,因此,应该采取措施支持集群内中小企业联合融资模式的开展。

第一节 从政府层面

从政府层面看,主要可以从完善相关法律法规、加强政府的引导作用、加大资金支持力度和设立针对中小企业的管理机构四个方面来支持中小企业集群融资。

一、完善相关法律法规

作为理性经济人,集群内中小企业具有趋利性特征,如果没有严格的法律规范加以监督和制约,要使所有的中小企业都自觉地遵守市场信用、自律行为是不现实的。我国自2002年出台了《中小企业促进法》之后,又相继在一些具体领域出台了与之配套的法律法规。西部地区各省(市、自治区)结合实际情况,也建立了一些针对中小企业集群和企业融资等方面的法律法规。但是从总体上来看,这些法律法规还未形成一个完整的法律框架,针对中小企业集群方面很少涉及并且其中一些法律法规缺乏权威性、操作性和影响力,执行效果不明显。对于中小企业集群融资领域,在许多方面都需要明确的法律规范,如集群内部企业间的权利义务、互助担保的权利义务、行业协会的法律地位和权利义务、集合债券中的各方权利义务、民间金融机构的成立及权利义务等。素有"中小企业王国"之称的意大利是中小企业

第八章 西部地区推进中小企业集群融资的政策建议

集群发展最快的国家,其政府在中小企业集群融资方面的政策也值得我们借鉴。在20世纪90年代初意大利便出台了中小企业集群融资的相关法律规范来改善中小企业融资状况。为促进中小企业的快速发展,中央政府和西部各省(市、自治区)政府应该在国家法律法规的框架内,健全地方政府金融法规和制度,在风险投资、信用担保、中介服务、企业征信、信息披露等方面出台一些具体的法律规范,如加快对《中小企业信用担保法》、《中小企业抵押制度》的制定,建立科学完善的信用等级评价机构等。同时明确政府各部门的权责,为中小企业集群金融支持提供良好的法律、制度环境。

二、加强政府的引导作用

在我国,政府政策与行为具有指向标的作用。各地政府应该遵循产业发展规律,制定正确的产业政策和发展战略,政府在研究制定产业集群发展规划中,要注重突出行业优势和行业特色,围绕特色产业和主导产业,培育名牌产品和龙头企业,提高产业集中度和综合配套功能,不断促进产业升级,提高产品竞争力。保证产业健康发展,从而在融资方面拥有更多优势。此外,政府要充分利用自己在信息渠道上的优势,及时、准确地为集群内企业提供国内外的产业发展信息和产品市场信息。同时通过政府官方渠道加强对中小企业、企业集群、集群融资的宣传力度,使人们认识到中小企业集群在经济发展中起到的重要作用,增强人们对其的认可程度。尤其在高新科技产业集群和新能源产业集群融资的初期,更需要以政府信用作为担保,进而引导银行等金融机构以及社会资本对这种融资模式的接纳与支持。

三、加大资金支持力度

据调查显示,政府的资金支持是中小企业的资金来源之一。具体包括以下几个方面:

(一)政府在中小企业集群的各个发展阶段可以针对其特点给予不同的资金支持

在产业集群发展初期,因为集群内的基础设施不够完善,集群的融资效应尚未充分发挥,地方政府应该加大直接资金支持力度,通过为产业集群建立完善的基础设施建设,吸引优质企业加入集群。在产业集群发展成熟后,对中小企业实施税收优惠制度,减轻中小企业资金压力。通过降低部分税种税率、提高部分税种的起征点等方式,切实减少中小企业的资金流出,直接对中小企业的发展予以资金支持。如针对高新科技产业集群,财政部、税务总局等相关部门可以对集群整体实行税收优惠,对商业银行中小企业贷款营业税与所得税可以实行相关优惠政策,同时西部地区可根据自身中小企业集群发展状况设立适当的项目基金,为中小企业集群融资提供专项资金支持。对产品有市场销路,特别是有出口订单、生产技术先进、管理运作良好的企业,产业基金要积极支持。对于具有高投入、高风险特征的高新科技企业,要积极利用政府的财政和风险投资基金对企业进行投资,提高企业集群的科技含量。

(二)政府还可在产业集群区域内组建政策性中小金融机构

中小银行能够比较方便地和中小企业交流,而且非常了解中小企业的发展情况,尤其非常符合中小企业贷款规模小、次数多等特点的天然优势,使中小企业比国有银行在中小企业贷款服务上具有很好的比较优势。政策性银行的主要职责是:为中小企业提供无息或者低息贷款、融资担保基金,为中小企业申请商业银行贷款时提供信用保证。另外,政策性银行的分支机构还可以作为中小企业集群的主办银行或者辅助主办银行了解中小企业集群,为中小企业集群提供资金支持或者担保和经营管理等方面的技术支持。

(三)加强对中小企业集群的财政补贴

财政补贴对中小企业集群融资具有一定的推动作用,省(市、自治区)政府应加大对其的财政补贴。其中包括:①就业补贴。西部地区各地政府一定要对能够给当地提供大量就业机会的中小企业给予补贴,补贴方式包括上岗培训补贴、学徒津贴、对自创企业的补贴。②研究开发补贴。因为中小企业的资金有限,没有充足的资金用于开发研究,此时,政府对这样的中小企业给予专项资金。如法国在中小企业提高产品质量和技术工艺改进等方面提出首次咨询时,政府会资助其80%的资金。③出口补贴。政府必须给进行出口的中小企业提供出口补贴。如韩国2002年就制订了支持中小企业出口的中长期计划,规定补贴的比例从2001年的42%上升到50%,从而大大促进了中小企业的发展。

通过实施以上的财政性措施,可以有效地缓解企业集群的融资难问题,加快中小企业集群产业的发展。

四、设立针对中小企业的管理机构

目前,西部各地区政府对中小企业和产业集群发展的管理和服务还处于很不完善和很不成熟的阶段,表现为分行业管理和多头管理形式,这样很难达到促进中小企业发展的目的。国际经验表明,国际上,在中小企业发展非常成熟的一些国家,政府缓解中小企业和集群融资的困难程度的扶持手段之一,就是政府要建立专门机构。如美国有小企业管理局,日本有中小企业厅等,参考国外经验,我国政府应该设立专门针对于中小企业的管理机构,西部各省(市、自治区)必须结合当地经济发展的基本情况,设置和建立相对统一的中小企业和产业集群发展的管理机构,让其成为中小企业发展需要的主管部门。中小企业管理机构应该直接参与中小企业集群的建设,为中小企业集群提供政策、法律等方面的咨询服务,提供融资担保基金和发展基金等资金支持,对中小企业集群进行企业经营规范和市场秩序等方面的监督。应当定期调查各地区中小企业的实际状况,比如经营状况、融资环境、主要障碍等。在此基础上制定中小企业长期发展战略,并以此为依据,有计划地分步出台一套系统性的政策。同时该机构应该根据上年调查反馈的中小企业实际情况和困难,适当调整和出台新的政策,使政策更加具有针对性,在该机构还应该设立专门的政策执行部门,确保相关政策的落实。

第二节 从金融环境层面

从金融环境层面看,主要可以从完善社会化服务系统、培育区域金融市场和加快多层次资本市场建设三个方面支持中小企业集群融资。

一、完善社会化服务系统

中小企业集群式融资离不开社会化服务系统的支持。这种社会化服务系统包括行业协会、企业服务中心、技术发展中心、创新中心、维护和鉴定中心等。同时应支持产业集群建立会计师事务所、信用担保机构、产权交易市场、技术交流机构等中介组织。

(一)政府应引导、扶助产业集群建立行业协会

集群作为一个整体,需要统一的代理人与外界联系。中小企业集群行业协会对内不仅可以约束集群内中小企业的行为,协调集群内企业间的关系,加强企业间的沟通和相互合作,对外还可以有效地协调集群组织与政府、集群组织与金融资本市场以及集群组织与其他组织之间的关系。如意大利产业集群在发展初期,曾遭遇过资金链紧张的困境,但是在意大利政府一系列措施的实施下,目前其许多产品享誉国内外,这其中的重要措施之一就是行业协会的组建。因此,我们应该借鉴意大利的成功经验,加快集群行业协会建设的步伐,并科学地制定相应的协会会律,充分发挥集群行业协会的纽带作用,切实推进中小企业集群融资的步伐。

(二)加快发展政策性、商业性、互助性的中小企业信用担保机构

担保公司的介入能够改变金融机构信贷的约束条件,促进金融机构增加对集群内中小企业的信贷。目前,西部地区的中小企业信用担保机构主要以政策性担保机构为主,在此基础上,应该从机构的网点建设、业务范围的扩展和整合等方面完善整个体系。如创建中小企业集群信用等级评估体系和登记制度,完善集群内中小企业信用信息平台。各级政府还应引导有实力的个人、企业建立民间担保机构,作为融资渠道的重要组成部分,不断扩大体系的辐射范围。集群内中小企业也可以以自愿和互利为原则,共同出资组建互助担保基金,为成员企业向银行贷款提供担保,解决集群内部中小企业的资金缺口。同时,对担保机构的运作方式,特别是担保机制、担保程序、担保倍数、资信和评估、担保收费标准等进行规范和管理,同时还可以通过信用再担保机构降低担保公司的风险。

(三)应该提高社会服务体系的运作效率和水平

对中介机构的建立实施"严口径"的政策,加大对中介机构的服务监管,并建立健全对中介机构的服务评级制度,引导中介机构服务向健康的方向发展,对信用评级高的中介机构予以政策上的鼓励和扶持,对那些失信的中介机构予以严厉的惩处。为更好地规范中介服务市场,减少风险发生的可能性,需要完善中介机构与银行之间的协作制度和再保险制度,明确二者之间的关系及合作条例,强化中介机构的责任感,充分发挥保险作用,更好地防范可能存在的各种风险,进而更好地推进中小企业集群融资的顺利进行。

二、培育区域金融市场

各区域经济基础和金融结构具有差异性,各区域产业集群的发展程度也不同。这种差异性的存在决定了必须培育区域金融市场,以适应不同地区中小企业集群联合融资的需要。在区域金融市场中,应大力发展地区性中小商业银行。地方政府可将一定的财政资金、募集资金等用于组建地区性商业银行。由于与民营经济在产权设置、运作方式等方面的相似性产生的天然亲和力,同时其主要建立在产业集群内或专业市场周围,我们可以发挥其扎根基层、规模小、机制灵活、管理层次少、运行成本较低、比较适合个体私营企业融资需求的特质,主要服务当地中小企业,为中小企业供给资金,并对资金使用情况进行分析评估,以考核资金使用效率,对使用效率较高的企业将给予更大的支持,以鼓励中小企业合理高效地运营资本。在具体业务上应根据不同产业的中小企业集群联合融资模式实行差别式管理与个性化服务。这样的金融机构一方面可以适当地解决中小企业集群的融资难题,另一方面还可以充分刺激产业集群的良性竞争和共同发展,以彰显集群发展的优势。

三、加快多层次资本市场建设

资本市场以融资规模大、资金周期长等优势在集群融资中扮演着重要角色。集群融资很好地克服了单个中小企业融资规模小、成本高、无法进入资本市场的难题。因此应加快多层次资本市场建设,丰富直接融资工具,以提高中小企业集群融资的整体运行效率。

(一)加快创业板建设步伐

创业板是相对于股票主板市场以外的另一个市场,由于它对上市企业没有严格的盈利要求,没有具体的数额限制,只要符合条件并经有关部门审核,都可以申请创业板上市,这对那些处于创业阶段又急需资金,且有良好发展前景的中小企业尤其是科技型中小企业有着极强的吸引力,是一个难得的融资机会。2004年中小企业板块在深圳证券交易所设立,2009年创业板也相继开市,这为中国中小企业直接融资提供了很好的契机。政府应该进一步完善配套制度建设,加强市场宣传、投资者教育与服务,保障创业板的平稳运行。同时应适当放宽上市条件,简化发行审核程序,使更多有发展潜力的中小企业集群享受到资本市场的直接融资优势。

尤其对于以高风险、高回报为特征的高新技术产业集群来说,创业板建设速度的加快对集群内中小企业来说更具支持意义。

(二)推动债券市场发展

适当放开中小企业债券市场,理顺企业债券发行审核体制,逐步放松规模限制,扩大发行额度,为集群融资模式奠定渠道基础。要完善债券担保和信用评级制度,积极支持经营效益好、偿还能力强的中小企业通过发行企业债券进行融资。允许企业债券利率扩大浮动空间,在不超过中国人民银行规定利率浮动的上下限,并逐步实现企业债券利率市场化。目前,还可以积极发展中小企业集合债券。

(三)发展风险投资

风险投资是更适应中小企业集群融资的渠道。因为它不仅能够在一定程度上满足中小企业集群发展在资金上的需求,而且能够为其提供企业管理、资本运营等专业性服务。美国硅谷高新技术集群创造了经济奇迹,其背后的重要推动因素就是美国的风险投资业。西部地区可以结合自身特点,拓宽风险投资筹资渠道,组建风险投资公司,利用风险投资更好地推动中小企业集群融资的发展。具体措施包括拓宽风险投资资金来源、建立风险投资多样化退出渠道和完善社会中介机构和风险投资网络等。

第三节 从集群内中小企业层面

从集群内中小企业层面看,主要可以从努力提高中小企业自身素质、加强集群信用建设和加强产业集群内中小企业之间的协作能力三个方面支持中小企业集群融资。

一、努力提高中小企业自身素质

目前,我国产业集群内中小企业的经营管理水平低下,很多管理者都没有接受过专业培训,因此影响了整个企业的综合素质。西部地区应在现已初具规模的集群的带动下,更好地发展其他集群,并集中优势力量推动龙头企业的建设,树立属于每个集群特有的品牌效应;提高管理层的经营管理水平以及他们自身的素质,加强集群内中小企业知识吸收能力,创建知识共享机制。根植于集群本地文化特征的知识尤其是隐性知识是集群在竞争环境中谋取其持续竞争力的关键要素;不断学习先进的经营管理方式和引进先进的技术,提高企业内员工的素质,培养他们的敬业精神,将企业的发展与自身的利益紧密地联系在一起;在集群发展中还应积极培养企业创新意识,加快自主创新能力建设,注重与科研、教育、培训等机构的交流,促进产、学、研的有机结合,增强技术创新向成果转化的力度与能力。

二、加强集群信用建设

单个中小企业很多都是出于信用度不够而造成资金链紧绷甚至断裂的情况,而中小企业通过集群后,集群组织的信用度和担保额与单个企业相比都有很大的优势,但是这种信用优势是依靠集群内企业来维护的。因此,产业集群和中小企业的生存发展都离不开信用。而对于中小企业集群式融资模式来说,信用文化的建设尤为关键。①企业内部的活动方面。提高中小企业经营决策者的信用风险管理意识,加强集群融资企业的职业道德建设,通过各种渠道强化企业家的信用管理理论知识和技术,约束其短期行为,塑造诚实守信的企业价值观,自觉将企业的发展建立在很高的社会信用度基础上;企业应加强企业内部的各项活动的管理,从会计工作、财务管理到内部控制制度层面,都应该规范相应的程序,通过对各项制度的完善切实地提高中小企业管理的规范性以及提供信息资料的真实性。②企业外部交易方面。完善建设集群内的各项机制,加强驱使集群内中小企业主动保持长期合作以提高自身信誉企业的诚信意识;与企业的客户以及供应商之间进行交易,认真履行合同规则,树立良好的企业形象,争取合作的进一步延伸;另外,集群内企业应该按期归还银行的贷款和利息,在金融机构建立良好的信用记录,为进一步更好地融资打好基础。

三、加强产业集群内中小企业之间的协作能力

中小企业集群的优势来源于集聚的整体效应,整体效应产生于集群内企业的相互合作和良性竞争。目前,我国处于同一地区的中小企业虽然在很大程度上有一定的相似性,但是仍然没有形成一个坚实的生产网络体系,分工协作能力也较差,企业间没有依靠自己的核心力量而将各自的优势环节衔接起来进行专业化分

工协作。因此,促进集群内企业的相互合作和良性竞争是保证集群稳定发展的重要措施。地方政府在规划产业区的时候就应该考虑将关联度高的中小企业规划在内,这样它们会很快成为生产合作伙伴,就会带动集群内其余中小企业关联度的提高,进而优化资源配置,提高各个企业的生产效率,提高经济效益,为银行融资创造良好的产业环境。同时,政府可以对集群进行市场监督、维持市场秩序、维护公平竞争、限制垄断企业出现,对市场环境维护和建设进行管理。

参考文献

[1]Armen A. Alchian, Harold Demsetz. Production, Information Costs, and Economic Organization[J]. The American Econimic Review,1972(10):777-795.

[2]Ronald H. Coase. The Nature of the Firm[J]. Economic,1937(10):386-405.

[3]Berger A. N. and Udell G. F. Small Business Credit Availability and Relationship Lending: The Importance of Banking Organization Structure[J]. The Economic Journal,2002(112):32-53.

[4]Helmut Bester. Screening vs. Rationing in Credit Markets with Imperfect Information[J]. The American Economic Review,1985(75):851-855.

[5]成学真.困境与出路——西部地区非公有制经济融资环境研究[M].北京:民族出版社,2005.

[6]孙顺根,许必芳,马艺珈.中小企业政策发展与中小企业成长的相关性研究——以浙江省为例[J].科技进步与对策,2010(7):95-100.

[7]朱坤林.中小企业融资理论综述[J].商业研究,2011(5):36-42.

[8]张捷,王霄.中小企业金融成长周期与融资结构变化[J].世界经济,2002(9):63-69.

[9]胡凯,吴青.制度环境与地区资本回报率[J].经济科学,2012(4):66-79.

[10]胡玉玲.西部地区中小企业融资环境研究——基于资本市场与区域经济发展的视角[J].财会通讯,2013(7):12-13.

[11]高新才,咸春林.西部地区发展开放型经济的金融支持体系研究[J].兰州大学学报(社会科学版),2013(2):110-114.

[12]陈灵,徐云松.西部大开发中的金融支持与区域经济增长——基于西部地区省际面板数据的经验分析[J].贵州大学学报(社会科学版),2011(5):39-47.

[13]袁红林,陈小锋.我国中小企业政策与中小企业成长环境的相关性——基于384家中小企业的实证[J].企业经济,2012(2):176-180.

[14]吕景胜.我国中小企业法律风险实证研究[J].中国软科学,2007(5):105-111.

[15]林斌,饶静.上市公司为什么自愿披露内部控制鉴证报告?——基于信号

传递理论额的实证研究[J].会计研究,2009(2):45-94.

[16]李玮.日本中小企业政策法律支持体系的特点及借鉴[J].亚太经济,2007(5):73-76.

[17]胡荣昌,王磊.美国、日本、德国中小企业政策比较研究[J].商业研究,2006(18):194-196.

[18]苏杭.金融危机后日本中小企业政策的新发展及启示[J].经济社会体制比较,2009(6):41-46.

[19]张继彤,蒋伏心.基于时间、空间与产业维度的中小企业政策探索[J].中国工业经济,2010(9):121-130.

[20]李巧莎.基于金融成长周期理论的科技型中小企业融资问题研究[J].科技管理研究,2013(10):243-250.

[21]孙艳平.国外中小企业融资环境研究现状综述[J].工业技术经济,2009(8):11-12.

[22]李薇."面面俱到"还是"针对性帮扶"?——扶持中小企业政策的策略性组合[J].长春市委党校学报,2012(1):40-44.

[23]潘娜.中国西部中小企业扶持政策网络探析[D].电子科技大学硕士学位论文,2008.

[24]向斌.西部中小企业欠发展的一个解释——社会化服务体系的发育[D].中央民族大学硕士学位论文,2004.

[25]袁文全.促进我国中小企业发展的法律制度研究[D].重庆大学博士学位论文,2007.

[26]胡思筠.论我国中小企业法律保护制度的完善[D].湖南大学硕士学位论文,2012.

[27]孙根紧.中国西部地区自我发展能力及其构建研究[D].西南财经大学博士学位论文,2013.

[28]刘辉.基于区域资本市场的中小企业融资问题研究[D].河南大学硕士学位论文,2013.

[29]侯正林.西部民族地区中小企业发展政策研究[D].吉首大学硕士学位论文,2013.

[30]庄佳林.支持我国中小企业发展的财政政策研究[D].财政部财政科学研究所博士学位论文,2011.

[31]李年宰.韩国中小企业政策研究[D].吉林大学博士学位论文,2011.

[32]陈龙兴.中小企业融资环境与融资行为研究[D].山西财经大学硕士学位论文,2010.

[33]郑静.基于产业集群的西部中小企业融资途径探析[D].四川大学硕士学位论文,2007.

[34]李扬,杨思群.中小企业融资与银行[M].上海:上海财经大学出版社,2001.

[35]杨思群.中小企业融资[M].上海:民主与建设出版社,2002.

[36]林毅夫,李永军.中小金融机构发展与中小企业融资[J].经济研究,2001(1):10-18.

[37]罗正英,张雪芬,陶凌云,仇国阳.信誉链:中小企业融资的关联策略[J].会计研究,2003(7):50-53.

[38]余文建,邓蒂妮.辅助性金融机构发展与中小企业融资改善:台湾地区的经验与借鉴[J].上海金融,2008(8):81-84.

[39]肖奎喜,李经兰,杨义群.开放经济下民营企业融资环境的演变[J].商业研究,2003(17):71-73.

[40]黄鹏,刘涛.面向中小企业融资:我国商业银行管理咨询的SWOT分析[J].苏州大学学报(哲学社会科学版),2004(4):29-34.

[41]曹凤岐.建立和健全中小企业信用担保体系[J].金融研究,2001(5):41-48.

[42]郭斌,刘曼路.民间金融与中小企业发展:对温州的实证分析[J].经济研究,2002(10):40-46.

[43]李海平.金融租赁:中小企业融资新思路[N].中国企业报,2003-01-31.

[44]杨林瑞,尹良培.中小企业融资问题的法律研究[J].中国法学,2003(3):119-128.

[45]慕继丰,冯中宪.哪种金融体制更有利于经济增长[J].世界经济,2001(8):44-50.

[46]徐洪水.金融缺口和交易成本最小化:中小企业融资难题的成因研究与政策路径——理论分析与宁波个案实证研究[J].金融研究,2011(11):47-53.

[47]吴德进.产业集群论[M].北京:社会科学文献出版社,2006.

[48]惠宁.产业集群的区域经济效应研究[M].北京:中国经济出版社,2008.

[49]马建会.区域产业集群发展研究[M].北京:中国财政经济出版社,2009.

[50]揭筱纹等.中国西部中小企业集群多维度生态模式的构建与优化[M].成都:四川大学出版社,2011.

[51]绍继勇.中小企业集群与经济发展[M].北京:科学出版社,2007.

[52]王雪娟.西部地区产业集群的发展机理研究[J].西安社会科学,2009(11):88-89.

[53]何龙斌.西部地区产业集群发展落后的主观因素与对策[J].渭南师范学院学报,2011(5):89-92.

[54]李文清.中国西部产业集群发展的现状及对策研究[J].经济师,2007(1):89-90.

[55]谢方,王礼力.西部产业集群特征分析及发展对策[J].科技管理研究,2006(5):51-53.

[56]柳洪春.基于产业集群的中小企业产业链整合模式研究[D].河北工业大学硕士学位论文,2010.

[57]李琳.西部产业集群的若干问题研究[J].西北民族大学学报(哲学社会科学版),2003(4):45-48.

[58]梁爱文.西部地区产业集群发展存在的问题及路径选择[J].新疆社科论坛,2010(4):62-65.

[59]郑瑞巧.西部地区产业集群发展的困境研究[J].当代经济,2010(8):74-75.

[60]陈本炎.西部地区产业集群发展模式选择与政策建议[J].商业时代,2011(33):136-137.

[61]朱家德.培育产业集群与提升城市竞争力[D].西南财经大学博士学位论文,2008.

[62]刘向舒.高新技术产业集群升级研究[D].西北大学博士学位论文,2011.

[63]张敏.基于产业集群的苏北区域经济发展[D].南京师范大学博士学位论文,2011.

[64]http://www.chdte.cn/Article/field/quyujingji/201005/281.html.

[65]张厚义,名立志.中国私营企业发展报告(1978~1998)[M].北京:社会科学文献出版社,2001.

[66]杰斯汀·G.隆内克.小企业管理[M].大连:东北财经大学出版社,2003.

[67]中国乡镇企业年鉴编辑委员会.中国乡镇企业年鉴(2001)[M].北京:中国农业出版社,2001.

[68]黄孟复.中国私营企业发展报告(2004)[M].北京:社会科学文献出版社,2005.

[69]郑昕,秦志辉.中国中小企业年鉴(2012)[M].北京:企业管理出版社,2012.

[70]陶清德.中国西部民族地区中小企业发展制度建构研究[M].北京:人民出版社,2010.

[71]俞建国.中国中小企业融资[M].北京:中国计划出版社,2002.

[72]武巧珍等.中国中小企业融资:理论·借鉴·融资体系的建立[M].北京:中国社会科学出版社,2007.

[73]张捷.结构转型期的中小企业金融研究:理论、实证与国际比较[M].北京:经济科学出版社,2003.

[74]谈新放,傅芳荣,杨凯军.开发性金融实证:汨罗模式[J].地方财政研究,2006(7):46.

[75]陈乃醒,傅贤治.中国中小企业发展报告(2007~2008)[M].北京:中国经济出版社,2008.

[76]陈永奎.民族地区中小企业融资研究[M].北京:民族出版社,2009.

[77]李子彬.中国中小企业2010蓝皮书——发展、融资、服务与政策[M].北京:中国发展出版社,2010.

[78]胡东升等.中小企业与西部开发[M].北京:中国科学技术出版社,2004.

[79]丁晓莉.我国中小企业融资问题研究与对策分析[M].北京:中国经济出版社,2013.

[80]池仁勇,林汉川.转型期我国中小企业发展的若干问题研究[M].北京:中国社会科学出版社,2012.

[81]陈晓红,杨怀东.中小企业集群融资[M].北京:经济科学出版社,2008.

[82]彭十一.经济转型期我国中小企业融资问题研究[M].北京:中国农业出版社,2008.

[83]赵尚梅,陈星.中小企业融资问题研究[M].北京:国家知识产权局知识产权出版社,2007.

[84]郭跃显,李惠军.中小企业融资结构与模式研究[M].哈尔滨:哈尔滨工程大学出版社,2007.

[85]揭筱纹.西部传统中小企业转型融资问题研究[M].四川:西南财经大学出版社,2006.

[86]赵祥.产业集群与中小企业融资机制——基于广东产业集群的制度分析[M].北京:经济科学出版社,2008.

[87]杨娟.中小企业融资结构:理论与中国经验[M].北京:中国经济出版社,2008.

[88]秦艳梅.中小企业融资选择和策略[M].北京:经济科学出版社,2005.

[89]罗正英.中小企业融资问题研究[M].北京:经济科学出版社,2004.

[90]胡小平.中小企业融资[M].北京:经济管理出版社,2000.

[91]陈晓红.论中小企业融资和管理[M].长沙:湖南人民出版社,2003.

[92]叶秀丽.中小企业集群融资现状、优势与完善对策[J].企业技术开发,2010(3):96—97.

[93]常树春,王禹涵.中小企业集群融资问题研究[J].学术交流,2012(5):81—84.

[94]李保红,叶先锋.我国产业集群演进中的中小企业融资问题[J].信阳师范学院学报(哲学社会科学版),2008(10):51—54.

[95]四川银监局课题组.四川省中小企业融资状况调查报告[J].西南金融,2008(11):10—12.

[96]吴月香.浅析陕西中小企业产业集群的风险防范[J].西安财经学院学报,2012(1):123—125.

[97]于佳,李伟雨.黑龙江省中小企业集群融资现状及对策研究[J].财会通讯综合版,2012(1):8—11.

[98]曹邦英,罗爽.成都中小企业集群融资体系的构建[J].财经科学,2006(10):112—118.

[99]杨雯.产业集群与中小企业融资优势分析[J].甘肃理论学刊,2007(1):74—77.

[100]康晶,王娜.中小企业集群融资效应分析[J].工业技术经济,2007(6):64—66.

[101]杨运杰.日本中小企业融资模式对我国中小企业融资的启示[J].理论视野,2007(6):30—32.

[102]冯宇.中小企业集群融资视角下的区域金融政策[J].生产力研究,2009(11):39—40.

[103]中国人民银行佛山市中心支行课题组.产业集群的中小企业融资创新研究——以佛山市为例[J].南方金融,2008(8):26—30.

[104]王先蒙,周发明,杨亦民.产业集群对中小企业融资行为影响分析[J].财会通讯综合版,2011(9):6—7.

[105]魏守华,刘光海,邵东涛.产业集群内中小企业间接融资特点及策略研究[J].财会研究,2002(9):53-59.

[106]陈李宏.产业集群内中小企业融资的优势、问题及对策[J].湖北社会科学,2009(9):80-82.

[107]袁满.产业集群内中小企业融资分析[J].产业集群内中小企业融资分析,2012(7):34-35.

[108]张扬,何宏伟.产业集群内中小企业融资难题破解途径[J].大连民族学院学报,2008(3):166-169.

[109]陈李宏,彭芳春.产业集群内中小企业融资渠道选择[J].商业时代,2010(35):72-74.

[110]程书强.产业集群内中小企业融资问题研究[J].西安财经学院学报,2012(9):29-32.

[111]凌智勇,黎文华.产业集群企业融资问题研究——以株洲芦淞服饰产业群为例[J].湖南工业大学学报(社会科学版),2010(12):26-29.

[112]沈炜.产业集群视角下中小企业融资问题研究[D].西北大学硕士学位论文,2008.

[113]王黎明,鲁守博,王玉华.产业集群视阈下的中小企业融资模式研究[J].成都理工大学学报(社会科学版),2012(1):26-30.

[114]莫曼妮.产业集群下中小企业的融资难问题及其对策[J].北方经济,2012(1):28-30.

[115]刘彪文.产业集群与中小企业融资[J].当代财经,2004(10):100-106.

[116]谢启标.产业集群与中小企业融资研究[J].国家行政学院学报,2006(3):71-73.

[117]谢启标.产业集群与中小企业融资研究[J].国家行政学院学报,2006(3):71-73.

[118]杨汉波.基于产业集群的企业融资分析[J].甘肃社会科学,2006(5):238-240.

[119]周永超.基于产业集群的中小企业融资分析[D].河北大学硕士学位论文,2010.

[120]程秋云.基于产业集群的中小企业融资问题研究[D].北京工商大学硕士学位论文,2010.

[121]古赞歌,卜庆军.基于产业集群的中小企业融资问题研究[J].商业研究,

2006(22):132—135.

[122]郭席四.基于产业集群的中小企业融资优势分析[J].经济问题,2006(4):61—63.

[123]龙海雷.集群内企业间接融资的博弈模型和策略分析[D].暨南大学硕士学位论文,2006.

[124]李保红,叶先锋.我国产业集群演进中的中小企业融资问题[J].信阳师范学院学报(哲学社会科学版),2008(10):51—60.

[125]肖冉.西部少数民族地区中小企业融资对策探讨——基于产业集群式经营模式[J].中国乡镇企业会计,2009(10):54—60.

[126]卫龙宝.中小企业融资困境突破——基于产业集群发展视角[J].浙江社会科学,2011(12):43—45.

[127]陈小红.建立中小企业融资体系的良策[J].金融经济,2002(1):14—15.

[128]谢朝斌.中小企业融资:理论与实证分析[J].财经理论与实践,2002(4):82—85.

[129]屠梅曾.浅析我国中小企业融资信用担保体系的发展与完善[J].商业研究,2003(9):122—124.

[130]罗正英.中小企业融资结构选择的内生性约束模型研究[J].会计研究,2006(8):67—72.

[131](美)小艾尔弗雷德·D.钱德勒.看得见的手——美国企业的管理革命[M].北京:商务印书馆,1987.

[132](美)奥利弗·E.威廉姆森,西德尼·G.温特.企业的性质——起源、演变和发展[M].北京:商务印书馆,2007.

[133](美)熊彼特.经济发展理论[M].北京:北京出版社,2008.

[134](英)彭罗斯.企业成长理论[M].上海:上海人民出版社,2007.

[135]陈乃醒,傅贤治,白林.中国中小企业发展报告(2008～2009)[M].北京:中国经济出版社,2009.

[136]胡伟伟.20世纪50～90年代意大利与中国中小企业发展历程及比较[D].吉林大学硕士学位论文,2006.

[137]黄孟复.中国民营经济发展报告 No.9(2011～2012)[M].北京:社会科学文献出版社,2012.

[138]咸阳统计局.2004年咸阳统计年鉴[M].中国统计出版社,2004.

[139]迈克尔·波特.国家竞争优势[M].北京:中信出版社,2012.

[140]陈晓红,刘剑.我国中小企业融资结构与融资方式演进研究[J].中国软科学,2003(12):61—67.

[141]荆纪.2005年成长型中小企业发展报告[J].中国工商,2005(11):100—103.

[142]吴晓波,耿帅.区域集群自稳性风险成因分析[J].经济地理,2003(6):726—729.

[143]曹珺.我国政府引导基金的风险管理研究[D].复旦大学硕士学位论文,2011.

[144]任晓云.我国中小企业发展问题研究[J].内蒙古统计,2008(6):18—19.

[145]刘松鹤.我国中小企业存在的问题与对策[J].合作经济与科技,2011(21):40—42.

[146]赵祥.产业集群融资机制的变迁[J].经济与管理研究,2005(1):10—15.

后 记

本书获得了西北民族大学中央高校基金项目《西北地区中小企业融资困境破解途经研究——基于产业集群发展视角》(31920130092)的资助。在写作过程中，我要感谢西北民族大学管理学院的领导和同事，在写作过程中给予的各种支持。感谢我的先生对我写作的理解和支持，感谢我的父母对我生活上的关心。本书虽然完成了，但限于我的研究能力和时间精力，还有许多不尽如人意之处，我诚恳地请各位专家、学者批评指正，并希望在今后的教学和科研中，有机会补充和完善。

本书共有八章内容，其中第二章、第三章和第一章部分由郑贺娟执笔；第四章、第六章和第一章部分由张晓芳执笔；第五章、第七章、第八章由谷蕾执笔。

作者

2014 年 2 月